Peter de Rosa absolvierte die Gregoriana in Rom, die wichtigste päpstliche Universität, war Professor für Ethik an der Universität von Westminster und anschließend sechs Jahre Dekan für Theologie am Corpus Christi College. Sein Priesteramt gab er 1970 auf. Er lebt mit seiner Frau und zwei Söhnen in Irland.

Von Peter de Rosa sind außerdem erschienen:

Gottes erste Diener (Band 4807)
Der Jesus-Mythos (Band 77076)
Rebellen des Glaubens (Band 77081)
Meine Stunde ist noch nicht gekommen (Band 63019)

Dieses Buch wurde auf chlor- und säurefreiem Papier gedruckt.

Vollständige Taschenbuchausgabe März 1995
Droemersche Verlagsanstalt Th. Knaur Nachf., München

Titel der Originalausgabe
»Sex and Death: The Crises in Christian Ethics«
Umschlaggestaltung Agentur Zero, München
Druck und Bindung Elsnerdruck, Berlin
Printed in Germany
ISBN 3-426-77137-3

2 4 5 3 1

Peter de Rosa

Der Vatikan – von Gott verlassen?

Kirche, Sex und Tod

Aus dem Englischen von Mara Huber

Knaur

Ich widme dieses Buch meiner Frau
für ihr kostbarstes Geschenk:
die Freiheit

»Die Tugenden der Vergangenheit sind die Laster von heute. Und viele Dinge, die wir für die Laster der Vergangenheit hielten, sind die Notwendigkeiten von heute. Die moralische Ordnung muß die moralischen Notwendigkeiten des tatsächlichen Lebens einholen, hier und jetzt.«

JOSEPH CAMPBELL

»Die Gewißheiten einer Epoche sind die Probleme der nächsten ... Die Umstände ändern sich von Epoche zu Epoche, und die praktische Auslegung moralischer Prinzipien muß sich mit ihnen ändern.«

R. H. TAWNEY

INHALT

VORWORT

Im Februar 1992 ging eine tragische Geschichte um die Welt. Ein irisches Mädchen von 14 Jahren wurde, wie es hieß, vom Vater ihrer besten Freundin vergewaltigt und geschwängert. Ihre Eltern hatten beschlossen, sie zu einer Abtreibung nach England zu bringen. Sie fragten die Polizei, ob sie Gewebe der Frucht aufheben sollten, um im Fall eines Strafprozesses einen genetischen Fingerabdruck zu besitzen. Die Polizei setzte sich mit dem Leiter der Anklagebehörde in Verbindung, und dieser verständigte den Generalstaatsanwalt. Die Polizei wurde angewiesen, den Eltern zu sagen, daß genetische Fingerabdrücke als Beweismittel vor Gericht nicht zulässig seien. Dann flogen die Eltern nach London. Unterdessen erwirkte der Leiter der Anklagebehörde eine einstweilige Verfügung des Hohen Gerichtshofes, die die Abtreibung verbot und dem Mädchen befahl, sofort zurückzukehren.

Am 17. Februar verkündete der Hohe Gerichtshof sein Urteil. Der Vergewaltiger, sagte der Richter, sei ein »sittenloser und böser Mensch«. Des Gericht akzeptierte ein psychiatrisches Gutachten, laut dem das Mädchen durchaus fähig zum Selbstmord war. Sie hatte gesagt: »Es ist schwer, mit 14 die neun Monate durchzuhalten. Besser jetzt ein Ende machen als in neun Monaten.« Der Richter wiederholte mit Sympathie die Worte des Vaters, eine Abtreibung sei schlimmer als ein Todesfall in der Familie.

Der Fall kam vor Gericht, weil die irischen Wähler 1983 mit einer Zweidrittelmehrheit für dieses verfassungsmäßige Abtreibungsverbot gestimmt hatten: »Der Staat anerkennt das Recht des Ungeborenen auf Leben und garantiert – unter Beachtung des gleichrangigen Rechts der Mutter –, dieses Recht in seinen Gesetzen zu achten und, soweit durch seine Gesetze praktikabel, zu schützen und zu verteidigen.« Es war die gesetzliche Fassung der katholischen Lehre, die Rom von allen Regierungen kopiert sehen möchte. Gehorsam sprachen die irischen Katholiken einer geschlechtslosen, einen Tag alten Frucht (dem Ungeborenen) das Grundrecht der Staatsbürgerschaft und Gleichheit zu, selbst wenn die Mutter Opfer von Vergewaltigung oder Inzest war. Der Richter fühlte sich an die Verfassung gebunden und bestätigte die Verfügung gegen die Abtreibung bei der Vierzehnjährigen.

In dieser kafkaesken Geschichte ging die Polizei nun gegen das Opfer vor. Weil es bei der Polizei Hilfe gesucht hatte, um ihren Vergewaltiger festzunageln, geriet es nun selbst in das Räderwerk der Justiz, von der Polizei bis zum Hohen Gericht. Das Gericht entschied, ein Mädchen, das nach irischem Gesetz viel zu jung war, um einem Geschlechtsverkehr zuzustimmen, ein Kondom zu kaufen oder Ehefrau zu sein, müsse Mutter werden. Dieses Kind wurde rechtlich verpflichtet, das Kind eines »sittenlosen und bösen Menschen« zu bekommen. Obwohl sie kein Verbrechen auf irischem Boden begangen und keine Tat geplant hatte, die ein Verbrechen auf englischem Boden war, zitierte der Richter sie von England zurück nach Irland, wo sie als Geisel der Abtreibungsgesetze neun Monate lang interniert werden sollte. Ein Kind, das vergewaltigt worden war und eine Abtreibung als Alternative zur Selbstvernichtung brauchte, wurde verurteilt, den Embryo in sich um jeden Preis auszutragen – selbst in der Gewißheit, daß der Vater dieses werdenden Kindes ein Vergewaltiger und seine Mutter ein gepeinigtes, selbstmordgefährdetes Schulmädchen war.

Das ganze Land war empört. Besonders zornig waren die Frauen. Eine hielt vor dem Parlament ein Transparent hoch, auf dem stand: »Wenn Männer Kinder bekommen könnten, wäre Abtreibung ein Sakrament.« Viele Menschen fragten sich, ob die Tausende von Frauen, die jedes Jahr wegen einer Abtreibung Irland verlassen, jetzt auf der Hut vor Polizeispitzeln, Erpressern oder sogar frommen Vergewaltigern sein müßten, die unbedingt wollen, daß ihr Kind ausgetragen wird. Die sonst zurückhaltende *Irish Times* fragte: »Womit sollen wir uns nun vergleichen? Ceauçescus Rumänien? Dem Iran des Ajatollah?« Der Rat des Herausgebers an Frauen und Mädchen, die in Irland vergewaltigt worden waren, war verblüffend, aber vernünftig: keinesfalls sollten sie zur Polizei gehen.

Eine Frau im mittleren Alter rief mich aus London an, um mir zu sagen, sie schäme sich, Irin zu sein. Sie bot an, dem Mädchen eine Abtreibung in Kalifornien zu bezahlen. Sie wisse, sagte sie, was das Mädchen durchmache. Als sie selbst 15 war und in Westirland lebte, war sie von einem Priester vergewaltigt worden. »Wenigstens habe ich von diesem Ungeheuer nicht empfangen«, sagte sie.

Alles atmete auf, als das Oberste Gericht das Urteil des Hohen Gerichts aufhob. Das Mädchen durfte zu einer Abtreibung nach England reisen. Überraschender war, daß die Richter später mit einer Mehrheit von 4:1 entschieden, die Abtreibung des Mädchens sei nach der irischen Verfassung legal. Der Vorsitzende sagte: »Es besteht eine reale und erhebliche Gefahr für das Leben der Mutter, die nur durch den Abbruch der Schwangerschaft vermieden werden kann.« Die Abtreibung sei rechtens, weil eine wahrscheinliche, reale und erhebliche Gefahr für das Leben der Mutter bestehe.

Die obersten Richter der römischen Kirche sprachen ein anderes Urteil. Der Erzbischof von Dublin vergleicht Abtreibung gern mit dem Nazi-Holocaust. Implizit glaubt er, die vergewaltigte Vierzehnjährige müsse gezwungen werden, das Kind des Vergewaltigers auszutragen, sogar auf die Gefahr ihres Selbstmordes hin. Der Papst sagt ohne Einschränkung: »Abtreibung ist Mord an einem unschuldigen Kind.« Ohne die Vierzehnjährige zu kennen oder das psychiatrische Gutachten über sie zu berücksichtigen, dekretiert er, daß sie für das Ungeborene eine ganze Reihe von Rechten aufgeben müsse: jenes auf körperliche Unversehrtheit, auf inneren Frieden, auf Freiheit von der schieren Erschöpfung der Schwangerschaft und dem Schmerz der Niederkunft, auf eine ihrer Jugend angemessene Schulbildung und auf die Wahl ihrer eigenen Zukunft. Vergewaltigung sei schändlich, die Frucht sei heilig. Durch ihre Entscheidung zur Abtreibung handele das Mädchen vielleicht nicht gesetzwidrig, aber sie tue etwas, das in sich böser sei als die Tat des Vergewaltigers: Sie begehe einen Mord.

Die allgemeine, wenn auch mit Überraschung gemischte Freude der Iren über das Urteil des Obersten Gerichts zeigte, daß sie zum erstenmal in einer zentralen moralischen Frage nicht mit dem Papst übereinstimmten. Vergewaltigung ist schändlich, aber ein Kind zu zwingen, das Kind eines Vergewaltigers auszutragen, ist ebenfalls schändlich. Abtreibung ist manchmal gerechtfertigt.

Die Scham und Wut der Iren über diesen Fall offenbarte die tiefe Liebe zu ihrem Land. Es ist ein Zeichen der Reife, nicht aufzuhören, das Liebenswerte zu lieben, weil es gleichzeitig nicht liebenswert ist. Wäre es nicht so, könnten wir nichts und niemanden lieben, am allerwenigsten uns selbst.

Ich liebe mein Land England trotz seiner kolonialen Vergangenheit. Deutsche lieben Deutschland trotz der Nazis. Amerikaner lieben Amerika trotz seiner Ungerechtigkeiten gegen Indianer und Schwarze. Russen lieben ihre Heimat trotz Stalinismus.

Wie mit dem Patriotismus ist es auch mit der Religion. Manche Kritiker meiner Bücher haben Erstaunen darüber geäußert, daß ich trotz meiner radikalen Kritik am institutionalisierten Katholizismus – einer Kritik, die mich vor 20 Jahren dazu brachte, mein Priesteramt aufzugeben – weiterhin praktizierender Katholik bin. Ihre Überraschung überrascht mich. Dennoch ist meine Haltung wohl ungewöhnlich. Ich habe

Gelegenheit gehabt, die vielen finsteren Taten der Kirche zu untersuchen, sie laut zu verkünden, und ich liebe die Kirche noch immer.

Meine Kirche, die römische Kirche, hat Wunder für die Menschheit vollbracht. Und sie hat eine grausamere Vergangenheit als jede andere. Mit ihrem bedenkenlosen Kolonialismus, ihrem Antisemitismus und ihren inquisitorischen Methoden hat sie viele der schlimmsten Exzesse unserer Zeit um Jahrhunderte vorweggenommen. Das schiere Ausmaß ihrer Bosheit liegt zum Teil an ihrer Langlebigkeit, zum Teil an der Tatsache, daß ihre Amtsträger zeitweise mehr Macht besaßen, als selbst Heilige verkraften konnten – ganz zu schweigen von den vielen Dämonen, die auf dem Papstthron saßen. Wenn ich meiner Kirche weiter zugetan bin, so deshalb, weil sie weiterhin große Männer und Frauen hervorbringt, die anderen Hoffnung geben. Es erfüllt mich mit Stolz, daß überall dort, wo Not herrscht, Katholiken die Opfer trösten. Zu meinen liebsten Freunden zählen viele Priester, Nonnen und Laien, die zu Hause und in der Fremde unter den Ärmsten der Armen arbeiten. Ich bete täglich für sie, und ich grüße sie.

Ich behaupte nicht, meine Kirche sei die beste oder habe ein Monopol auf die Wahrheit. Im Gegenteil, ich gebe bereitwillig zu, daß sie selbst nach dem II. Vaticanum heute reformbedürftiger ist als im 16. Jahrhundert. Dies hat nichts mit bestimmten Personen oder mit Schwarzweißmalerei zu tun. Ich bin weit davon entfernt, zu sagen, der Vatikan stecke randvoll mit grausamen Klerikern. Ihre Liebe ist zweifellos größer als meine. Was Johannes Paul II. betrifft, so hat Michail Gorbatschow ein beredtes Zeugnis für sein geistiges Format abgelegt. Nichts, sagte Gorbatschow, hätte in Osteuropa geschehen können »ohne die Präsenz dieses Papstes, ohne die große Rolle, ja politische Rolle, die er auf der Weltbühne zu spielen vermochte«.

Was auf dem Spiel steht, ist ein althergebrachtes System, mit dessen Namen viele bleibende Errungenschaften verbunden sind, das aber zusehends den Kontakt mit unserer Zeit verliert. Besonders traurig macht mich Roms umfassende Ablehnung des demokratischen Prozesses, seine Bedrohung von Grundfreiheiten. Wirklich beliebt ist das römische System nur als Brennpunkt der Unzufriedenheit unter kommunistischen oder rechtsradikalen Regimes. In demokratischen Ländern bildet seine eigene Intoleranz einen schlimmen Kontrast zum herrschenden Ethos. In der jüngsten Vergangenheit haben Päpste ohne Bosheit und mit den besten Absichten unserer Gemeinschaft trotz alledem sehr geschadet. Es macht mir Kummer, daß die Kirche auf den höchsten Ebenen eine arrogante und frauenfeindliche Institution ist. Es ist weit wichtiger für eine Gemeinschaft als für ein Individuum, ihre Schuld und ihre Fehler anzuerkennen, doch genau dies vermag Rom nur wenig oder gar nicht. Es bleibt ein merkwürdiger Gegensatz: Privat sind Päpste die demütigsten Menschen, als öffentliche Repräsentanten gehören sie zu den hochherrschaftlichsten.

Obwohl ich an meinem Erbe manchmal nur mit den Fingerspitzen festhalte, ist der Katholizismus meine religiöse Familie und die meiner Vorfahren. Meine Liebe zu meinen katholischen Glaubensgenossen ist mit den Jahren gewachsen. Ich danke ihnen für ihre Zuneigung, und meine guten Wünsche begleiten sie.

und [illegible]

[illegible] und [illegible] [illegible]

[illegible] Heinrich [illegible]

[illegible] und [illegible]

[illegible]

[illegible] und [illegible]

1.

KONTUREN EINER KRISE

Dieses Buch ist der letzte Band einer Trilogie.

In *Gottes erste Diener* habe ich die lange Geschichte der dunklen Seite des Papsttums nachgezeichnet. Geschichte erweitert Perspektiven und nimmt dem Dünkel den Wind aus den Segeln. Es fällt schwer, Roms Forderung zu akzeptieren, seine moralischen und dogmatischen Lehren blind zu übernehmen, wenn in der Vergangenheit so viele schreckliche Fehler als ewig gültige Orthodoxie präsentiert wurden. Ein einziger päpstlicher Irrtum führte zum Beispiel dazu, daß zwei Millionen Frauen als Hexen ermordet wurden. Da stellt sich die Frage: Führen päpstliche Irrtümer heute zu ähnlichen Tragödien?

In *Der Jesus-Mythos* vertrete ich den Standpunkt, daß Gott nicht erkennbar ist und der beste Weg, sich religiöser Wahrheit zu nähern, daher der Weg über Mythen ist. Andere Religionen sind nicht Rivalen im Anspruch auf absolute Wahrheit, sondern andere Ausdrucksweisen für das Mysterium von Leben und Tod. Wenn wir nicht begreifen, daß auch das Christentum ein tiefer, lebendig machender Mythos ist, der die abendländische Kultur geformt hat, werden wir finden, daß Glaube unmöglich ist. Wir haben Satelliten plaziert, wo einst Gott wohnte. Unser Mythos umfaßt Jesus, seine Herkunft, seine Geburt, seine Gottnatur, seine Ewigkeit, seine Wunder, die Rolle, die er für sich und andere für ihn beanspruchten, seinen Sühnetod, seine Auferstehung und Himmelfahrt.

In *Der Vatikan – von Gott verlassen?* befasse ich mich mit christlicher Ethik. Ich lasse die Tatsache beiseite, daß Päpste der Brennpunkt der Einheit in der katholischen Kirche und Staatsmänner auf der Bühne der Weltpolitik sind. Ich brauche ihre glänzenden persönlichen Gaben der Intelligenz und Heiligkeit nicht zu betonen. Statt dessen konzentriere ich mich auf das, was ihre Stärke zu sein scheint, aber in Wirklichkeit ihre Achillesferse ist: ihre Lehre der christlichen Moral.

Vor 30 Jahren, als junger Priester, glaubte ich inbrünstig an das gesamte moralische System Roms. Ich hielt das Zölibat für einen höheren und heiligeren Stand als die Ehe. Selbstbefriedigung, Empfängnisverhütung, homosexuelle Aktivitäten, außerehelicher Sex, Wiederheirat nach Scheidung, Abtreibung, Sterbehilfe – all dies hielt ich für in sich böse. Wenn ich auf mein einstiges Ich zurückblicke, sehe ich einen Fremden.

Was brachte mich zum Umdenken? Keine eigenen Bedürfnisse, soweit ich weiß. Obwohl ich viele Fehler hatte, wußte ich nicht einmal als junger Mann, was Selbstbefriedigung war. In meinem ganzen Leben hatte ich nie einen homosexuellen Gedanken. Die einzige Frau, die ich je geküßt oder mit der ich je geschlafen habe, war meine Frau – nach der Hochzeit. Ich habe nie ein Kondom verwendet oder eine Abtreibung in Betracht gezogen. Schon gar nicht haben mich Ehebruch, Scheidung und Wiederheirat je in Versuchung geführt; und für mich persönlich wären sie heute noch entsetzliche Sünden. Meine Unzufriedenheit hat folgenden Grund: Wie die meisten Katholiken glaube ich leidenschaftlich an die Heiligkeit des Lebens, die Herrlichkeit von Sex und Keuschheit, die Notwendigkeit der Barmherzigkeit und lebenslangen Treue in der Ehe – aber Rom ist so extrem in diesen Dingen, daß es sie lächerlich macht.

Sobald ich Beichten hörte, dämmerte mir, daß ich meistens Menschen heilte, die ich auf Geheiß der Institution zuvor verletzt hatte. Von mir wurde verlangt, nicht nur zu helfen, sondern oft gute, liebevolle Menschen zu quälen. Je mehr ich seelsorgerisch am Leben anderer Anteil nahm, ihre Sorgen teilte und Verwicklungen erlebte, die unter keine Regel zu fassen waren, um so klarer konnte ich sehen, daß Roms ethisches System fatale Fehler hat. Es ist so leicht, Menschen Schuldgefühle einzuflößen, und so schwer, sie zu Liebe und Achtung vor sich selbst zu bringen. Oft bringt Rom nicht den Trost und Optimismus des Christentums, sondern Schuld und Finsternis, indem es die Verwundbarsten aufs Korn nimmt. Seine Lehre wurzelt nicht in den Schmerzen und Sehnsüchten gewöhnlicher Menschen, gut zu sein, sondern resultiert aus den Überlegungen von Ehelosen, die über Jahrhunderte vom Gefühl der Sünde zerfressen wurden. Das erklärt, warum dieses Buch nicht ein kühles Abwägen von Argumenten ist, wie man es von einem alten Ethik-Professor erwarten könnte. Es ist vielmehr eine leidenschaftliche Abhandlung eines Menschen, der ein Moralsystem ablehnt, das ihm einst lieb war, das aber, wie er erkennen mußte, Leben ruiniert.

Roms ethisches System

Nicht wenige Nichtkatholiken loben den Papst für seine Festigkeit gegen die Freizügigkeit in einer Zeit, wo andere religiöse Führer schwanken. Mit immenser moralischer Autorität sagt er, daß bestimmte Taten immer böse sind. Wenn neue ethische Zweifelsfragen auftauchen, spricht er als erster ein donnerndes Nein.

Doch diese Gewißheit beruht auf einem System des Naturrechts, das viel zu eng ist. Es ist, um es mit einem Zitat zu sagen, ein Chaos aus klaren Ideen. Wenn Rom zum Beispiel sexuelle Fragen aufgreift, konzentriert es sich ausschließlich auf die Geschlechtsorgane und behauptet, keine Veränderung von Umständen könne moralische Bewertungen ändern. Warum nur die Sexualität auf diese Weise behandelt wird, ist ein Rätsel. Der Vatikan sagt: »Töten ist böse«, relativiert diese Aussage aber sofort mit dem Hinweis, in einem gerechten Krieg sei Töten nicht böse, auch wenn junge Männer einander zu Tausenden für etwas abschlachten, das sie nicht verstehen. Er sagt: »Lügen ist böse«, fügt aber gleich hinzu, daß ein Priester nicht lügt, wenn er leugnet, bestimmte Dinge zu wissen, die er in der Beichte gehört hat. Doch wenn Rom sagt: »Empfängnisverhütung ist böse«, gibt es keinerlei Einschränkung. Der nackten Aussage folgt ein ohrenbetäubendes Schweigen. Töten, Lügen, Stehlen kann demnach in bestimmten Situationen gerechtfertigt sein; Empfängnisverhütung ist in allen denkbaren Situationen absolut böse.

Vor dem Ersten Weltkrieg sprach Rom selten öffentlich über Sex. In den letzten Jahren hat es umgekehrt nicht mehr damit aufgehört. Blättern Sie durch die Bände mit den Ansprachen Johannes Pauls II., und Sie werden feststellen, daß er mehr über Sex gesprochen hat als alle seine Vorgänger zusammen. Er muß glauben, man könne nicht darauf vertrauen, daß Paare sich im Bett anständig benehmen. Dennoch ist es nicht diese lückenlose Aufmerksamkeit, die den falschen Eindruck erweckt, der Papst sei sexbesessen. Es ist vielmehr die seltsame Tatsache, die ich eben erwähnte: Er versäumt nie, seine Aussagen über Krieg, Wahrheit oder Kapitalismus in der Schwebe zu halten, aber wenn er über Sex spricht, vereinfacht er und legt sich fest – aus Gründen, die wir untersuchen werden. Es wäre amüsant, wenn es nicht so tragisch wäre. »Du sollst nicht töten« ist mit der Herstellung und dem Einsatz von Massenvernichtungsmitteln vereinbar, nicht aber mit der Abtreibung eines eine Woche alten Embryos, die nötig ist, um das Leben einer Frau zu retten, die bei einem Autounfall schwer verletzt wurde. In seinen Pauschalierungen über Sex wirkt der Papst wie ein Richter, der jeden hängen will, der den Tod eines Kindes verursacht – ob es ein wütender Vater ist, der es an der Wand zerschmettert, ein Chirurg, dem es während einer Operation stirbt, oder ein Autofahrer, der ein auf der Straße spielendes Kind überfährt.

Die meisten Protestanten konzentrieren sich nicht auf einzelne Funktionen, sondern auf Menschen und ihre Geschichten.

Ihr Blick weitet sich und erfaßt das Paar, die Familie, die Gesellschaft, sogar die Erde und die ganze Menschheit. Sie gehen davon aus, daß bestimmte Umstände moralische Bewertungen verändern und Regeln, die für eine Generation gut sind, der nächsten schaden können.

Die beiden Sichtweisen sind sehr verschieden. Der römischen Kirche ist es zum Beispiel nicht möglich, die Lehre über Empfängnisverhütung zu revidieren, weil sich schließlich die geschlechtlichen Funktionen nicht ändern. Protestanten haben es unmöglich gefunden, ihre Lehre über Empfängnisverhütung nicht zu ändern, weil der Sinn der Geschlechtlichkeit sich offensichtlich gewandelt hat, ebenso wie die Familie, die Stellung der Frau, die Bedürfnisse der Gesellschaft und der ganzen Welt.

Natürlich bekennen sich alle Christen zu den absoluten christlichen Prinzipien der Liebe und Fürsorge für den Nächsten. Doch allzu oft klammert sich Rom nicht an alte Prinzipien, sondern alte Vorschriften. Diese Vorschriften wurden von Prinzipien abgeleitet, als Zeit und Umstände andere waren. Generell verwechselt der Erzkonservative lebendige Tradition mit toten Gesetzen. Ständig wehrt er die Zukunft ab. Deshalb bewahrt er am Ende nichts, nicht einmal die Errungenschaften der Vergangenheit. Er tötet alles dadurch ab, daß er es bewahren will, wie es war. Der Prophet ist der wahre Konservative; er hält die Vergangenheit lebendig, indem er sie heute wachsen und sich wandeln läßt. Er weiß, daß Vorschriften sich ändern müssen, wenn wir die zugrunde liegenden Prinzipien der Liebe bewahren wollen.

Die Folgen der römischen Ethik

Roms ethisches System ist trotz seiner Größe verhältnismäßig leicht anzugreifen. Wenn man sich ihm nähert, erwartet man Subtilität, findet aber Banalität. Einige Beispiele illustrieren dies, angefangen mit einem lehrreichen generellen Prinzip.

»Man darf keine noch so triviale böse Tat begehen, um ein noch so großes Gutes zu bewirken.« Hieraus leitet Rom ab, daß man einen Wahnsinnigen, der seinen Finger am Atomknopf hat, in Selbstverteidigung erschießen, aber nicht mit einer Lüge von seinem Vorhaben abbringen darf. Der Hauptzweck der Zunge sei es, die Wahrheit zu sagen, wie der Hauptzweck der Geschlechtlichkeit Fortpflanzung ist. Daß es falsch ist, einen Wahnsinnigen Millionen Unschuldiger vernichten zu lassen, wird in der moralischen Gleichung nicht berücksichtigt. Ein Mensch darf niemals lügen.

Von zwei verheirateten Brüdern, die je drei Kinder haben, läßt sich der eine sterilisieren und darf nach der Beichte zur Kommunion gehen. Der andere benutzt 20 Jahre lang Kondome und hat die ganze Zeit keinen Zugang zu den Sakramenten.

Ein Paar, dessen Kinder nach Auskunft der Ärzte mit Sicherheit behindert wären, wird von Rom zwar nicht ermutigt, Kinder zu haben. Aber es wird den Eltern auch nicht verboten, denn sie haben ein Recht auf Kinder. Es ist Sünde, wenn sie einem schon geborenen Kind schaden, nicht aber, wenn sie ein Kind austragen, von dem sie wissen, daß es mit schweren Schäden zur Welt kommen wird. Das Baby hat das Recht auf Leben, nicht aber darauf, erwünscht oder gesund geboren zu werden.

Ein Paar, das zwei Zimmer in einem Hochhaus ohne Fahrstuhl bewohnt, hat fünf Kinder, davon zwei behindert. Das Leben der Eheleute ist die Hölle, speziell für die Frau. Man sagt ihnen, sie dürften die unfruchtbaren Tage nutzen, um eine weitere Schwangerschaft zu vermeiden – obwohl auf diese Weise bereits die drei letzten Kinder empfangen wurden –, nicht aber die Pille, denn das sei gegen das Naturrecht.

Eine Frau darf eine Pille nehmen, die sie befähigt, Sechslinge zu bekommen. Dieselbe Frau darf keine Pille nehmen, um zu verhindern, daß sie ein siebtes Kind bekommt.

Ein Ehepaar hat immer das Recht auf Sex, darf aber nie ein

Kondom benutzen. Selbst wenn ein Mann durch eine Blutkonserve AIDS-infiziert wurde und seine Frau keine Gebärmutter mehr hat, dürfen sie ohne Kondom Sex haben, so oft sie wollen, aber nie mit Kondom, weil das gegen das Naturrecht ist.

Ein zwölfjähriges Mädchen wird von einer ganzen Bande vergewaltigt. Einige Tage später geht sie zur Polizei. Ihre Eltern kommen mit einem Priester. Die Polizistin schlägt routinemäßig vor, daß das Mädchen eine »Pille danach« bekommt; der Priester protestiert. Wenn das Mädchen ein Kind empfangen hat, wird die Pille es töten, und Mord ist schlimmer als Vergewaltigung.

Ein Mädchen wird von ihrem betrunkenen Vater geschwängert. Sie muß, obwohl der Gedanke sie peinigt, ihre eigene Schwester zur Welt bringen, das Kind ihres eigenen Vaters.

Eine Frau, die drei Wochen schwanger ist, hat nur eine, zudem schwer geschädigte Niere. Ihr Arzt macht ihr klar, daß er den Fötus entfernen muß, da sonst sie und auch der Fötus sterben würden. Ihr Priester sagt ihr, Abtreibung sei immer Todsünde. Es sei besser, Mutter und Fötus würden sterben, als daß sie ihr Leben rettet, indem sie »ihr Baby umbringt«.

Früh in der Schwangerschaft einer ledigen Frau wird diagnostiziert, daß der Embryo schwer geschädigt ist. Die Frau bringt ein Baby mit riesigem Kopf und fast ohne Körper zur Welt. Rom preist ihre Tugend, weil sie eine Abtreibung abgelehnt hat. Eine andere Frau, glücklich verheiratet, bekommt nach einer In-vitro-Befruchtung völlig gesunde Zwillinge, und Rom sagt, dies sei das Ergebnis einer schweren Sünde.

Eine Frau hat eine Eileiterschwangerschaft; die befruchtete Eizelle nistet sich im Eileiter ein. Ihr Arzt will den Embryo so entfernen, daß der Eileiter für künftige Schwangerschaften intakt bleibt. Rom sagt, er darf das nicht tun, aber er darf den Eileiter mit dem Embryo darin entfernen. Warum? Weil im zweiten Fall nicht der Embryo direkt angegriffen wird, was Sünde ist.

Nach fünfjähriger Ehe hat ein Paar noch kein Kind. Nachdem Untersuchungen ergeben haben, daß die Frau fruchtbar ist, bittet der Gynäkologe den Mann um eine Samenprobe, um seine Fruchtbarkeit zu prüfen. Rom verbietet es, weil Onanie immer eine sündige Verschwendung von fruchtbarem Samen ist.

Ein junger, lediger Mann bekommt Hodenkrebs. Er muß sich einer Strahlentherapie unterziehen, die ihn unfruchtbar machen wird. Die Kirche verbietet ihm, Samen zum Einfrieren abzugeben. Warum? Weil Sex der Fortpflanzung dient. Aber friert er seinen Samen nicht zum Zweck der Fortpflanzung ein? Schon, aber Rom meint sofortige, nicht eine spätere Fortpflanzung.

Ein Paar läßt sich nach einer Woche scheiden, ein anderes nach zweijähriger Ehe. Rom verbietet dem ersten die Wiederheirat, erlaubt sie aber dem zweiten. Der Grund: Das zweite Paar »sündigte«, indem es immer Kondome benutzte; da die Vagina der Frau nicht besamt wurde, wurde ihre Ehe nie vollzogen. Rom annulliert ihre Ehe, und sie dürfen wieder heiraten, sogar kirchlich. Die Ehe des ersten Paares wurde unauflöslich, da es in der gemeinsam verbrachten Woche nicht durch die Verwendung eines Kondoms »sündigte«. Das Band zwischen den ehemaligen Partnern bleibt unauflöslich – und da sie jetzt in verschiedenen Erdteilen leben, äußerst elastisch.

Ein Mann ermordet seine Frau, heiratet später wieder und hat Zugang zu den Sakramenten. Ein Mann läßt sich von seiner Frau scheiden, heiratet wieder und bleibt exkommuniziert.

Als Folge eines Autounfalls hat ein Mann den Geist eines Fünfjährigen. Die Ärzte sagen, er könnte noch 40 Jahre, allerdings in einer Anstalt leben. Die Kirche verbietet seiner 22jährigen Frau, wieder zu heiraten; sie muß ihre Ehegelübde halten.

Die Weltgesundheitsorganisation WHO sagt voraus, daß innerhalb der nächsten zehn Jahre zehn Millionen Kinder mit

AIDS geboren werden. Rom findet dies auch furchtbar, sagt aber, es sei weit besser, diese Erkrankung zu akzeptieren, als Paaren den Gebrauch von Kondomen zu gestatten. Wie ein atomarer Holocaust besser ist als die kleinste Lüge, so ist es besser, wenn die ganze Menschheit an AIDS stirbt, als wenn ein Paar Kondome benutzt.

Die Schlüsse sind so abwegig, daß zu vermuten ist, daß etwas von Grund auf nicht stimmt mit Roms ethischem System, aus dem sie hergeleitet sind. Es läßt die Menschen denken, ihre Religion sei unmenschlich. Zwar machen schwere Fälle schlechte Gesetze – doch es ist ein schlechtes Gesetz, das nichts für schwere Fälle vorsieht.

Wir werden sehen, daß Millionen Katholiken einen sehr hohen Preis für Roms absolute Gewißheiten zahlen, von denen so viele unter der Gürtellinie einer Frau liegen. Immer und immer wieder nimmt Rom eine Position zu ethischen Fragen ein, die, pauschal angewendet, gerade das Leben zerstört, das sie angeblich hochhält, die Ehen ruiniert, die sie unbedingt bewahren will. Päpste, die ersten Opfer eines althergebrachten Systems, wiederholen weiter die Antworten von gestern auf die Probleme von heute, ohne die geringsten Gewissensbisse, ohne jede Ahnung, daß sie vielleicht irren. Sie scheinen zu glauben, daß selbst leise Kritik von Priestern oder Laien Treulosigkeit gegen Gott und die Kirche sei. Deshalb ernennt Johannes Paul II. nur solche Männer zu Bischöfen, deren blinder Gehorsam sicher ist, so daß die Führung auf viele Jahre hinaus ein Problem sein wird. Weltweite Untersuchungen zeigen, daß der niedere Klerus nur vorgibt, die Lehre des Papstes über Empfängnisverhütung und Scheidung zu akzeptieren. So läuft die Kirche Gefahr, die Eine, Heilige, Katholische und Heuchlerische zu werden.

Die traurigste Folge ist diese: Der Papst wird überall mit Liebe und Begeisterung empfangen, fühlt sich aber genötigt, Millionen anständiger, Gott liebender Katholiken als Sünder zu brandmarken, weil sie Empfängnisverhütung praktizieren. Daher die Krise: Rom wiederholt Vorschriften, die die Katholiken ablehnen.

Da Rom versäumt hat, seine Position zu Familienplanung, Scheidung, Abtreibung, Selbstbefriedigung und Homosexualität zu überdenken, kann es moderne Probleme wie In-vitro-Befruchtung, Leihmutterschaft und genetische Forschung nicht einmal ansatzweise untersuchen. Es weiß, daß all dies böse ist, und zwar für alle Zeit. Nehmen wir die beiden folgenden Fälle.

Leihmutterschaft

Die Zwillinge Alice und Oliver kamen kurz nach Mittag am 24. Juni 1991 durch Kaiserschnitt zur Welt. Die englischen Eltern Robin und Linda Nelson schauten staunend zu, als der Chirurg Ronnie Lamont zuerst das Mädchen, dann den Jungen aus dem Leib der Leihmutter holte. Kim Cotton hatte sich für eine Epiduralanästhesie statt Vollnarkose entschlossen, damit sie die Freude der Eltern sehen konnte, wenn sie deren Kinder zur Welt brachte. Der glückliche Kreis wurde vervollständigt durch Kims Mann Geoff. Er umarmte Linda Nelson und weinte mit ihr, als seine Frau Lindas Babys gebar.

Als eine Schwester Alice in Robins Arme legte, erinnerte er sich, wie niedergeschlagen er über die drei Fehlstarts gewesen war, die vor zwei Jahren begonnen hatten. Beim viertenmal hatte das Leben wie zuvor auch in einem Reagenzglas begonnen, doch diesesmal wurde der Embryo Kim Cotton eingepflanzt, und sie wurde schwanger. Innerhalb von drei Wochen sagte der Arzt, daß es Zwillinge waren. Und nun war Robin durch die Wunder der modernen Medizin stolzer Vater von zwei gesunden Babys. Er sagte später: »Es war phantastisch, wunderbar... Man kann nichts tun als dasitzen und sagen: danke für das Leben.«

In South Dakota, USA, hatte Arlette Schweitzer, eine katholische Großmutter, tiefes Mitleid mit ihrer Tochter Christa, die ohne Gebärmutter zur Welt gekommen war. Als Christa Kevin Uchityl heiratete und sich verzweifelt ein Kind wünschte, hätte die 42jährige Arlette am liebsten die eigene Gebärmutter in ihre Tochter verpflanzen lassen. Da das unmöglich war, bot sie an, Christas Kind mit In-vitro-Befruchtung für sie auszutragen. Sie würde der menschliche Brutkasten für Christas und Kevins Kind sein. Wer könnte besser als sie ihre Familie fortsetzen, indem sie ihr eigenes Enkelkind austrug? Sie empfand dies als christliche Tat, die dem Leben dienen und der Ehe ihrer Tochter helfen würde. Sobald die Tests positiv waren, rief sie ihre Tochter an und sagte: »Herzlichen Glückwunsch, *du* bist schwanger.« Es zeigte sich, daß es Zwillinge waren.

Arlette war etwas Ähnliches wie eine Amme: Sie nährte das Baby ihrer Tochter in ihrem eigenen Körper. Es ist hübsch, sich vorzustellen, daß sie mit einer päpstlichen Medaille ausgezeichnet worden wäre. Statt dessen bekam sie nur Mißbilligung vom Klerus. Die Kirche sagte von den Zwillingen, was Jesus von Judas sagte: »Es wäre besser, sie wären nie geboren.«

Es braucht Zeit, sich auf Fälle einzustellen, die früheren Generationen unbekannt waren. Durch hormonell stimulierte Mehrfacheisprünge und mit neuen Methoden des Einfrierens können Zwillinge ein Jahrhundert nacheinander geboren werden. Eine Witwe kann wieder heiraten, Kinder von ihrem zweiten Mann haben und danach von ihrem seit langem toten ersten Mann; sie könnte sogar abwechseln zwischen Kindern ihres lebenden und ihres toten Mannes. Zwei Eltern können Generationen auseinander sein. Eine Frau kann durch den Samen eines Mannes empfangen, der vor ihrer Geburt gestorben ist. Mit aufgetauten Embryonen kann eine Frau ihre eigene Zwillingsschwester, die ihrer Mutter oder ihrer Großmutter zur Welt bringen oder theoretisch auch alle drei zusammen. In der Zukunft werden wahrscheinlich lauter solche Dinge im *Guinness-Buch der Rekorde* stehen.

Fragen dieser Art sind naturgemäß umstritten. Doch in einer Zeit, in der die Gentechnik vielleicht Erbkrankheiten ausmerzen kann, die jahrhundertelang Leid gebracht haben, erstickt Rom die Diskussion in der Kirche und bezeichnet von vornherein alle Neuerungen als sündig. Das ist kurzsichtig. Wenn wir zurückschauen, sind wir fassungslos, daß unseren Vorfahren ohne Narkose Beine und Arme amputiert wurden. Künftige Generationen werden ebenso fassungslos auf uns schauen, weil unsere Fortpflanzung ganz vom Zufall abhing. Eltern in jenen Tagen, werden sie amüsiert sagen, hatten keine Wahl, was Geschlecht, Gesundheit und Intelligenz ihrer Babys anging.

Christliche Krise und katholische Tragödie

Die Uneinigkeit in ethischen Fragen bedeutet eine Krise der Ökumene. Die Kirchenführer erwecken den Eindruck, alles wäre gut, wenn sie sich nur auf ein grundlegendes Glaubensbekenntnis einigen könnten – die Dreifaltigkeit, Jesus, Sühne, Sakramente, Rechtfertigung. In Wahrheit sind sie weit uneiniger in Fragen der Moral. Sie sind grundlegend verschiedener Ansicht über vorehelichen Sex, Empfängnisverhütung, Scheidung, Homosexualität, die Rolle der Frau in der Kirche. Wie können Protestanten zum Beispiel hoffen, sich mit einer Kirche zu einigen, die einem Mann verbietet zu onanieren, damit seine Fruchtbarkeit geprüft werden kann? Der Papst findet die Unterstützung der Protestanten für Kondome unmoralisch; diese finden sein totales Verbot der Empfängnisverhütung unmoralisch. Der Papst findet jede Abtreibung böse; viele Protestanten finden es böse, Frauen und Mädchen die Abtreibung zu verweigern, wenn sie das Opfer von Vergewaltigung oder Inzest waren oder in Lebensgefahr sind.

Was die katholische Kirche betrifft, so erleben wir eine monumentale Tragödie. Die Macht, die die Päpste erben und bewahren, ist viel zu groß, um für sie oder die Kirche gut zu sein. Als das Vaticanum I das päpstliche Supremat und die Unfehlbarkeit definierte, schrieben die Bischöfe eine Charta der Tyrannen. Sie schienen nicht zu sehen, daß sie die Sprache Konstantins schrieben, nicht die Sprache Jesu. Sie verwendeten Formulierungen, die Antithesen zum Evangelium waren, Formulierungen, die nach Herrschen statt Dienen rochen. Sie stellten die Botschaft Jesu auf den Kopf, als sie den Nachfolger Petri immer den ersten statt den letzten nannten, den Herrn und Meister statt den Diener. Sie schienen nicht zu begreifen, daß Despotismus immer Despotismus ist, ob im Namen Gottes oder des Teufels. Es war diese heidnische Amtsauffassung, die Paul VI. dazu brachte, mit seinen Stiefeln vom Vaticanum I viele der besten kollegialen Errungenschaften des Vaticanum II in den Staub zu treten, noch bevor das Konzil zu Ende war.

Doch Rom braucht Mitgefühl, denn es hat jetzt das gleiche Problem wie Moskau unter Gorbatschow: Es hat Glasnost ohne Perestroika. Es hat das junge Herz des Vaticanum II, das im alten Körper des Vaticanum I schlägt. Viele Katholiken haben auf die unausweichliche Spannung damit reagiert, daß sie ihren Glauben aufgegeben haben, leise oder laut. Das macht mich traurig. Luthers Größe lag in der Erkenntnis, daß Gott und Christus über dem Papst sind, daß das Reich Gottes über der Kirche steht. In seiner Zeit war der einzige Weg zu protestieren der Bruch mit Rom. Heute bin ich einer von vielen Katholiken, die von innen für einen evangelischeren Geist kämpfen. Luther hatte trotz allem recht damit, daß eine imperialistische Kirche sich am Ende vor der Majestät des Evangeliums beugen muß.

Von Luther müssen wir auch lernen, uns verständlich auszudrücken. Man muß verständlich sagen, daß diese große, historische Kirche unnötigerweise eine Ethik mitschleppt, die die meisten Katholiken für schädlich halten. Die Welt hat genug Probleme, auch ohne daß ununterbrochen Sünden begangen werden. Paul VI. tat sein Bestes, um die Liebe Gottes zu verbreiten. Nur kennt das alte Sprichwort keine Ausnahme:

Absolute Macht korrumpiert absolut. Dies trifft für religiöse Macht nicht weniger, sondern mehr zu, denn sie ist verinnerlicht und kommt mit göttlicher Sanktion daher. Macht, die nicht hinterfragt, nicht untersucht wird, die keine Gegengewichte hat, die sich von jedem Widerspruch beleidigt fühlt, muß despotische Macht sein. Die Geschichte zeigt, daß persönliche Integrität kein Schutz vor dem alles korrumpierenden Einfluß absoluter Macht ist.

Heute zeichnet sich Johannes Paul unter den Führern der Welt durch den Adel seines Charakters aus. Leider hat die absolute Macht des Rechtschaffenen ebensoviel Potential zum Bösen wie absolute Macht moralischer Unholde. Deshalb bewirkt der Vatikan, der voller Männer ist, die ihre Gebete sprechen und versuchen, das Los der Menschheit zu bessern, heute ebensoviel Schlimmes wie damals, als er voller Männer mit ebenso guten Absichten war und die Inquisition betrieb, Hexen verbrannte und den Ablaßverkauf sanktionierte. Dadurch, daß er eine Ethik von vorgestern wiederholt, klügeren Rat nicht anhört, aufrichtige Opposition zum Schweigen bringt, Regierungen der Dritten Welt unter Druck setzt, die Empfängnisverhütung zu verbieten, hat der Vatikan langfristig mehr Konzentrationslager des Elends verursacht als Hitler oder Stalin.

Ich kenne wohl die Empörung vieler darüber, daß ich Päpste der jüngeren Zeit, die Millionen verehren, zu kritisieren scheine. Ich kann nur die langweilige Wiederholung bieten: Ich würde nicht wagen, sie zu kritisieren. Einziger Gegenstand meiner Kritik ist ein System der Führung und der Ethik. Ich glaube, es ist schuld an mehr unnötigen Schuldgefühlen und Depressionen, mehr Abtreibungen, mehr Sterilisationen, Krankheit und Tod bei Frauen, mehr AIDS-Opfern, mehr Kindersterblichkeit, Armut und Unterernährung, mehr Abfallessern, mehr ehelichen Spannungen und Trennungen, mehr Unrecht gegen Randgruppen wie Homosexuelle als alles andere auf der Welt. Ich werde mich nie damit abfinden, daß Päpste vergewaltigten kleinen Mädchen sagen, Abtreibung sei Mord. Wenn jemand wesentliche Fehler in meiner Argumentation nachweisen kann, gelobe ich, öffentlich zu widerrufen.

Dieses Buch ist von einem Katholiken geschrieben – nicht aus Bitterkeit, wenn auch, zugegeben, mit einiger Trauer. Es ist brutal deutlich. Aber ich schreibe, jetzt und immer, als Freund statt als Feind.

2.

SEXPLOSION

Die Welt, in der unsere Kinder aufwachsen, scheint sexbesessen zu sein. Man braucht nur in neuesten Zeitschriften zu blättern, die neuesten Filme anzuschauen. Rundfunk und Fernsehen senden offiziell gesponserte Werbung für Kondome, die noch vor einem Jahrzehnt als obszön gegolten hätte. Selbst Kleinkinder schauen sie an. Der Eindruck entsteht, daß Sex nicht mehr heilig ist, sondern eine Form der Unterhaltung. Käme Paulus auf die Erde zurück, würde er den Eindruck gewinnen, in Korinth oder Ephesus zu sein, als diese noch sittenlos waren. Aphrodite ist in unseren Wohnzimmern aufs neue geboren. Madonna hat die Madonna verdrängt.

Vor nicht allzulanger Zeit wurden Romane von Henry Miller und D. H. Lawrence nur in Paris veröffentlicht und mit neutralem Umschlag in prüdere Länder geschmuggelt. Selbst Millers einst skandalöse Werke *Wendekreis des Krebses* und *Wendekreis des Steinbocks* wirken harmlos im Vergleich zu vielen Romanen, die heute bei angesehenen Verlagen erscheinen. Der Vorsitzende der Jury für den Booker Prize von 1990 sagte, die Juroren hätten bei der Ausübung ihres Amtes »über 150 Schilderungen des Aktes« gelesen, und ein Literaturkritiker äußerte die Vermutung, daß Romane der Zukunft von Geschlechtsorganen bevölkert sein werden, die aktuelle Themen diskutieren.

Selbst die Zeit vor dem Zweiten Weltkrieg wirkt im Vergleich mit der unseren wie die Epoche der Unschuld. Amerikaner konnten die nicht bereinigte Fassung von *Lady Chatterley* erst 1959 kaufen. Der Wandel der Moralvorstellungen zeigt sich überall. Feigenblätter und Lendenschurze sind gefallen wie

Herbstblätter. Seit der Premiere des Musicals *Hair* 1968 sind Bühnenaufführungen mit voller, frontal gezeigter Nacktheit respektabel geworden. Sexshops sind Supermärkte eindeutiger Publikationen und Sexhilfsmittel. Die Zeitschriftenregale im respektablen Eckladen sind bepackt mit Hochglanzbrüsten so groß wie Sanddünen, kämpferischen Hinterbacken und krausem Schamhaar – viele Männer sabbern darüber, während einkaufende Frauen nur wenig Notiz nehmen.

Medizin- und Sexhandbücher sind mit Graphiken illustriert, für die es noch vor wenigen Jahren Gefängnis gegeben hätte. Es gibt *Kamasutra*-ähnliche Bilder für jede Art des Geschlechtsverkehrs, und über Dinge, die unsere Vorfahren als pornographisch bezeichnet hätten, hebt heute niemand mehr eine Augenbraue, außer vielleicht alte Jungfern. Im Pay-TV drängen Werbespots zum Kauf künstlicher Vaginas oder lebensgroßer Bettpuppen zum Aufblasen, blond oder brünett. Puppen sind leichter zu ersetzen als Freundinnen oder Ehefrauen. Frauen können Vibratoren kaufen, Dildos (Gummipenisse verschiedener Größen) und murmelgroße Benwa-Kugeln zum Einführen in die Scheide. Frauentausch ist eine häufige Praxis. Seit der Erfindung der Pille Anfang der 50er Jahre scheint Jungfräulichkeit nichts anderes zu sein als das Resultat verpaßter Gelegenheiten, Keuschheit nicht tugendhafter als Unterernährung.

Die moderne Technologie hat Sex zu einem Zuschauersport gemacht. Es gibt Pay-TV-Sender, die nur Pornos bringen. Sogar das öffentlich-rechtliche Fernsehen sendet spätabends Programme mit eindeutigen Sexszenen im Interesse der »Authentizität«.

Der Hit der letzten »Cebit« war »Cyberspace«. Der Benutzer wird aus der realen Welt hinaus in eine virtuelle Realität (VR) versetzt, wo er ohne ethische Schranken oder rechtliche Folgen seine Phantasien ausleben kann. Durch eine Brille, Glasfaserhandschuhe und andere Computerkleidung kann er eine von Experten konstruierte Phantasiewelt genießen, wo alle Vorstellungen sich real anfühlen. Er kann sich VR-Heroin mit einer VR-Nadel spritzen, ohne einen Einstich im Arm zu bekommen. Er kann VR-Sex mit der VR-Frau seiner Wahl haben, einer Kombination der schönsten Frauen, die je gelebt haben. Er kann durch einen VR-Bezirk streifen und eine VR-Frau auf einer belebten VR-Straße VR-vergewaltigen, ohne Kondome zu benutzen, ohne AIDS, Ablehnung oder Verhaftung zu riskieren. Kriminologen sagen, dies könnte dem Gefängnisnotstand abhelfen. Die Verurteilten werden auf VR gesetzt, bis ihre Strafe abgesessen ist. Mit VR brauchen sie vielleicht gar nicht erst ein Verbrechen zu begehen. Das einzig mögliche Problem: Wird überhaupt noch jemand aus der VR wieder in das langweilige Leben zurückwollen?

Eine Flut von Statistiken über Sex

In einer eindrucksvollen Vorwegnahme des Jüngsten Gerichts wird jetzt alles offenbar, was im geheimen getan wird. Kinsey löste mit seinen beiden *Kinsey-Reports, Das sexuelle Verhalten des Mannes* (1948) und *Das sexuelle Verhalten der Frau* (1953), einen Trend aus. Sexualität kam aus dem Reich der Folklore in das der Soziologie. Kinsey erklärte, wie Amerikaner Orgasmen erreichten – durch Selbstbefriedigung, nächtliche Ergüsse im Traum, Sex mit Tieren und eine Vielzahl akrobatischer Stellungen mit ihren Frauen, den Frauen anderer Männer und flüchtigen Bekanntschaften. Der Durchschnittsamerikaner staunte über die sexuelle Vielseitigkeit seiner scheinbar gesetzten Landsleute. Doch jene Zeit scheint uns zahm in einer Welt, wo das Kondom zum Medienstar avanciert ist, das, Eissorten vergleichbar, in verschiedenen Geschmacksrichtungen angeboten wird.

Masters und Johnson richteten 1966 mit ihrem Pionierwerk *Human Sexual Response* das Scheinwerferlicht auf Geschlechtsorgane in voller Aktion. An der Washington University in St.

Louis meldeten sich 276 Ehepaare, 106 ledige Frauen und 36 ledige Männer als Versuchspersonen in einem Schlafzimmerlabor. Sie wurden heimlich gefilmt, während sie miteinander schliefen oder masturbierten, wobei Frauen einen Plastikphallus verwendeten. Die Frauen hatten keine Hemmungen; sie erreichten 7382mal in 7500 Tests einen Orgasmus. Die Männer hatten eine schlechtere Erfolgsquote von 90 Prozent.

Sogar wissenschaftliche Studien wie *Der neue Kinsey-Institute Report* (1990), von seinen Autoren »eine freundliche Enzyklopädie« genannt, untersuchten und veröffentlichten Dinge, die einst tabu waren. Der Leser erfährt, daß ein Orgasmus bis zu 6,4 Kalorien pro Minute kostet und jeder Samenerguß weitere fünf, was nahelegt, daß Geschlechtsverkehr eine bessere Schlankheitskur ist als Grapefruits und kohlenhydratfreie Diäten.

Wird es schlimmer?

Offenbar gibt es heute mehr Freizügigkeit als vor einer Generation. Jedes westliche Land verzeichnet zunehmend mehr sexuelle Aktivität bei jungen Leuten und mehr Abtreibungen bei Teenagern. Immer mehr Kinder bekommen Kinder; noch nie wurden weniger eheliche und mehr uneheliche Kinder geboren. In vielen Ländern hat sich die Scheidungsrate in den 70er Jahren verdoppelt und in den 80ern noch einmal verdoppelt.

Ein Grund für diesen Wandel ist, daß junge Menschen weniger anspruchsvolle Vorbilder haben. Die Medien publizieren den geilen Lebensstil der Stars von Film, Pop und Sport, von Klerikern aller Couleur, von Schriftstellern wie dem Spanier Camilo José Cela, der 1989 den Literaturnobelpreis gewann, Lawrence Durrell und Graham Greene, die alle nicht für ihre Keuschheit berühmt waren, und natürlich von Politikern.

In den USA sind Enthüllungen über Expräsidenten an der Tagesordnung. Judith Campbell Exner erzählt in *My Story* ihre

Affären mit einem berühmten Mafia-Gangster und John F. Kennedy. In Kitty Kelleys Biographie *Nancy Reagan* heißt es, Mrs. Reagan habe in ihrer Jugend eine lesbische Beziehung gehabt, habe auf so mancher Couch geschlafen, um nach Hollywood zu kommen, und Ronald Reagan trickreich mit einer Schwangerschaft zur Heirat gezwungen. Außerdem habe sie eine lange Affäre mit Frank Sinatra gehabt. Auch Ronnie sei kein Tugendbold. In seiner abenteuerlustigen Jugend hatte er eine Frau namens Selene Walters vergewaltigt und mit einer langen Reihe Hollywood-Starlets geschlafen, darunter Jacqueline Park, die er in den 50er Jahren geschwängert habe, so daß sie abtreiben mußte.

Ende 1991 wurde der Vergewaltigungsprozeß um William Kennedy Smith und Patti Bowman per Satellitenfernsehen in der ganzen Welt ausgestrahlt. Zur besten Sendezeit konnten Kinder jedes Detail des Geschlechtsaktes hören und sehen, wie die Unterwäsche einer Frau von den Geschworenen studiert wurde, als sei sie die Heilige Schrift.

Die Krise der christlichen Ethik

Jesus hat gesagt, wer eine Frau begehrlich ansieht, habe in seinem Herzen schon mit ihr die Ehe gebrochen. Gemessen an diesem Kriterium, scheint die moderne Welt voller Ehebrecher zu sein.

Wir leben in einer Zeit schriller Schlagzeilen, wo jeder Skandal den letzten überschreit. Schocker sind eine große Sparte bei Romanen und Filmen. Die Internationalisierung der Medien und die direkte Kommunikation garantieren, daß Schmutz weiter und schneller fliegt als je zuvor. Die Menschen meinen, sie hätten ein verfassungsmäßiges Recht, alles zu erfahren. Während des Kennedy-Smith-Vergewaltigungsprozesses zog das Haus der Kennedys in Florida mehr Fernsehkameras an als jedes andere Ereignis seit dem Golfkrieg.

Junge und Alte, Eheleute, Ledige und Ordensleute scheinen sexbesessen zu sein. Manche behaupten gar, der Westen sei krank und auf dem schnellsten Weg zurück zum Heidentum. Ist das ein richtiger Eindruck? Ist unsere Zeit die sittenloseste seit Griechenland und Rom? Welche Rolle spielt das Christentum? Ist sein Einfluß geschwunden? Hat die Religion für immer die Kraft verloren, Menschen mit den Werten des Evangeliums zu inspirieren, sie von der Wahrheit des Jesuswortes zu überzeugen: »Selig sind, die reinen Herzens sind«?

3.

SEX UND CHRISTENTUM

Die Kirche setzte die Maßstäbe für sexuelles Verhalten im Abendland, als sie das Römische Reich bekehrte und die barbarischen Horden zivilisierte. Sie verdammte rückhaltlos Unzucht und Inzucht, Ehebruch und Ehescheidung, Selbstbefriedigung, Empfängnisverhütung und Homosexualität, Abtreibung und die Aussetzung ungewollter Kinder in den Bergen. Sie definierte die christliche Ehe als lebenslanges, gegenseitiges Geschenk von Mann und Frau, das nie aufgelöst werden könne, wenn es einmal vollzogen ist. Sie förderte Keuschheit vor der Ehe und Treue in der Ehe, und sie ehrte alle Frauen in der Jungfrau Maria. Sie verdammte den in der Antike weit verbreiteten Glauben, Frauen seien Spielzeug für Männer, und verlangte Keuschheit von allen. Sie schützte die Kranken und Alten. Sie betonte die Heiligkeit des Lebens von der Empfängnis bis zum letzten Atemzug.

Die Antike sah keinen Zusammenhang zwischen Keuschheit und Religion. Priester organisierten die Prostitution im Schatten des Venustempels. Welchen Grund konnte es geben, sexuelles Vergnügen nicht wahrzunehmen, wie und wann immer es sich bot? Deshalb wurde gerade das Bordell zum Schlachtfeld zwischen der alten und der neuen Weltordnung. Sex war die erste große Streitfrage; hier zeigte sich, ob jemand zu Christus bekehrt war oder nicht. Als ein Papst des 1. Jahrhunderts, der hl. Clemens, sagte, der einzige Zweck der Geschlechtlichkeit sei Fortpflanzung, als die Kirche verkündete, alle seien zur Keuschheit verpflichtet, war dies eine Herausforderung – es ging um die religiöse Vormacht. Viele Prostituierte erkannten zum erstenmal, daß auch sie für Gott zählten, und gaben ihren Beruf auf.

Das Abendland hat der Kirche viel zu verdanken: einen festen Glauben, schlüssige Formen des sozialen und religiösen Lebens, das Bewußtsein der Einheit aller Völker über die Grenzen von Nation und Klasse hinaus, unvergleichliche Kirchen und Kathedralen, exquisite Kunst und Musik. Doch das größte Erbe der Kirche waren fast zwei Jahrtausende unerschütterlicher moralischer Überzeugungen, deren Fundament die Familie war.

Ein vollständigeres Bild des Christentums

Es hat nie ein Goldenes Zeitalter gegeben. Das Böse läßt sich nicht leicht oder endgültig überwinden. Die Geschichte korrigiert den falschen Eindruck, unsere Zeit sei besonders schlecht. Wahrscheinlich war keine Zeit schlechter als andere, wenn auch manche Epochen ihre Dekadenz mehr zur Schau trugen.

Unsere Zeit würde nicht schlecht abschneiden, vergliche man sie etwa mit dem Mittelalter, das von Unkeuschheit im großen Stil gekennzeichnet war. Prostituierte waren wie in Gewerkschaften organisiert. 1309 gründete Bischof Johann von Straßburg ein eigenes Freudenhaus. Die päpstliche Schatulle in Rom hatte Einkünfte von Liegenschaften, die an Bordellbetreiber vermietet waren. In guten Jahren waren das 20 000 Dukaten – obwohl Bordelle während der Karwoche schlossen. Unter Papst Sixtus VI. (1471 bis 1484) gab es 7000 Prostituierte in einer Stadt mit 70 000 Einwohnern. Bischöfe belegten den Lohn der Sünde auch mit Steuern, zum Beispiel in Mainz und Frankfurt. Da Bordelle legal waren, kämpften Kirche und Staat um die Steuereinnahmen. Als Kaiser Karl V. Antwerpen besuchte, kam ihm eine Prozession entgegen, an ihrer Spitze Hunderte von Dirnen, die außer Blumen im Haar nichts trugen.

Wie ich in *Gottes erste Diener* gezeigt habe, war das Zölibat ein Aphrodisiakum. Der Klerus lebte unkeuscher als die Laien, mit einer überraschenden Neigung zum Inzest. Nachdem das Lateranum II das Zölibat 1139 festgeschrieben hatte, tauschten die Priester ihre Ehefrauen einfach gegen Huren oder Mätressen aus. Die Zahl der Kinder, die sie mit den Jahren zeugten, war phänomenal. Beim Konstanzer Konzil im 15. Jahrhundert wurden 50 000 Teilnehmer von 1500 Prostituierten bedient, die rund um die Uhr arbeiteten. In den vier Jahren des Konzils wurden Hunderte von Kindern unbekannter Väter geboren. Danach folgten die Huren dem Papst nach Rom. Einige von ihnen – die Imperia Cognata, Isabella de la Luna und Tullia von Aragon – sind wegen ihrer Schönheit und Intelligenz in die Geschichte eingegangen. Zu ihren Verehrern gehörten Fürsten und Kardinäle. Damals war Rom dem spanischen Priester Deligado zufolge »ein Triumph der Großen und ein Paradies der Dirnen«.

Auch Nonnen, die oft mangels Mitgift in die Klöster gezwungen wurden, waren so sittenlos, daß sich ehrliche Huren über den unlauteren Wettbewerb beschwerten. In *Das älteste Gewerbe – eine Kulturgeschichte* (1965) erzählt Lujo Bassermann, wie das Kloster Unserer Lieben Frau in Straßburg nach einem Blitzschlag niederbrannte. Bei den Aufräumarbeiten fand man eine Nonne in den Armen eines zarten Jünglings; beide waren im Rauch erstickt. Es stellte sich heraus, daß die Schwestern sich männlicher Findlinge annahmen, die in das Kloster geschmuggelt wurden. Sobald die Knaben groß genug waren, nahmen die Nonnen sie zur religiösen Unterweisung mit ins Bett.

Im späten 18. Jahrhundert wurde der katholische Bischof Scipio de' Ricci bevollmächtigt, die Verderbtheit der Klöster zu untersuchen. Er veröffentlichte seine Befunde in *Female Convents: Secrets of Nunneries Disclosed* (Frauenklöster: Enthüllung der Geheimnisse von Nonnenklöstern). Er kam zu dem Schluß, daß Nonnen regelmäßig mit Priestern und Mönchen schliefen. Kindermord war an der Tagesordnung. Ein Kloster in Venedig war randvoll mit hübschen Nonnen, deren Verehrer bei Mondlicht in Gondeln herbeifuhren. Der Ruhm ihrer Liebe war so groß, daß Puffmütter vorgaben, ihre Mädchen kämen frisch aus dem Kloster. Zwei venezianische Äbtissinnen kämpften mit dem Stilett um einen gutaussehenden französischen Priester, den Abbé de Pomponne, und als der neue päpstliche Nuntius ernannt wurde, stritten drei Klöster erbittert um das Recht, ihm eine Mätresse zu stellen.

Eine dunklere Seite der christlichen Ethik

Selbst diese Missetaten sind trivial im Vergleich mit Aspekten der christlichen Lehre selbst. Die Kirche ging in ihrem Entsetzen über die Promiskuität ins andere Extrem. Sie mißtraute dem Leib so sehr, daß sie Schuldgefühle über Sex förderte und Frauen abwertete. Origenes (184 bis 254), berühmt dafür, daß er sich das Paarungsorgan abschnitt, war weder der erste noch der letzte Theologe, der bezweifelte, daß Frauen eine Seele hätten. Wenn sie den Tod überlebten, schrieb er, könnten sie eine Versuchung im Himmel sein.

Die Lehre über Sex war mit einer extremen Auslegung der Erbsünde verbunden. Adams Sünde wurde durch Sex weitergegeben. Die Wahrheit wurde so auf den Kopf gestellt, daß Babys nicht Unschuldige waren, die durch Kirche und Welt beschmutzt wurden, sondern die Brut des Teufels, die es nötig hatte, daß die Kirche sie von der Sünde reinigte. Deshalb weigerte sich die Kirche, ungetaufte Neugeborene zu begraben. Die Eltern mußten sie nachts zwischen Selbstmördern und Mördern außerhalb des Friedhofs verscharren. Adam und Judas mochten der ewigen Verdammnis entrinnen, aber nicht ungetaufte Babys.

Seit Eva als erste dem Satan nachgab und ihren Gatten in die Falle lockte, durchziehen Angst und Ekel vor der Frau die christliche Ethik, von den Zeiten der Kirchenväter bis in unsere Zeit. Die Frau war die Fackel des Satans. Ehrenwerte Männer schützten sich durch Keuschheitsgelübde. Wie Hieronymus in der Wüste feststellte, schürte dies oft noch die Flammen der Versuchung. Alle Kirchenväter verstanden Jesu Urteil über begehrliche Blicke so, daß Sex Sünde sei.

Die Ehe war ein heiliges Zeichen für die Vereinigung Christi mit seiner Braut, der Kirche. Dennoch war sie als Folge des Sündenfalls ein Stand der Ungnade. Der Geschlechtsverkehr, der die Ehe unauflöslich machte, war böse. Er beleidigte Gott. Die Ekstase, die das Denken trübte, war obszön. Nach dem Geschlechtsverkehr mußte man beichten, bevor man zur Kommunion durfte.

Es gibt einige unfreiwillig komische Passagen im Werk *Über den Gottesstaat* des Augustinus, beispielsweise: Eine spontane Erektion ist der Beweis, daß der Mann einer gefallenen Menschheit angehört. Der Penis geht rücksichtslos seinen eigenen Weg, sozusagen. Vor dem Sündenfall konnte Adam wie ein Kunstsachverständiger Evas Nacktheit betrachten und erst dann »ohne Leidenschaft, in völliger Ruhe des Geistes« selbst beschließen, eine Erektion zu bekommen. »Er konnte seinen Samen so unschuldig durch die Vagina in den Schoß ergießen, wie jetzt der Menstruationsfluß sich ergießt« (XIV, 26). Als Adam Gott ungehorsam wurde, wurde sein Penis ihm ungehorsam.

Die menschenfeindliche Theologie bewirkte, daß Christen die nächsten tausend Jahre glaubten, die sublime Ekstase des *Hoheliedes* von Salomo sei böse, und brachte sie religiös auf den falschen Weg. Mönche und Nonnen legten Keuschheitsgelübde ab. Um sie zu halten, hüteten sie ihre Augen; sie machten sich blind für Schönheit, als wäre Sex der Feind des Lebens und der Liebe. Kleriker waren durch ihre Berufung, den Leib Christi in der Messe zu berühren, zum Zölibat verpflichtet. Dies entzog sie Kopfkissengesprächen und Versuchungen Evas sowie den Belastungen von Heim und Kindern. Sie gehörten mit

Leib und Seele dem System, dem sie dienten. Nur Eunuchen, die D. H. Lawrence »ekelhaft lehmige Kreaturen« nennt, konnten auf den Himmel hoffen.

Das war tief areligiös. Es bewirkte, daß Sex und Liebe einander ausschlossen. Da Sex einmal mit Lüsternheit identifiziert war, konnte er nicht vergeistigt, sondern nur in Schach gehalten werden wie ein Wolf. Wenn Mann und Frau einander liebten, dann trotz Sex. Da Sex die Ehe unheilig gemacht hatte, gab es in einer guten Ehe nur so viel Sex, wie für Kinder eben sein mußte. In der vollkommenen Ehe waren die Partner lebenslang jungfräulich wie Maria und Josef. Einem Ehebrecher wurde eine lange Buße auferlegt, während der seine Frau nicht mit ihm schlafen durfte, so daß ihr doppelt Unrecht geschah. Frauen durften während der Menstruation und nach der Niederkunft keine Kirche betreten. Von Sex an Wochenenden wurde abgeraten, weil der Sonntag heilig war. Jahrhundertelang gaben sich Paare der Promiskuität hin, um mit dem Segen der Kirche zu sündigen. Das Kind war nicht der Hauptzweck des Geschlechtsverkehrs, sondern der einzige Zweck. Daher sündigte ein Paar, wenn es miteinander schlief, wenn die Frau schwanger war. So dreckig waren nicht einmal die Tiere.

Soviel Schaden wie dies könnte nicht einmal der größte Schundfilm oder die mieseste Sexzeitschrift anrichten. Ehebruch zu billigen ist weniger widerlich, als jede sexuelle Aktivität zu entehren, auch die zwischen Eheleuten.

Das viktorianische Zeitalter

Nostalgische Kirchenmänner und Politiker drängen manchmal auf Rückkehr zu den viktorianischen Werten des Familienlebens. Das ist durch Unwissen begründet. Im 19. Jahrhundert gab es in allen Großstädten Europas und Nordamerikas mehr Prostitution, Trunksucht und Illegitimität als heute. In den 1850er Jahren, als die Bevölkerung nur einen Bruchteil der heutigen Größe hatte, gab es in London über 24 000 Prostituierte, in Paris über 34 000 und in Berlin, das nur 300 000 Einwohner hatte, fast 11 000. Im katholischen Wien waren die Hälfte aller Neugeborenen illegitim, viele weitere waren vorehelich empfangen, und außerdem wurden vier von zehn Frauen auf der Straße Opfer sexuellen Mißbrauchs.

In einem Zeitraum von sieben Jahren hatten sich 20 Prozent der britischen Armee und 14 Prozent der Marine an Syphilis oder Tripper angesteckt. In Deutschland gab es 800 000 Fälle; jedes Semester steckten sich 25 Prozent der Studenten an. In Berlin schätzte ein Facharzt für Geschlechtskrankheiten, alle Männer, die älter als 30 heirateten, hätten zweimal den Tripper gehabt und ein Viertel von ihnen die Syphilis.

Als Hinterbacken sexuell so erregend waren wie Brüste heute, war London die Welthauptstadt für Auspeitschungen. Deren Beliebtheit wurde der Prügelstrafe in den Public Schools zugeschrieben. Auch Entjungferungen waren sehr gesucht. Kunden ließen sich von Puffmüttern ärztliche Atteste vorlegen, die bewiesen, daß ihre Mädchen Jungfrauen waren. So manche »Jungfrau« mußte mit einem falschen Häutchen wieder hergerichtet werden, um diesem besonderen Geschmack zu entsprechen.

Zur Zeit Königin Viktorias war es der größte Ehrgeiz eines Mannes, mit 35 reich genug zu sein, um eine Frau seiner eigenen Klasse zu heiraten. Bis dahin nahm er die Dienste einer Mätresse oder von Prostituierten in Anspruch. Er brüstete sich offen mit seinen Eroberungen. Kein Mann wurde allzu hart beurteilt, solange er nicht Frauen seiner eigenen Klasse vergewaltigte. Nach der Hochzeit schlief er weiter mit Prostituierten. Warum? Weil er nicht aus Liebe heiratete, sondern weil es sich so gehörte. Von seiner Frau erwartete er zweierlei: 1. daß sie ihm als gute Christin in allem gehorchte oder sich verprügeln ließ und 2. daß sie ihm einen Stammhalter lieferte. Da Keuschheit in der christlichen Lehre mit Frigidität gleichgesetzt wurde, mußte man davon ausgehen, daß die Ehefrau kein

Vergnügen am Sex hatte. Die Abneigung würde dafür sorgen, daß sie treu blieb. Das keusche Weib gurrte und tobte nicht im Ehebett; sie tat stoisch ihre Pflicht. Ihre Hochzeitsnacht war wahrscheinlich die schlimmste ihres Lebens. Sie ging in völliger sexueller Unwissenheit mit einem Mann ins Bett, der sich wiederholt mit einer noch besser qualifizierten Hure qualifiziert hatte, und wachte oft mit einer Geschlechtskrankheit wieder auf.

Nach der doppelten Moral jener Zeit wurde eine Frau, die auch nur einmal für untreu befunden wurde, hart bestraft. Der umgekehrte Fall war weniger gravierend. Eine reiche Frau ersuchte einmal das englische Parlament um eine Scheidung. Ihr Mann hatte in der Hochzeitsnacht Ehebruch begangen, jedes Dienstmädchen im Haus verführt, sie mit einer Geschlechtskrankheit angesteckt, war ständig betrunken und zu jener Zeit gerade im Gefängnis mit einer Prostituierten, die auch sein Essen mit dem Einkommen aus ihren bekannten Aktivitäten bezahlte. Das Gesuch wurde abgelehnt.

Die christliche Lehre über Sex und Monogamie leistete einen erheblichen Beitrag zu den Übeln der viktorianischen Ehe. Sie war eine Institution, die nur der Produktion von Kindern diente; Sex hingegen war so pervers, daß nur Sünder ihn genossen. Sex und Liebe blieben in der christlichen Tradition durch Welten getrennt. Es ist erschreckend, daß das Christentum noch vor 100 Jahren die Idee verbreitete, die Ehefrau eines Mannes könne nicht seine Geliebte sein.

Die Kirche im 20. Jahrhundert

Auch die Kirchen änderten sich im 20. Jahrhundert. 1908 und 1920 verurteilte zum Beispiel die Lambeth Conference der anglikanischen Kirche Empfängnisverhütung als unnatürlich. Der Hauptzweck der Ehe sei es, Kinder zu haben. Dann anerkannte die Konferenz von 1930 nach einem tiefgreifenden Umschwung die moralische Verpflichtung, Elternschaft zu begrenzen und in manchen Fällen zu vermeiden. Sie empfahl Enthaltsamkeit, sagte aber, wo es moralisch einwandfreie Gründe gebe, Enthaltsamkeit zu vermeiden, könnten andere Methoden angewandt werden.

Kardinal Bourne von Westminster quittierte dies mit der Feststellung, die anglikanischen Bischöfe hätten jedes Recht verwirkt, »bevollmächtigte Organe christlicher Moral« zu sein. Der Vatikan sagte, Empfängnisverhütung sei widernatürlich, und nichts könne sie rechtfertigen. Schließlich schrieb Pius XI. im Winter 1930 *Casti Connubii.* Er sah die Kirche von Rom allein aufrecht zwischen moralischen Ruinen. Für ihn klaffte nun eine unüberbrückbare Kluft zwischen der katholischen Kirche und allen anderen von Menschen geschaffenen Kirchen des Abendlandes. In seinem Angriff gegen die anglikanische Kirche billigte Pius XI. allerdings eine Feststellung der Lambeth Conference von 1920. Er wies darauf hin, der eheliche Akt sei »von der Natur in erster Linie zur Zeugung von Kindern bestimmt«. Dieses erste Ziel zu umgehen sei eine schwere Sünde. Doch er anerkannte auch, daß Sexualität sekundäre Zwecke wie gegenseitigen Beistand und Trost habe. Ihm wurde offensichtlich nicht bewußt, daß er mit der Legitimierung sexueller Beziehungen zu anderen Zwecken als der Fortpflanzung – nicht weniger als die Lambeth Conference selbst – Jahrhunderten christlicher Tradition widersprach. Er gab seinen Segen zum Sex als etwas in sich Wertvollem und Gutem. Ohne es zu bemerken, ohne es zu wollen, hatte er eine Revolution in der katholischen Kirche begonnen.

4.

SEX UND DIE KATHOLISCHE KIRCHE HEUTE

Pius XI. schien nicht zu begreifen, daß seine Unterscheidung zwischen primären und sekundären Zwecken des Sex neu war. Emil Brunner schrieb in *Das Gebot und die Ordnungen,* die christliche Moral habe immer Wert darauf gelegt, zu verkünden, daß Geschlechtsverkehr *nur* dem Zweck der Fortpflanzung diene und allein zu diesem Zweck stattfinden dürfe (Kapitel XXXII). P. J. Payer schreibt in *Sex and the Penitentials,* Geschlechtsverkehr sei von Anbeginn der Kirche nur zwischen Eheleuten erlaubt gewesen, »und dann nur, wenn er allein zum Zweck der Fortpflanzung stattfand«. Sex hatte immer mit Fleischeslust zu tun, und dies war der Grund, warum die Kirche jahrhundertelang lehrte, alle Menschen einschließlich der Jungfrau Maria seien in Erbsünde empfangen. Nur Christus entging ihr, weil er jungfräulich empfangen war, also absolut nichts mit der Fleischeslust zu tun hatte, die unweigerlich mit Geschlechtsverkehr einhergeht. Die Fleischeslust lag dem gesamten System der Kirche zugrunde: Erbsünde, Erlösung, Taufe. Dadurch, daß Pius der Sexualität einen auch nur minimalen moralischen Wert gab, bewies er, was er ausdrücklich bestritt, nämlich daß moralische Wertungen sich ändern.

Wir können die Tragweite der Veränderungen durch Pius sehen, wenn wir einige alte katholische Lehraussagen mit den neuen vergleichen.

Alt: Wegen des Sündenfalls ist der Geschlechtsakt immer böse.

Neu: Trotz Sündenfall ist der Geschlechtsakt nicht immer böse.

Alt: Sex ist in sich böse.

Neu: Sex ist in sich gut.

Alt: Geschlechtsverkehr hat nur einen einzigen Zweck: die Fortpflanzung.

Neu: Geschlechtsverkehr hat einen primären Zweck, die Fortpflanzung, sowie einen sekundären Zweck, den gegenseitigen Beistand und die Stillung der Fleischeslust.

Die Unterscheidung Pius' XI. zwischen primärem und sekundärem Zweck wurde von Pius XII. 1951 in einer Ansprache vor Hebammen weiterentwickelt; dies führte zu einer zusätzlichen, tiefgreifenden Änderung.

Alt: Alle Methoden, die Fortpflanzung zu vermeiden, sind böse.

Neu: Nicht alle Methoden, die Fortpflanzung zu vermeiden, sind böse.

Pius XII. sanktionierte speziell die sicheren oder unfruchtbaren Tage. Nach der alten Moral, wo Fortpflanzung der einzige Zweck des Sex war, war es Sünde, die unfruchtbaren Tage zu nutzen, weil es eine Empfängnis verhüten sollte. Nach der neuen Moral kann es gut sein, die unfruchtbaren Tage zu nutzen, aber dies führt zu einem riesigen Dilemma: Wenn Fortpflanzung der Hauptzweck des Sex ist, wie kann dann irgendeine Methode, die versucht, sie zu vereiteln, moralisch gut sein? Die Antwort Pius' XII. und seiner Nachfolger lautet: Sex an den unfruchtbaren Tagen verstößt nicht gegen die Natürlichkeit des Geschlechtsakts. Abgesehen davon, daß hier ein zuvor unbekanntes Kriterium eingeführt wird, liegt sein größter Mangel darin, daß es gar kein moralisches Kriterium ist. Sex an den unfruchtbaren Tagen ist nur in einem physischen Sinn natürlich. Im traditionellen Sinn ist er unnatürlich, weil das Paar den Hauptzweck des Sex vereiteln will, nämlich die Fortpflanzung. Wenn ihre empfängnisverhütende Absicht fehlschlägt und die Frau schwanger wird, dann nur, weil sie einen Fehler gemacht haben; die Natur hat sie überlistet. Aber

Geschicklichkeit oder Ungeschicklichkeit beim Überlisten der Natur ist schwerlich in sich moralisch.

Pius XII. war erstaunlich ahnungslos, daß Hunderte seiner Vorgänger Geschlechtsverkehr an unfruchtbaren Tagen selbstverständlich verdammt hatten. Er glaubte anscheinend, die unfruchtbaren Tage seien nie von der Kirche verboten worden. Das war ein schwerer Fehler. Die Pönitenzbücher, Beichthandbücher aus dem 6. bis 11. Jahrhundert für Priester, beweisen, daß die unfruchtbaren Tage häufiger und erbitterter bekämpft wurden als alle anderen Methoden der Empfängnisverhütung zusammen.

Sogar Augustinus kannte die unfruchtbaren Tage oder glaubte, sie zu kennen, als er mit seiner Geliebten zusammenlebte. Nach seiner Bekehrung sagte er den Katholiken, es sei Sünde, an diesen Tagen Verkehr zu haben, weil der einzige Zweck des Sex Fortpflanzung sei. Es gab noch andere Zeiten, in denen Sex unfruchtbar und deshalb Fleischeslust war; so zum Beispiel nach der Empfängnis und vor der Niederkunft. Der Geschlechtsverkehr hatte bereits seinen einzig zulässigen Zweck erfüllt, und noch mehr würde wahrscheinlich nicht zu Zwillingen oder Drillingen führen. Die Kirchenväter waren außerdem überzeugt, Sex während der Menstruation oder in der Stillzeit sei »sicher« und verboten ihn deshalb ausdrücklich. Es war keine Rede von sekundären Zwecken wie »gegenseitigem Beistand, gegenseitiger Liebe, Stillung der Begierde« (Pius XI.) Im Gegenteil, Lust (Fleischeslust oder Konkupiszenz) um ihrer selbst willen wurde ausdrücklich als Sünde bezeichnet. Sie war nicht durch Geschlechtsverkehr zu »stillen« oder zu »befriedigen«, sondern zu bekämpfen, wenn nötig bis zum Tod. Papst Gregor der Große schrieb zum Beispiel an Augustinus von Canterbury, Frauen, die ihre Kinder Ammen gäben, sollten während der Stillzeit ein Sexverbot bekommen. Warum? »Weil dann keine Chance der Fortpflanzung besteht.«

Nachdem moderne Päpste einmal die Unterscheidung zwischen primären und sekundären Zwecken des Sex akzeptierten, hätten sie logischerweise eines von zwei Dingen sagen müssen: 1. Fortpflanzung ist der primäre Zweck; daher sind, wie die Tradition gesagt hat, alle Versuche, den primären Zweck zu vereiteln, unmoralisch – mit oder ohne mechanische oder chemische Hilfsmittel. 2. Fortpflanzung ist nicht der primäre Zweck von Sex und Ehe. Der primäre Zweck ist Gemeinschaft, Freundschaft, gegenseitige Liebe; die Genesis gibt Anlaß, dies für richtig zu halten. Gott gab Adam Eva primär als seine Frau und Hilfe, nicht als zweiten Elternteil für Kain und Abel. Sie sollten zwei in einem Fleisch sein, gleichgültig, ob sie dadurch drei wurden.

Statt dieser beiden wählte Pius XII. eine dritte, unlogische Option, die keinen spezifisch moralischen Inhalt hat: Fortpflanzung ist der Hauptzweck des Sex, aber Paare dürfen versuchen, ihn zu vereiteln, vorausgesetzt, sie stören die Natürlichkeit des Geschlechtsaktes nicht.

Zusammengefaßt: Als Pius XI. den Katholiken erlaubte, die unfruchtbaren Tage zu nutzen, widersprach er der Tradition mit der Aussage, Eheleute dürften Sex genießen, wenn sie ein Kind haben wollen. Doch er ging noch viel weiter mit der Aussage, sie dürften Sex genießen, wenn sie kein Kind haben wollen. Lecky schreibt in seiner *History of European Morals* und J. L. Davies in *Sex, Sin and Sanctity* (1954), daß alle Kirchenväter und die meisten führenden Theologen vor diesem Jahrhundert gesagt haben, das Ziel des Sex müsse immer Fortpflanzung und nicht Lust sein. Geschlechtsverkehr mit dem Vorsatz, das Kind auszuschließen, sei immer gegen das moralische Gesetz Gottes, gleichgültig, welche Methode angewendet werde.

Nach der modernen Erforschung der unfruchtbaren Tage hätten die Päpste sagen müssen: Eheleute sollten die unfruchtbaren Tage der Frau ermitteln und meiden. Sie sollten Sex auf die als fruchtbar erkannte Zeit beschränken, damit sie nicht absichtlich unfruchtbaren Sex genießen. Es ist gegen das moralische Gesetz, Sex um seiner selbst willen zu genießen, ganz besonders, wenn ein Kind absichtlich ausgeschlossen wird.

Der Wandel in der katholischen Lehre

Die alte Lehre der Kirche war finster, aber schlüssig. Roms neue Lehre ist zwar ein Bruch mit der Vergangenheit, aber nicht radikal genug. Ob Sex richtig ist, wird jetzt biologisch beurteilt: Der Penis muß ohne chemische oder mechanische Barriere die Vagina penetrieren und dort Samen deponieren. Dies wird »natürlich« genannt. Jede Barriere, ob chemisch oder mechanisch, wird »unnatürlich« genannt.

Nun hat Sex mehrere Zwecke, aber in einer Art katholischem Kommunismus hat die Spezies noch immer Vorrang vor dem Individuum. Der Hauptzweck des Sex ist die Fortpflanzung der Menschheit durch das Kind. Wenn Eheleute keine künstlichen Mittel (die »unnatürlich« oder »unmoralisch« genannt werden) verwenden, um diesen Zweck zu vereiteln, sind sie berechtigt, Sex zum Zweck der Gemeinschaft und zur Stillung der Begierde zu haben. Rom versucht dies rein biologische Kriterium aufzuwerten, indem es sagt: »Der Geschlechtsakt muß offen für die Weitergabe des Lebens bleiben.« Dies bedeutet gewöhnlich, daß eine fruchtbare Frau immer riskieren muß, schwanger zu werden – selbst wenn das Paar versucht, die Natur zu überlisten, indem es an Tagen Geschlechtsverkehr hat, an denen es eine Empfängnis für unmöglich hält. Tatsächlich endet das Kriterium in einem Selbstwiderspruch: Der Akt wird offen für die Weitergabe des Lebens genannt, wenn bekannt ist, daß beide Partner unfruchtbar sind. Kurz, Rom erlaubt nur eine Methode der Empfängnisverhütung, deren Versagen zu unerwünschten Kindern führt. Dieser menschliche Zufall ist irgendwie Beweis der göttlichen Vorsehung.

Päpste verleihen manchmal der Hoffnung Ausdruck, die Rhythmusmethode möge so sicher werden wie die Pille. Sollte das geschehen, so würde Rom den Katholiken, deren Familien komplett sind, diese Methode erlauben, obwohl sie wie die Pille »den Hauptzweck des Sex« vollkommen vereiteln würde. Daraus folgt der verblüffende Schluß: Katholiken unterscheiden sich weder durch die Notwendigkeit noch durch die Motive der Geburtenkontrolle von Protestanten. Sie vermeiden eine Empfängnis nur mit anderen Methoden, obwohl alle Päpste früher sagten, dies Vermeiden sei Sünde. Kein Wunder, daß Katholiken ihrem Papst Johannes Paul nicht gehorsam sind.

Als die Päpste dann zugestanden, daß Sex zum Genuß da ist, selbst wenn Fortpflanzung vermieden wird, hätte das Prinzip ausgeweitet werden müssen. Schließlich glaubt die Kirche an eine Domino-Theorie der Ethik: Wer aus irgendeinem Grund zum Beispiel Empfängnisverhütung zuläßt, wird bald auch bei Abtreibung, Scheidung und Sterbehilfe Zugeständnisse machen. Seltsamerweise hatten Pius XI. und Pius XII. beim grundlegendsten Punkt nachgegeben: Sex ist in sich gut. Johannes Paul II. vergißt die Tradition ebenso (oder er kennt sie nicht) und preist die sexuelle Ekstase (Orgasmus). Hunderte von Päpsten vor ihm haben seine Ansicht ausdrücklich als vollkommen ekelhaft bezeichnet. Sie hätten ihn alle wegen Untergrabung der Keuschheit exkommuniziert. Warum kann Johannes Paul nicht einen weit weniger dramatischen Wandel vollziehen und zum Beispiel die angebliche Sündhaftigkeit homosexueller Handlungen überdenken? Er wird antworten, homosexuelle Handlungen seien unnatürlich, weil sie auf keinen Fall zur Fortpflanzung führen. Doch das gilt auch für den Geschlechtsverkehr von Eheleuten, die ihn Jahr um Jahr auf die unfruchtbaren Tage beschränken. Roms Weigerung, die alten »Sünden« neu zu sehen, ist der Hauptgrund, warum die Kirche jetzt in der Krise ist.

Rom und das Naturrecht

Es gibt viele Systeme des Naturrechts; die Tragödie der römischen Kirche ist es, auf eines der schlechtesten eingeschworen zu sein. Ich persönlich glaube, daß Millionen wegen einer grobschlächtigen philosophischen Theorie Qualen leiden.

Rom sieht Natur abstrakt oder platonisch, das heißt ahistorisch, als ob der Mensch sich nie weiterentwickelte. Das aber tut er eindeutig, nicht nur biologisch, sondern auch kulturell und sozial. Rom gründet seine Ethik noch immer auf eine prädarwinistische Auffassung von einer feststehenden naturbedingten Veranlagung der Spezies. Auf dieser Grundlage beansprucht die Kirche das Recht, absolute Aussagen zu machen, die selbst Gott nicht ändern kann.

Von der feststehenden Natur der Geschlechter leitet Rom ethische Normen ab, geht dabei aber nicht von realen Menschen aus, auch nicht von der Welt, in der sie leben, oder von ihren Christenpflichten insgesamt, sondern von Geschlechtlichkeit im engen Sinn der körperlichen Funktionen.

Geschlechtsverkehr zwischen Eheleuten, der – wenn auch nur durch einen Rechenfehler bei der Ermittlung der unfruchtbaren Tage – ein Kind hervorbringen kann, ist »natürlich«. Alles andere ist unnatürlich, daher unmoralisch. Nun stellt der Vatikan seine Liste der Todsünden auf. Selbstbefriedigung ist eine Pervertierung der sexuellen Funktion, weil sie nicht auf ehelichen Verkehr abzielt, sondern auf individuelle, unfruchtbare Lust. Homosexuelle Aktivität ist böse, weil zwei Menschen desselben Geschlechts sexuellen Verkehr haben, der nicht einmal prinzipiell zu einem Kind führen kann. Mittel der Empfängnisverhütung – mechanisch oder chemisch – sind unnatürlich, weil sie den ersten Zweck des Akts vereiteln.

Die großen, klaren Linien dieser Ethik lassen sich nicht leugnen. Doch ihre Grundlage ist so schwach, ihre Konsequenzen sind so extrem, daß kein Protestant und kaum ein Katholik sie akzeptiert. Das wird erst besser werden, wenn ehe- und kinderlose Männer, so menschenfreundlich sie auch sein mögen, aufhören, Ehepaaren mit Kindern zu sagen, wie sie ihr Leben zu führen haben. Ohne es zu merken, zwingen sie Ehepaaren ihre eigenen Jünglingskomplexe auf. Laut Rom ist es wissenschaftlich und nicht unnatürlich, mit einer Pille den Tod zu verhindern; aber es ist unnatürlich, also nicht wissenschaftlich, mit einer Pille Geburten zu verhindern. Ein anderer Fall ist der eines Kranken mit Hepatitis B, dessen Frau der Uterus entfernt wurde. Die Kirche verbietet ihm, ein Kondom zu benutzen. Der Geschlechtsakt muß offen für die Weitergabe des Lebens sein, selbst wenn die Frau unfruchtbar ist. Der Mann sündigt, wenn er ein Kondom verwendet, nicht aber, wenn er seine Frau durch Geschlechtsverkehr ohne Kondom ansteckt. Die Moral hierin ist schwer zu erkennen.

In Kapitel 1 habe ich Beispiele dafür genannt, wie unmoralisch Roms System des Naturrechts ist. Sie alle zeigen, daß dieses System, ohne Flexibilität, ohne christliche Liebe und Menschenverstand angewandt, die Moral untergräbt.

Die Natur des Menschen kann aus mindestens zwei Gründen nicht festgelegt werden: Erstens ist sie sozial, und zweitens wohnt ihr Vernunft inne. Moralisch richtig ist für einen Menschen das, was in seinem Leben in Übereinstimmung mit der Vernunft geschieht. Der Mensch ist nicht ein Klumpen Fleisch mit Geschlechtsorganen; das, was richtig ist, auf irgendein vordefiniertes biologisches Muster zu reduzieren, wie Rom es tut, ist im eigentlichen Sinn »unmenschlich«. Vernunft handelt moralisch oder verantwortungsbewußt, wenn sie alle Umstände eines Lebens prüft, persönliche wie soziale, soweit sie zur Zeit erkennbar sind, und dann urteilt, daß dieses oder jenes eine vernünftige Option ist.

Verhaltensnormen müssen so sein, daß ein vernünftiger Mensch sagen würde: »Ja, unter diesen Umständen ist es richtig (oder falsch), dies zu tun.« Das Problem mit Roms ethischem System ist, daß nur der Papst und seine glühendsten Anhänger sehen können, daß ein umfassendes Verbot der Empfängnisverhütung vernünftig ist. Hier klafft eine riesige Glaubwürdigkeitslücke. Solange der Vatikan nicht aufhört, Jesu Lehre von der Liebe mit einer grobschlächtigen Theorie des Naturrechts zu identifizieren, wird er nicht einmal den Katholiken Respekt abnötigen. Es ist peinlich, daß Rom versäumt, etwas anzuerkennen, was im modernen Gewohnheitsrecht selbstverständlich ist: daß die Gesellschaft sich ändert und daß Gesetze sich mit ihr ändern müssen. Manche Vorschriften, die einst als verrückt oder schlicht unmoralisch galten, scheinen plötzlich selbstverständlich richtig, selbstevident. Hierfür zwei Beispiele.

Am 4. Juli 1776 gaben die englischen Kolonien in Nordamerika die Unabhängigkeitserklärung ab, die so beginnt: »Wir glauben, daß diese Wahrheiten selbstevident sind: daß alle Menschen gleich geschaffen sind, daß sie von ihrem Schöpfer her bestimmte, unveräußerliche Rechte haben, daß zu diesen Leben, Freiheit und das Streben nach Glück gehören.« Selbstevident für wen? Nicht für den König von England, der als absoluter Tyrann bezeichnet wird. Nicht für den Papst. Nicht für die meisten damals lebenden Europäer. Diese Wahrheiten waren nur den Kolonisten selbstevident, die ausgewandert waren, um einer alten Ordnung mit absoluten Monarchen und intoleranten Religionen zu entgehen. Selbst für die Kolonisten war es nicht selbstevident, daß schwarze Männer, rote Männer oder weiße Frauen unveräußerliche Rechte hatten. Das wurde erst nach vielen Jahren und viel Blutvergießen selbstevident.

Könnte es sein, daß auch andere ethische Dinge selbstevident werden, wenn sich die Umstände ändern? Zum Beispiel das Recht auf Empfängnisverhütung, Abtreibung für vergewaltigte Frauen, Sterbehilfe für Alte, wenn sie von ihren Schmerzen erlöst werden wollen? Die Zivilisation schreitet mit der Erfindung intelligenter, neuer Verhaltensnormen fort.

Das zweite Beispiel ist explizit sexuell. 1736 schrieb der bekannte englische Jurist Sir Matthew Hale, ein Ehemann könne nicht der Vergewaltigung an seiner Frau schuldig sein, denn: »Durch ihren Ehekontrakt hat das Weib sich in dieser Weise seinem Manne überantwortet, die es nicht zurücknehmen kann.« Dies war jahrhundertelang akzeptiert – als ethische Aussage und als englisches Gewohnheitsrecht.

Dann befand ein Gericht 1991 einen Mann für schuldig, seine Frau vergewaltigt zu haben. Das Urteil wurde angefochten, der Fall ging durch alle unteren Instanzen bis vor das höchste Gericht, das House of Lords. Ein Richtergremium von fünf Lords befand einstimmig, daß der Mann der Vergewaltigung an seiner Frau schuldig war. Wurde dadurch nicht das Gewohnheitsrecht auf den Kopf gestellt? Sie bestritten es. Das Recht, sagten sie, könne sich im Licht sozialer, ökonomischer und kultureller Veränderungen entwickeln. Hales Worte reflektierten die Verhältnisse in seiner Zeit, als eine Frau als Besitz ihres Mannes galt. Sie hatte nicht die Freiheit, sich ihrem Mann zu verweigern, gleichgültig, wie gewalttätig er war und wie es um ihre Gefühle oder ihre Gesundheit stand. Doch die Verhältnisse sind nicht mehr so. Es geht nicht darum, das Recht zu ändern, sondern seine Anwendung neu zu begreifen. Heute wird die Ehe als Partnerschaft zwischen Gleichberechtigten gesehen, und eine Frau hat das Recht, sich ihrem Mann ebenso zu verweigern wie jedem anderen Mann. Ein Ehemann, der seine Frau mit Gewalt nimmt, ist ebenso ein Vergewaltiger wie ein Mann, mit dem sie nicht verheiratet ist. Dies ist nur deshalb revolutionär, weil sich in der Gesellschaft und der Stellung der Frau revolutionäre Veränderungen ereignet haben. Obwohl es niemand zuvor sah, ist es heute in sich selbstevident.

Das Beispiel der Vergewaltigung in der Ehe beweist: Was einst ein möglicher Widerspruch war, ist jetzt so offensichtlich ein Verbrechen, daß die ganze Europäische Gemeinschaft davon Notiz nehmen muß. Auf die katholische Ethik angewandt, würde das eine ebenso radikale Neubewertung von Empfängnisverhütung, Selbstbefriedigung, Abtreibung und Homosexualität bedeuten. Da Regeln sich im Licht neuer Erkenntnisse ändern, sind Ethikbücher aus dem 18. oder 19. Jahrhundert heute ebenso nutzlos wie Lehrbücher über Physik oder Astronomie aus derselben Zeit. Sogar katholische Katechismen aus dem 18. oder 19. Jahrhundert sind heute Antiquitäten und ziemlich komisch zu lesen. Die Ironie ist: Die katholische Kirche ist stark, weil sie auf die Angst der Menschen vor

Veränderung setzt. Die Geschichte zeigt, daß Rom sich durchaus ändert – aber so langsam, daß man trotz mancher Verlautbarungen nicht meint, es sei etwas geschehen.

Die Enge der katholischen Ethik

Ebenfalls fehlerhaft ist die katholische Ethik in der Auslegung des Prinzips »Tue nie Böses, um Gutes zu bewirken«. Roms Parameter sind viel zu eng. Obwohl ihm das Wissen um Situationen des realen Lebens in Fleisch und Blut fehlt, beansprucht es, im voraus zu wissen, was gut und böse ist und folglich, wie sich jeder zu verhalten hat. Das ist Legalismus der schlimmsten Sorte.

Aristoteles war weit klüger. In Buch 5, Kapitel 10 seiner *Nikomachischen Ethik* schreibt er, immer, wenn Gesetze blind angewandt werden, folgt daraus Ungerechtigkeit. Gesetze sind allgemein und daher notwendig unvollkommen in der Anwendung; sie müssen durch »epieichia« oder Nachsicht korrigiert werden. Ein Nachsichtiger ist einer, der handelt, wie es ein Gesetzgeber täte, wenn er an Ort und Stelle wäre. Er sorgt dafür, daß der Buchstabe des Gesetzes seinen Geist nicht erstickt. Ein starrer Maßstab, sagt Aristoteles, ist gut, um eine gerade, flache Oberfläche zu messen, aber nutzlos für eine geriffelte Säule. Dafür braucht man etwas Flexibles zum Messen, zum Beispiel ein Stück Schnur. Rom aber wendet weiterhin die Buchstaben des Gesetzes an, ohne jede Rücksicht auf den Geist. Es mißt weiter die kompliziert geriffelten Säulen der menschlichen Erfahrung mit einem groben, starren Maßstab. Kein Wunder, daß viele Katholiken, die Familienplanung dringend nötig haben, zornig darüber sind, wie unsensibel sie behandelt werden.

Thomas von Aquin war in der Ethik ein Schüler des Aristoteles. Ich habe Thomas' leidenschaftlichen Glauben an das Naturrecht übernommen – die Überzeugung, daß der Mensch

Gut und Böse mit seinem Verstand erkennen kann, indem er seine eigene Natur erforscht, ohne Offenbarungen von oben. Die Offenbarung von oben ist sozusagen in den Menschen eingebaut, inkarniert. Dadurch habe ich verstanden, daß Ethik, wie die Wissenschaft, ohne Gott auskommt. Die Bibel gibt auf kein einziges wissenschaftliches oder moralisches Problem die endgültige Antwort. Thomas wußte, daß nur das Skelett aller Verhaltensnormen – »Tu Gutes und meide das Böse« – unwandelbar ist. Wenn sie im Leben wirklicher Menschen lebendig werden, muß man vorsichtig und kenntnisreich damit umgehen.

Ich bin auch mit den großartigen Prinzipien des englischen Gewohnheitsrechts aufgewachsen, das von Thomas beeinflußt ist. Was die Griechen »epieichia« und die Engländer »equity« (Gerechtigkeit) nannten, ist die großzügige Anwendung des Rechts auf Fälle, wo die Durchsetzung eines gerechten Gesetzes zu Ungerechtigkeit führen würde. Roms Gesetze zum Bereich Sex sind besonders schlimm, weil sie jede Flexibilität verbieten. Es gibt keine Ausnahmen, keine einzige. Kein Wunder, daß dieser kalte Legalismus die meisten Katholiken in ihrem Rechtsempfinden verletzt – und das kann noch soviel Erbarmen von Klerikern nicht wieder gutmachen.

Eine interessante Parallele gibt es im Kampfsport, zum Beispiel der Fechtkunst. In *Nature, Man and Woman* schreibt Alan W. Watts, keine noch so große Menge andressierter Regeln oder Reflexe könne den Fechter auf die unendlich verschiedenen Attacken vorbereiten, denen er vielleicht ausgesetzt wird, besonders wenn er es mit mehr als einem Gegner zu tun hat. »Man lehrt ihn deshalb, nie eine spezifische Vorbereitung für einen Angriff zu treffen oder ihn von einer bestimmten Richtung zu erwarten.« Diese entspannte Offenheit, dieses Bereitsein, das darin liegt, keinen festen Stand einzunehmen, bevor der Angriff kommt, heißt im Zen-Buddhismus »mushin« – »Nichtdenken«. Es ist kein Mangel an Disziplin, sondern eine höhere Art der Disziplin.

Rom ist in seiner unflexiblen Haltung zu Empfängnisverhütung, Scheidung, Abtreibung und Homosexualität wie ein Fechtmeister, der seinen Schüler anweist, an einem bestimmten Punkt im Kampf zu parieren oder vorzustoßen. Wie kann der Meister das wissen? Wie kann irgend jemand das vor dem Kampf wissen?

Auf die Seuche AIDS oder die Bevölkerungsexplosion angewandt – mit welchem Recht kann der Vatikan sagen, das moralische Urteil über Techniken der Empfängnisverhütung könne von keiner neuen Information beeinflußt werden? Es ist Katholiken peinlich, aus Rom zu hören, es sei besser, daß die ganze Menschheit mit AIDS infiziert wird, als daß ein Mensch ein Kondom benutzt. Dem eigenen Mythos der Unfehlbarkeit zum Opfer gefallen, weigert sich Rom, zu akzeptieren, was jeder Historiker weiß: Es hat seine ethischen Regeln oft geändert; es kann, muß und wird sie immer wieder ändern.

Es lohnt sich, einen kleinen Bereich zu betrachten, wo Roms Weigerung, etwas zu ändern, noch immer unsagbare Not verursacht.

Selbstbefriedigung und Ärzte

Seit dem 17. Jahrhundert haben Ärzte gesagt, Selbstbefriedigung führe zu Krebs und Geisteskrankheit. Diese Warnung verstärkte die religiösen Sexualtabus. Bis vor kurzem behaupteten Ärzte, zuviel sexuelle Betätigung führe zu Mattheit, Tränensäcken, Falten, Pickeln, Neurosen, Kurzatmigkeit, Impotenz, Blindheit, Gedächtnisverlust, vorzeitiger Alterung und frühem Tod. Kinder wurden mit Handschuhen ins Bett gesteckt, oder ihre Hände wurden an die Bettpfosten gebunden. An juckende Genitalien wurden Blutegel angesetzt. Spezialdiäten wurden verschrieben, bei denen Alkohol, Kaffee, Gewürze, Fisch, Gelee und Austern verboten waren. Junge Männer wurden davor gewarnt, abends Spargel zu essen, weil sie einen nächtlichen Erguß haben könnten. In *Portnoys Beschwerden* schildert Philip Roth anschaulich einen Jungen, der überzeugt ist, er habe vom Onanieren Peniskrebs bekommen. Der Krebs erweist sich als Sommersprosse.

Die Ärzte haben Vernunft angenommen. Die Forschung zeigt keine drastischen Folgen der Selbstbefriedigung. Manche Menschen gedeihen mit einem Dutzend Orgasmen pro Tag. Ein Arzt hat einmal gesagt: »Abgemattet ward durch geschlechtliche Exzesse nur der ungeturnte Weichling.« Nach den Kinsey-Reports haben 93 Prozent der Jungen und 20 Prozent der Mädchen im Alter von 15 regelmäßig Orgasmen. Spätere Studien zeigen, daß Mädchen fast ebenso häufig masturbieren wie Jungen.

Ärzte sind zu dem Schluß gekommen, daß Selbstbefriedigung für Kinder und Jugendliche ganz normal ist. Sogar Stachelschweine, Elefantenbullen, Hunde, Katzen und Delphine tun es. Masters und Johnson schreiben in *Liebe und Sexualität*, daß Selbstbefriedigung wichtige Bedürfnisse der Heranwachsenden erfüllt: Sie »löst sexuelle Spannung, verbessert das sexuelle Selbstvertrauen, steuert die sexuellen Impulse, bekämpft die Einsamkeit und dient als Ventil für allgemeinen Streß und Spannung«.

Selbstbefriedigung und die katholische Kirche

Rom akzeptiert medizinische Beweise nicht so rasch. Seine Lehre zum Sex bleibt negativ und zwanghaft. Jahrhundertelang wurde jungen Christen beigebracht, ihre Sünden würden mit ewigem Feuer geahndet, speziell die Selbstbefriedigung. In der Zeitschrift *Irish-America* vom April 1991 spricht Seamus Heaney, Irlands bekanntester lebender Dichter, von »dieser ganzen Beicht-Sex-Angst... Es war purer Terror. Ich war zwischen neun und neunzehn unglücklicher, als ich je sein mußte oder wieder sein möchte.« Viele Schriftsteller sprechen von Schuld als einer Art gemeinsamer Sprache unter Katholiken.

Junge Menschen waren überzeugt, sie seien fürs Leben geschädigt, wurden argwöhnisch gegen ihren eigenen Körper, entwickelten eine unterwürfige Haltung gegenüber der Kirche und – was am schlimmsten war – eine ungesunde Angst vor Gott. Schon Teenager wurden Meister in der hohen Kunst des Selbstbetrugs, indem sie sich Beichtväter suchten, die schwerhörig waren oder ihre Sprache nicht verstanden. Im späteren Leben kaschieren sie Ehebruch, indem sie einem Priester vornuscheln, sie seien böse zu einer Frau im Büro gewesen. Oder sie geben vor, ihre Frauen nähmen die Pille, um ihren Zyklus zu regulieren, statt um eine Schwangerschaft zu vermeiden.

Heute geben die meisten Katholiken offen zu, daß Mutter Kirche viel zu lange religiösen Terrorismus und Kindesmißhandlung begangen hat. Die Pervertierung der Kindheit selbst war weit schlimmer als der sexuelle Kindesmißbrauch durch Kleriker, den wir später untersuchen werden. So mancher klerikale Rattenfänger von Hameln hätte besser die Warnung Christi beherzigt, auf daß man ihm nicht einen Mühlstein um den Hals legt und ihn im Meer ertränkt (Matth. 18,6). Seit dem Vaticanum II hat Rom es schwerer, junge Katholiken zu Tode zu ängstigen, doch muß man einräumen, daß von dem Terror noch etwas bleibt. Katholiken neigen noch immer zu der Meinung, sexuelle Sünden seien die schlimmsten. Deshalb machen sie sich viel mehr Sorgen um sie als um Sünden der Grausamkeit, Unehrlichkeit oder Habgier.

1975 wiederholte eine »Erklärung zur Sexualethik« des Vatikans, Selbstbefriedigung sei ein »in sich schwerwiegender Akt moralischer Unordnung«, was im Klartext »Todsünde« bedeutet. Ich würde meine Kinder jedenfalls keinem Lehrer anvertrauen, der so denkt. Meine halbwüchsigen Söhne haben noch nie gebeichtet. Meine Frau und ich wollten, daß sie lernen, ehrlich mit sich selbst zu sein, sich über böse Taten Sorgen zu machen, nicht weil sie sie einem Priester erzählen müssen, sondern weil sie ihnen selbst schaden. Der Beichtstuhl ist für viel zu viele Katholiken das Schlachthaus des Gewissens gewesen, und es ist gut, zu sehen, daß er aus der Mode kommt.

1979 unterschrieb Johannes Paul II. ein Dokument, in dem steht: »Die Kirche glaubt an die ewige Bestrafung der Sünder; sie werden Gott nicht schauen. Diese Strafe wird das ganze Wesen des Sünders treffen.« Wenn wir diese beiden Aussagen Roms zusammennehmen, sehen wir eine Kirche, die noch immer will, daß Kinder mit Haß gegen sich selbst und mit der Angst aufwachsen, auf ewig in der Hölle zu schmoren.

Vernünftige Lehrer und Eltern fördern nicht Schuldgefühle, sondern nehmen den entspannten Standpunkt ein, daß Selbstbefriedigung eine Stufe auf dem Weg zur Reife ist. Wenn das Wort »natürlich« auf irgend etwas paßt, dann auf Selbstbefriedigung. Sie schadet nur denen, die gelernt haben, sie sei Todsünde.

Christliche Ethik heute

Die katholische Sicht der Ethik ist nicht nur gut, und die Sexwelle, die die Welt gerade überflutet, ist nicht nur schlecht. Trotz mancher übertriebener Tendenzen wird wenigstens generell anerkannt, daß Sex etwas Gutes ist, nicht etwas Böses. Das Beste daran ist vielleicht, daß jetzt auch Frauen, nicht nur Männer, ein Recht auf persönliche Erfüllung haben, zu der die Sexualität untrennbar gehört.

Die negative Seite muß auch anerkannt werden. Sex nur für die Zeugung kann jetzt ersetzt werden durch Sex nur für Sex. Wenn es aber den Sex unmenschlich macht, die Fortpflanzung vor die Liebe zu stellen, so hat es die gleiche Wirkung, die Lust vor die Liebe zu stellen. Beides entstellt auf unterschiedliche Weise die Liebe.

Liebe wird in schnellen Abenteuern leicht trivialisiert. Die Romantik der Liebe verschwindet, zu der auch die in ihr angelegte Ewigkeit gehört. »Sie lebten glücklich und in Freuden bis an ihr seliges Ende.« »Bis der Tod uns scheidet.« Deshalb sollte Sex aus Liebe erwachsen; und Liebe braucht Zeit, wenn ein Paar sich finden will. Daher der Wert der Werbung um einen Menschen. Sie hilft einem Mann und einer Frau, herauszufinden, ob sie wirklich ein Paar sein können, ob sie genug Gemeinsamkeiten haben, damit ihre Beziehung hält. Sexuelle Flatterhaftigkeit ist unzuträglich. Der Geschlechtsakt ist heilig und befähigt auf einzigartige Weise, die Bindung zu einem besonderen Menschen zu erleben.

Leider hat Rom über alle Jahrhunderte hinweg gelehrt, Sex sei unheilig. Es hat ihn nie als Akt der Liebe erwähnt. Die Geschichte zeigt, daß Promiskuität und Puritanismus zwei Seiten derselben Münze sind. Beide bringen den Sex in Verruf, indem sie die Zusammengehörigkeit von Sex und Liebe leugnen. Das eine wählt Sex ohne Liebe, das andere Liebe ohne Sex. Eines sagt, Sex könne unmöglich schlecht sein, das andere, Sex könne unmöglich gut sein. Beide konzentrieren sich auf die sexuelle Funktion, ohne sich auf den Menschen zu beziehen.

Die Dinge rücken sich von selbst gerade, wenn die Liebe, nicht sexuelle Lust oder Fortpflanzung, zuerst kommt. Sex ist nicht die Antithese zu Liebe und Spiritualität; seine Hauptfunktion besteht vielmehr darin, uns in beiden wachsen zu lassen. Alles, auch Sex und Elternschaft, sollte im Licht der Liebe beurteilt werden. Paare müssen bereit sein, Opfer zu bringen, um die Liebe zu bewahren. Christliche Liebe ist mehr als »Naturrecht«, mehr als Natur plus Liebe, wie Rom sie offenbar sieht. Liebe ist beredter als alle Menschen- und Engelszungen; sie ist in sich – in ihrer christusähnlichen Geduld, Güte, Barmherzigkeit – das einzige Kriterium des Guten. Liebe ist sensibel für jeden Aspekt im Leben des anderen. Was Gott von jedem Menschen will, ist nicht durch eine Erforschung der »Natur« zu erkennen, sondern dadurch, wie ein Mensch Gottes Willen in seinem ganzen Leben wahrnimmt.

Es war eine Revolution, als der Vatikan endlich zögernd verlautbaren ließ, was kein normaler Mensch bezweifelt: daß Sex in sich gut ist. Bei Tieren ist Sex an Perioden gebunden und auf Fortpflanzung ausgerichtet; bei Menschen ist Sex konstant und immer potentiell erfüllend. Die Kirche hat oft gelehrt, Animalität und Rationalität seien unvereinbar. Wahr ist das genaue Gegenteil: Gerade weil der Mensch Verstand hat, braucht er Sex mehr als Tiere und profitiert mehr von ihm. Seine Rationalität bedeutet, daß er mehr mit einer Geliebten oder einem Geliebten teilen kann: Zärtlichkeit, Verspieltheit, Humor. Nur bei Menschen ist Sex ein Akt der Liebe, bei dem man aus sich selbst herausgeht, eine mystische Erfahrung. Paare haben immer gewußt, daß Sex Partnerbindung bedeutet. Er gehört zu einem dauernden Bedürfnis nach Liebe und gemeinsamer Entwicklung und geschieht selten um des Kindes willen. Roms spätes Umdenken, Sex sei gut, hat die Katholiken nun ermutigt, ihn von der notwendigen Verbindung mit Fortpflanzung zu befreien. Seltsamerweise kann Rom noch immer nicht sehen, daß, wenn ein Paar lieben kann, ohne ein Kind haben zu wollen, Liebe und nicht Fortpflanzung der Hauptzweck des Sex ist.

Angenommen, ein Ehemann, der keine Liebe im Herzen hat, besteht auf Sex, weil er ein Kind haben will, vielleicht einen Sohn und Erben. Seine Frau will kein Kind oder ist zu krank, um damit fertig zu werden, oder sie hat eine Abneigung gegen Sex mit ihm, weil er grausam, betrunken oder gewalttätig ist. In diesem Fall ist der Geschlechtsakt kein Liebesakt, sondern Mißbrauch der Ehe. Es ist gut, wenn ein Paar sich liebt, ohne ein Kind haben zu wollen. Es ist aber nie gut, ein Kind haben zu wollen, wenn keine Liebe da ist. Auch dies beweist, daß die Liebe das Primäre ist. Wenn durch den Liebesakt auch ein Kind als Inkarnation dieser Liebe gewollt ist, so ist das ein Wunder für sich. Das erwünschte Kind ist die Vervollkommnung der sexuellen Liebe.

Die Freiheit, Sex von Fortpflanzung zu trennen, wurde mit

der Erfindung der Pille enorm vergrößert. Dadurch zeigte sich die Notwendigkeit, Dinge, die einst als böse galten, von Grund auf neu zu überdenken: Empfängnisverhütung, Homosexualität, Scheidung.

Mut zum Umdenken

Viele Protestanten haben mit dem Umdenken begonnen. So schlug Dr. John Carey in *Keeping Body and Soul Together*, einem Bericht für die Presbyterianer in Amerika aus dem Jahr 1991, vor, die Kirche sollte Sexualität nicht länger allein im Kontext der Ehe sehen. Viele Ehen seien in Wirklichkeit Schlachtfelder. Die Gesellschaft entwickele andere Partnerschaftsformen, heterosexuelle und homosexuelle. Man müsse Sexualität in einem breiteren Kontext sehen – als etwas, das eine Beziehung der Liebe, der Sensibilität, des gemeinsamen Wachsens und der Treue schafft.

Rom beachtet Statistiken nicht und ist von absoluter Blindheit gegenüber revolutionären Veränderungen. Es zieht seine alten Normen vor und nennt sie das Wort Gottes, oft aufgrund von Bibeltexten, deren Wert zweifelhaft ist. Um eine Idee von Nietzsche abzuwandeln: Stellen wir uns einen Zauberer vor, der seinen Zauberstab über eine prunkvoll gewandete päpstliche Prozession in den Petersdom schwenkt, so daß Papst, Kardinäle und andere eminente Kleriker plötzlich splitternackt vor einem Millionenpublikum inklusive Fernsehzuschauer stünden. Ihre Verlegenheit wäre nicht geringer, wenn ihnen die alten Moralvorschriften ebenso plötzlich entrissen würden. Auch Moral kann eine Art sein, sich herauszuputzen, um göttlich auszusehen. Beide Entkleidungen hätten eine dauerhafte und heilsame Wirkung.

Vor einigen Jahren war ich in Kalifornien in einem Haus, das, so jedenfalls war mein Empfinden, einzustürzen drohte. Ich brauchte eine Weile, um zu begreifen, daß es ein Erdbeben war. Meine Freunde versicherten mir, es sei nur ein kleines. »Passiert hier dauernd«, sagten sie. Aber für mich war es überwältigend. Die Erde selbst, die ich selbstverständlich für fest, verläßlich, sogar duldsam gehalten hatte, konnte sich tatsächlich bewegen... und mit solcher Macht!

Die Erde kann sich bewegen, und das kann, das *muß* auch die Ethik. Zu begreifen, daß der Geschlechtsakt ein Liebesakt sein kann und soll, ist herrlich – eine beängstigende, aber auch wunderbare Herausforderung, die ganze Moral neu zu überdenken. Natürlich gibt es in jeder Gesellschaft Verhaltensnormen, ebenso wie es Ernährungsweisen gibt, die den meisten Menschen bekommen. Aber jeden zur Konformität mit jeder ethischen Norm zu zwingen ist so unsinnig, als zwänge man jeden, unabhängig von seiner gesundheitlichen Verfassung, dieselbe Diät zu essen.

Vorschriften ändern sich; die Prinzipien der christlichen Moral bleiben. Wir dürfen anderen nicht durch unser Tun und Lassen schaden. Wir müssen versuchen, sie als gleichwertige Menschen mit gleichem Recht auf Leben und Glück zu sehen. Auch sie verkörpern Jesus, und wir sollten sie so lieben, wie er das von uns wünschen würde. Sex muß vor allem nicht nur als Funktion gesehen werden, sondern als Denken, Handeln, Fühlen eines ganzen Menschen auf christliche Weise. Sex ist eine besondere Art der Liebe und sucht das lebenslange Gute für den geliebten Menschen.

Heute ist es uns bewußt, daß wir Geschöpfe der Zeit sind. Wir achten die Vergangenheit, aber wir sind nicht hypnotisiert von ihr. Wir reagieren auf neue machtvolle Kräfte, lernen von wissenschaftlichen Entdeckungen, erkennen einen neuen Sinn unseres Lebens aufgrund dessen, was wir im Antlitz des gekreuzigten Jesus sehen. Die moderne Ethik hat eine Kreativität, die wie Kunst selbst gleichzeitig erhebend und gefährlich ist. Mit Patentlösungen für beklemmende Zwangslagen ist es vorbei. Antworten müssen Versuche sein. Die Ethik muß sich ständig erneuern, und das Tempo des Wandels muß mit den immer schnelleren Fortschritten in allen Wissenschaftsbereichen mithalten. Wir müssen mit alten Problemen wie Abtreibung und Sterbehilfe neu zurechtkommen. Und wir müssen uns einer Reihe ganz neuartiger Probleme stellen: »Jungfrauengeburten«, der Wahl des Geschlechts für ein Baby, Operationen am Ungeborenen, Experimenten mit Embryonen, Gentechnik, dem Klonen von Tieren und Menschen und – überraschenderweise – dem mütterlichen Umgang mit Mutter Erde selbst.

Es werden Fehler gemacht werden, aber der größte Fehler wäre der Entschluß, sich nie zu ändern, gleichgültig, wie sehr neue Situationen dies erfordern. Wir müssen uns damit abfinden, daß wir nie wieder einen Konsens bekommen, wie er im Mittelalter möglich war. Vor allem sollten wir aufhören, so zu tun, als gebe es von Gott vorgefertigte Lösungen für unsere Probleme. Warum machen wir uns vor, Gott habe für uns beschlossen, daß für wiederverheiratete Geschiedene oder praktizierende Homosexuelle kein Platz an unseren Altären ist? Es steht in unserer Macht, jedem Mitglied unserer Gemeinde absolute Gleichberechtigung zu geben oder zu verweigern.

Fassen wir zusammen: Wir müssen die Verantwortung für unsere Entscheidungen übernehmen, ohne uns auf Präzedenzfälle, feststehendes Naturrecht oder ewige Offenbarungen Gottes zu berufen. Auf der Grundlage des bleibenden Prinzips der Liebe müssen wir für uns selbst wählen, in welcher Art Welt wir leben wollen, unsere Entscheidung erklären und dann hart an ihrer Verwirklichung arbeiten.

5.

EMPFÄNGNISVERHÜTUNG: ROM SPRICHT

Die *Humanae Vitae* Pauls VI. war das entscheidende Moment im modernen Katholizismus. Ihre Prinzipien hindern die Kirche noch immer daran, mit dem 20. Jahrhundert zurechtzukommen. Vor allem ist *Humanae Vitae* ein Paradebeispiel für die Gefahren eines absolutistischen Papsttums.

Entgegen dem Rat einer Kommission aus Ärzten, Wissenschaftlern, Theologen und mehreren Kardinälen belegte der Papst Empfängnisverhütung mit einem völligen Verbot. Nur die Methode der unfruchtbaren Tage war zur Empfängnisverhütung erlaubt. Wenn ebenso viele Menschen durch Sicherheitsgurte in Autos getötet würden, wie durch die Empfängnisverhütung mit unfruchtbaren Tagen geboren werden, wären Sicherheitsgurte schon vor Jahren verboten worden. Rollo May schrieb in *Love and Will:* »Kein vernünftiger Mensch wäre nicht dankbar für die Entwicklung empfängnisverhütender Mittel.« Er hatte nicht mit Paul VI. gerechnet.

Der Oberhirte verlangte von Priestern, sein Verbot mit innerem und äußerem Gehorsam zu akzeptieren, als hinge die Erlösung vom Glauben an den Papst allein ab. Er versuchte, nicht nur die Empfängnisverhütung zu verbieten, sondern auch die Entscheidung des Gewissens. Dies traf mich hart, denn der Held meiner Jugend war der hl. Thomas Morus gewesen, der seinen Richtern gesagt hatte: »Jeder treue und gute Untertan ist verpflichtet, sein Gewissen und seine Seele mehr zu achten als irgend etwas anderes auf der Welt.«

Ein Sprecher des Vatikans erklärte, die Enzyklika sei nicht unfehlbar. Tatsächlich hat kein Papst je eine nach den Bedingungen des Vaticanum I unfehlbare moralische Aussage gemacht, und viele Theologen bezweifeln, daß das möglich wäre. Doch wenn *Humanae Vitae* nicht unfehlbar war, warum behandelte er sie, als ob sie es wäre? Wir Priester durften nicht einmal in unserem eigenen Denken Einwände aus Gewissensgründen erheben. Dies erinnerte mich daran, wie Hitler seine Partei nach dem Katholizismus geformt hatte. Auch der Nationalsozialismus war männlich-chauvinistisch, hatte farbenprächtige Rituale, unwandelbare Lehren und verlangte blinden Gehorsam. Hitler nahm sich den Papst als Vorbild. Kurz bevor er Kanzler wurde, sagte er: »Hiermit beanspruche ich ... politische Unfehlbarkeit. Ich hoffe, daß die Welt bald so an meinen Anspruch gewöhnt sein wird wie an den des Heiligen Vaters.« Wie Jesuiten dem Papst unbedingten Gehorsam schworen, ließ er seine SS-Schwarzhemden Ignatius von Loyolas *Geistliche Übungen* studieren und ihm unbedingten Gehorsam schwören.

Ich fand es bedauerlich, daß Paul VI. nicht, bevor er *Humanae Vitae* herausgab, sechs Monate in einem Slum etwa in São Paulo oder Mexico City verbracht hatte, in einem Raum mit mehreren Kardinälen, ohne Elektrizität, ohne fließendes Wasser oder Toilette, ohne nahrhaftes Essen, wo die Ratten frei herumlaufen wie Haustiere, ohne Medizin oder Krankenhäuser, ohne Hoffnung. Es hätte bewiesen, daß der Papst seinen einzigen biblischen Titel ernst nahm: Diener der Diener Gottes. Statt dessen überantwortete er Millionen von Katholiken einem Leben in Schuld und Schmutz, und es folgte der Veröffentlichung keine Geste der Solidarität. Er verließ vielmehr seinen Palast in Rom, um der Hitze des Sommers zu entgehen, und begab sich in seine majestätische Villa in Castel Gandolfo mit ihrem atemberaubenden Blick auf den See und ihren Gärten voller Springbrunnen und üppigem Grün.

Weil ich der Enzyklika öffentlich widersprach, sagte mir mein Bischof, Kardinal Heenan von Westminster: »Äußern Sie sich noch einmal, und Sie werden nie wieder einen Lehrposten in der Kirche haben.« Sibirisches Exil! Es ist seltsam, daß man einer Institution jahrelang dienen kann, ohne zu merken, daß sie kein Rechtssystem hat. Mit dem Ultimatum konfrontiert, konnte ich kein ordentliches Verfahren verlangen, meinen Fall Kollegen vortragen, in die Berufung gehen. Heenan war Vizepräsident der päpstlichen Kommission gewesen. Er gab zu, daß er sich bei der Abstimmung der Stimme enthalten hatte, weil er sich nicht hatte entscheiden können. Sobald der Papst gesprochen hatte, lösten sich seine Zweifel wie Frühnebel auf. Meine nicht.

Fälle, die weh tun

Ich hatte mit vielen schwierigen Gewissenskonflikten zu tun. Ein junges Paar hatte zum Beispiel geheiratet, als der Mann 17 und die Frau 16 war. Im ersten Jahr ihrer Ehe hatte der Mann einen Autounfall. Sein Rückgrat wurde zertrümmert, und er blieb querschnittsgelähmt. Die Frau verdiente das Geld für beide. Wäre sie schwanger geworden, hätten sie von Sozialhilfe leben müssen. Rom sagte ihnen, sie dürften die Rhythmusmethode anwenden – die sie für unsicher hielten – oder enthaltsam sein, was bedeutete, daß der Mann, dem schon die Arbeit und die Beweglichkeit genommen waren, die Liebe zu seiner Frau nicht mehr hätte ausdrücken können. Sie verwendeten weiter empfängnisverhütende Mittel und hörten auf, als Katholiken zu praktizieren.

Eine Frau namens Jane war mit einem strenggläubigen Katholiken verheiratet. Er hatte auf Sex vor der Ehe bestanden, verbot ihr aber nachher, empfängnisverhütende Mittel zu verwenden. Kurz nacheinander kamen drei Kinder. Jedesmal litt Jane sehr, weil die Nachgeburt zuerst kam und weil sie eine schwere Blutkrankheit hatte. In ihrer Verzweiflung plante sie, den Kindern im Schlaf Plastiktüten über den Kopf zu ziehen und, wenn sie erstickt waren, Selbstmord zu begehen. Sie hatte eine große Menge Medikamente gesammelt, doch die Angst, sie könnte nicht den Mut haben, sich selbst das Leben zu nehmen, nachdem sie ihre Kinder getötet hätte, hielt sie zurück. Natürlich hielt die Ehe nicht.

Marions Mann, ein frommer Protestant, hatte Einwände gegen die Lehre der Kirche zur Empfängnisverhütung, versprach aber, sich daran zu halten. Als sie in den Flitterwochen schwanger wurde, war er so wütend, daß er einfach nicht mehr mit ihr sprechen konnte. Er fuhr sie einmal pro Woche zu mir, damit sie mit einem katholischen Glaubensgenossen sprechen konnte.

Viele Paare sagten mir, daß ihre körperliche Liebe durch die Angst vor einem weiteren Kind zu Eis geworden war. Wenn sie Streit hatten, konnten sie sich nicht durch Sex versöhnen. Zuerst mußten sie mit der Rhythmusmethode ausrechnen, daß es ungefährlich war, Geschlechtsverkehr zu haben. John, ein protestantischer Vertreter, der mit einer spanischen Katholikin verheiratet ist, sagte zu mir: »Muß ich einen Helikopter mieten, wenn grünes Licht ist?« Er gab zu, daß er mit anderen Frauen schlief, einfach um die Spannung loszuwerden. Das war eine weitere Ehe, die nicht hielt.

Jeder Priester hat Fälle wie diese. Diese Erfahrung wird überall gemacht. Der ungewöhnlichste Fall, mit dem ich zu tun hatte, war der eines kinderlosen Paares. Bill und Sheila wollten unbedingt Zwillingsjungen adoptieren. Nach monatelangem Warten bot man ihnen Zwillingsmädchen an, und sie nahmen sie. Ein paar Tage später sagte ihnen die Adoptionsagentur, sie könnten Zwillingsjungen haben und, wenn sie wollten, die Babys austauschen. Sie entschieden sich, beide Zwillingspärchen zu adoptieren. Dann wurde die Frau zu ihrem Entzücken schwanger. Sie bekam Drillinge. Innerhalb eines Jahres bekam ein kinderloses Paar sieben Babys. Sie brauchten ein Heer von Helfern, um sie zu füttern, zu baden und ins Bett zu bringen. Sheila konnte nicht riskieren, wieder schwanger zu werden, und die Rhythmusmethode war nicht sicher genug.

Ein junger Priester sagte ihnen in aller Unschuld, die Kirche erlaube ihnen, sich zu enthalten wie Mönche und Nonnen; woraufhin Bill dem gutaussehenden, jungen Priester den Vorschlag unterbreitete, er sollte einmal versuchen, eine Woche lang mit einer schönen, jungen Nonne im selben Bett zu schlafen und dann sein Rezept für eine glückliche Ehe wiederholen. Ich machte Bill den nicht ganz ernst gemeinten Vorschlag, er solle sich sterilisieren lassen und das Sündigen so auf einen Schlag erledigen. Dazu meinte er: »Ich würde das tun, aber Sheila will vielleicht eines Tages mehr Kinder haben.«

Einige Reaktionen auf Humanae Vitae

Keine Feuerdecke im Vatikan war groß genug, um die Flammen der Empörung zu ersticken, die *Humanae Vitae* in der ganzen Welt auslöste. *Die Zeit* fragte: »Was für eine Kirchenführung ist das, die bereit ist, alle Warnungen der Wissenschaft in den Wind zu schlagen? Wie ist dieses päpstliche Dekret mit dem Gebot der Nächstenliebe vereinbar, wenn wir schon wissen, daß zwischen heute und 1980 etwa 40 Millionen Menschen verhungern werden?« Clare Booth-Luce schrieb: »Welche Behörde wird die Armen mit Millionen Kalendern, Bleistiften und Radiergummis für die Methode der unfruchtbaren Tage versorgen? Welches Riesenheer von Ärzten wird sie anleiten? Welche beredten Priester werden ihnen die Kraft einflößen, nach Kreuzchen zu lieben und sich nach der Uhr zu enthalten?«

Mehr als tausend Wissenschaftler, darunter viele Nobelpreisträger, protestierten in einem offenen Brief: »Wir erklären, daß wir nicht länger beeindruckt sein werden von Appellen für Weltfrieden und Erbarmen von einem Mann, dessen Taten dazu beitragen, Krieg zu fördern und Armut unausweichlich zu machen. Die Welt muß schnell begreifen, daß Papst Paul VI.

mit seiner irregeleiteten und unmoralischen Enzyklika den Tod zahlloser Menschen sanktioniert hat.«

Ich stimmte den Kritikern zu. Die Enzyklika war unmoralisch. Ich konnte nicht durch Schweigen den Eindruck erwecken, ein Rädchen in einer Mordmaschine zu sein. Mein Entschluß, das Amt aufzugeben, war der schwerste, den ich je gefaßt habe. Der Kardinal gab mein Gesuch auf Laisierung weiter. Es wurde innerhalb eines Monats bewilligt. Ich war schockiert durch die unanständige Schnelligkeit, mit der Rom auf meine Dienste verzichtete. Doch in den Augen Roms war ich ein Judas.

Ich ging aber ohne Bitterkeit. Ich fühlte mich wie ein Gefangener, der plötzlich freikommt, nachdem er 20 Jahre einer lebenslangen Strafe abgesessen hat. Ich hatte vergessen, wie gut es war, frei denken und sprechen zu dürfen. Innerhalb zweier Jahre nach meiner Laisierung war ich glücklich verheiratet. Ich hätte im Amt bleiben und mein Gewissen in immer verdrehtere Formen zwängen können, bis Paul VI. starb. Doch dann hätte ich das Pontifikat Johannes Pauls II. ertragen müssen. Gegenwärtig ist die Amtskirche so kalt und byzantinisch, daß es mir kalte Schauer über den Rücken jagt.

Warum ändern sie die Vorschriften nicht?

Wenn die Kirche in Sachen Sex ein wenig klüger geworden ist, warum klammert sie sich dann noch immer an ihr altes Verbot der Empfängnisverhütung, sogar für Paare, die versuchen, mit Herpes und AIDS fertig zu werden?

Erstens hat Rom infolge der vom Vaticanum I erklärten Unfehlbarkeit des Papstes schreckliche Angst davor, seine Meinung zu ändern. Veränderung ist ein Zeichen der Schwäche. Von anderen zu lernen ist unnötig, denn in strenger Tradition verwurzelt, werden alle Einsichten als göttlich gesehen. Paul VI. gab offen zu, daß der Hauptgrund für sein Hartbleiben in der

Frage der Empfängnisverhütung die Furcht war, seinen Vorgängern zu widersprechen. Was sie als schwere Sünde verurteilt hatten, konnte er nicht Tugend nennen. Wäre er schlauer gewesen, hätte er vielleicht gesehen, daß Umstände und neue Erkenntnisse oft zu einem Wertewandel führen. Hatte Pius XII. nicht gesagt, Sex sei sogar in der unfruchtbaren Zeit gut, obwohl frühere Päpste behauptet hatten, das sei so schlimm wie der Koitus interruptus?

Auch der Stolz spielte eine Rolle in *Humanae Vitae*. Empfängnisverhütung zu erlauben hätte bedeutet, daß die anglikanische und die lutherische Kirche eine Wahrheit vor den Päpsten erkannt hatten. Noch schlimmer, es hätte bedeutet, daß Kämpferinnen, die Rom seit Generationen mit Verachtung behandelt hatte – Annie Besant, Margaret Sanger, Marie Stopes –, die Wahrheit vor den römischen Oberhirten begriffen hatten. Das hätte alles in Frage gestellt. Man kommt deshalb zu dem naheliegenden Schluß, daß Paul VI. die Empfängnisverhütung verbot, um seine eigene absolute Macht zu schützen. Es war weit besser, auf der alten Lehre zu beharren, obwohl seine Berater zugestanden, daß es keine schlüssigen Argumente für sie gab und daß die Welt Empfängnisverhütung verzweifelt nötig hatte, um das Bevölkerungswachstum einzudämmen. Es gab nie einen besseren Beweis, daß absolute Macht absolut korrumpiert.

Der Parallelfall des Wuchers

Die Behauptung Pauls VI., er habe die »konstante« Lehre der Kirche wiederholt, entbehrt jeder Grundlage. Ich bin überrascht, daß Bischöfe noch immer versuchen, so zu tun, als hätte sie eine. Schon 1968 wußte ich, daß die Kirche ihre Haltung zu etwas ebenso Grundlegendem wie Sex geändert hatte – der Berechnung von Zinsen für ein Darlehen, genannt Wucher.

Von Anfang an hatte die Kirche gesagt, wenn man jemandem eine Tasse Zucker leiht, darf man eine Tasse Zucker zurückverlangen und nicht mehr. Diese biblische Lehre schützte die Armen vor Ausbeutung, sonst borgten sie vielleicht für Grundbedürfnisse und landeten in ständiger Verschuldung bei Kredithaien. Wucherer wurden als Ketzer bezeichnet; ihnen wurden die Sakramente und ein christliches Begräbnis verweigert. Alles Verleihen gegen Zinsen, selbst an Geschäftsleute, war eine Form der Habgier, die man am besten Ausgestoßenen wie den Juden überließ. Natürlich, irgend jemand mußte Geld verleihen. Selbst Päpste borgten zu exorbitanten Zinsen bei Bankiers, oft Juden, die gezeigt hatten, wie böse sie waren, indem sie Christus gekreuzigt hatten. Drei Konzile – das Lateranum III (1175), Lyon (1274) und Vienne (1312) – erklärten, Wucher sei gegen das göttliche Gesetz. Wer das leugne, sei ein Ketzer und der Inquisition zu überstellen.

Inzwischen wurde nicht nur für den Verbrauch geborgt, sondern auch für den Handel. Dennoch sagte die Kirche weiterhin, Zinsen zu verlangen sei eine Sünde wie Mord. Die Wiederholung der alten Vorschriften in völlig veränderten Umständen war absurd. Wer würde Geld verleihen, das er nutzen konnte, um ein Haus zu kaufen oder selbst ein Geschäft zu betreiben, wenn er nichts dabei gewann? Er riskierte sogar, eine Menge zu verlieren.

1745 faßte Benedikt XIV. die katholische Lehre zu Krediten in der Enzyklika *Quod provinciale* zusammen. Sein Ziel war, ein für allemal die Vorstellung auszuräumen, Wucherverträge seien gültig. »Wir glaubten, wenn die Zeit und das Stillschweigen sich über diese Vorstellung legten, würde sie zusehends an Achtbarkeit gewinnen.« Er verbot für immer, Zinsen zu verlangen. Das war ewige Wahrheit. Wenn jemand sich etwas leiht, muß er nur dies zurückgeben, ohne Zinsen. Wenn der Verleiher mehr fordert, begeht er ein Verbrechen. Benedikt schnitt jeden Ausweg ab. Der Verleiher konnte sich nicht mit der Behauptung entschuldigen, sein Gewinn sei nicht überhöht.

Oder der Kreditnehmer sei ein reicher Mann, der mit dem Darlehen Profit machen wolle. »Wer schamlos genug ist, mehr zu verlangen, als er verliehen hat, muß dieses Mehr zurückgeben.« Es störte den Papst nicht, daß er mit seiner majestätischen Verrücktheit alle Bank- und Kreditgeschäfte verbot. Denn niemand außer einem Dummkopf oder einem Heiligen verleiht sein Geld, nur damit jemand anderer daraus Gewinn schlagen kann. Er blieb stur bei der alten Lehre, weil sie die alte Lehre war.

Benedikt XIV. verbot Wucher ebenso ausnahmslos wie Paul VI. die Empfängnisverhütung. Gott ist unwandelbar, und das ist auch die katholische Lehre, Gottes Wort. Angesichts der Tatsache, daß der Vatikan seine eigene Bank hat, ist es überraschend, daß Rom sein Verbot des Wuchers nie aufgehoben hat. Johannes Paul II. folgte Paul VI. mit dem Verbot der Empfängnisverhütung. Warum folgt er nicht Benedikt XIV. und verbietet es, Zinsen zu verlangen – schließlich wurden Wucher und Empfängnisverhütung auf genau die gleiche Weise verboten? Warum dieser eklektische Umgang mit dem traditionellen Katholizismus? Er sollte doch gewiß so predigen:

»Alle Formen der Empfängnisverhütung sind unter allen denkbaren Umständen gegen das Naturrecht. Ebenso alle Formen des Wuchers. Ich verbiete jedem von euch, Bankier zu sein oder jemandem für ein Darlehen Zinsen zu berechnen. Jeder, der Zinsen für Darlehen verlangt, ob groß oder klein, von Reichen oder Armen, sündigt schwer und wird von den Sakramenten und dem christlichen Begräbnis ausgeschlossen, bis er seine Sünde wiedergutmacht.«

Johannes Paul würde in jedem Land ausgelacht – obwohl er uralte katholische Lehre wiederholte. Doch er wiederholt weder Benedikts Lehre, noch widerruft er sie. Warum nicht? Weil unfehlbare Institutionen grundlegende Fehler nicht machen können, die Benedikt XIV. und ein Papst nach dem anderen vor ihm und nach ihm machten. Da die Historiker der Kirche nicht erlauben, ihre Vergangenheit reinzuwaschen, kann sie nichts Besseres tun, als nervös zu schweigen ... und zu hoffen, daß niemand merkt, daß sie ihre Meinung geändert hat.

Sex und Geld

Die Parallele zwischen Sex und Geld geht noch weiter. In Europa kamen eine ausbeuterische Form von Bankgeschäften und eine Laisser-faire-Industrialisierung auf, zu denen die Kirche nichts sagte, als daß sie böse seien. Sie äußerte keine spezifische Kritik und machte es dadurch möglich, daß der Kommerz unbeeinflußt von der Bergpredigt wuchs. Mit ihrer Weigerung, eine Veränderung der Welt zu akzeptieren, und mit der Wiederholung einer überkommenen und irrelevanten Ethik ließ die Kirche die Bosse der Wirtschaft unbehelligt davonkommen. Die Verantwortlichen der Wall Street konnten tun, was sie wollten, weil die angebliche moralische Lehrerin der Welt nichts Vernünftiges über so sensible Themenbereiche wie die Güter dieser Welt zu teilen, über Gerechtigkeit für Arbeiter, Arbeitslose und ihre Familien verlauten ließ. Rom predigte weiter darüber, was kleine Buben im Dunkeln tun dürfen, und sagte absolut nichts darüber, was große Gauner bei hellichtem Tag tun. Deshalb kann ein Mann heute mit einem Anruf bei seinem Börsenmakler mehr Geld machen, als die meisten Menschen ihr ganzes Leben lang im Schweiße ihres Angesichts erarbeiten, und die Kirche verliert kaum ein Wort des Tadels. Kein Wunder, daß der Börsenmakler überzeugt ist, sein Business sei nicht Gottes Business. Die Bibel allerdings nennt das Geld die Wurzel allen Übels, und die Lage der Dritten Welt ist der Beweis dafür.

Wie mit dem Wucher ist es mit der Sexualethik. Roms Wiederholung antiker Lehren in völlig veränderten Bedingungen hat zur Folge, daß niemand mehr zuhört. Eine völlig neue Sexkultur ist ohne Einfluß des Evangeliums entstanden. Rom aber verkündet weiterhin eine überholte Ethik: »Mehret euch«, auch wenn die Welt übervölkert ist, auch wenn Millionen verhungern und im Elend leben. Die Wissenschaft, die die Kindersterblichkeit unter Kontrolle brachte, darf nicht die Empfängnis unter Kontrolle bringen. Wie die Armen am meisten unter Benedikts Verbot des Wuchers litten, so leiden jetzt die Armen und Elenden unter der Lehre der letzten Päpste zum Sex.

Rom wird nie einen Fehler zugeben

Vor 25 Jahren wurde mir klar, daß Rom weiterhin sagen wird: »Es ist immer Sünde, empfängnisverhütende Mittel zu verwenden.« Es hat keine Argumente, außer daß es dies immer gelehrt hat und der Ruf der Päpste davon abhängt. Die Schweigeperioden zwischen den Verboten werden länger werden, aber eine ausdrückliche, ehrliche Änderung? Niemals! Eine Weile nach dem Tod Johannes Pauls II. wird ein Historiker darauf hinweisen, daß kein Papst seit 25 oder 50 Jahren Empfängnisverhütung erwähnt hat, wie in letzter Zeit kein Papst mehr zum Thema Wucher Stellung bezogen hat.

Ohne Papsttum hätte die katholische Kirche das Problem der Geburtenkontrolle wahrscheinlich vor einer Generation bereits gelöst. Ich greife Paul VI. nicht mehr so stark an wie früher. Er war ein Opfer des Mythos vom Vaticanum I: Er glaubte, einen direkten Draht zu Gott und deshalb die Autorität zu haben, Babysitter der Welt zu sein. Deshalb ist »Du sollst keine empfängnisverhütenden Mittel verwenden« wie ein elftes Gebot in Stein gemeißelt.

1988 berief Johannes Paul eine Bischofskonferenz ein, um den 20. Jahrestag der *Humanae Vitae* zu feiern. Nicht eine Stimme des Widerspruchs ließ sich vernehmen, obwohl die meisten Katholiken der Welt mit der offiziellen Politik nicht einverstanden sind. In einer der verrücktesten Aussagen, die je gemacht wurden, behaupteten die Bischöfe: »Die Nahrungsmittelressourcen der Welt könnten theoretisch 40 Milliarden Menschen ernähren.« Ich nehme an, daß theoretisch eine Million Menschen im Vatikan leben könnten. Ob sie ihr Leben normal gestalten könnten, ist fraglich; eine Toilette wäre schwer zu finden. Die Bischöfe können anscheinend nicht begreifen, daß sogar eine einstige Supermacht Schwierigkeiten hat, ihre Menschen zu ernähren. Ihr »theoretisch« übersieht die entsetzliche Tatsache, daß täglich 40 000 Babys aus Mangel an Nahrung und sauberem Wasser sterben. Wenn die Welt noch Hoffnung hat, dann weil sie nicht auf das Papsttum hört. Es ist ein trauriger Gedanke, daß Gehorsam gegenüber der päpstlichen Lehre das Familienleben und die Zukunft der Menschheit ruinieren würde.

Zur Zeit setzt Rom seine Hoffnungen auf die Billings-Methode der Geburtenkontrolle, die in den 1970er Jahren eingeführt wurde. Die Frau beobachtet die Veränderungen an ihrem Zervixschleim, um festzustellen, wann der Eisprung erfolgt. Die Methode ist billig und kommt ohne mechanische und chemische Mittel aus. In Rom unterrichtet die Gemelli-Klinik sie seit zwölf Jahren mit Erfolg. Sie ist erst nach vier Monaten effektiv; deshalb hat die Klinik bisher erst 1500 Paare geschult. In Brasilien, wo 28 Millionen Menschen Analphabeten sind, dürfte es für Frauen nicht leicht sein, ihre fruchtbaren Tage in eine Tabelle einzutragen. Das Macho-Image des brasilianischen Mannes ist auch nicht eben hilfreich. Die Methode funktioniert bei Italienern der Mittelschicht mit Bildung und einer guten Wohnung. In Slums und Barackenstädten ohne Privatsphäre, ohne Bildung, ohne Elektrizität ist sie nutzlos.

Protestantische Katholiken

Umfragen zeigen, daß die meisten Katholiken, auch die meisten Priester und etliche Bischöfe, Protestanten sind, wenn es um ethische Fragen geht. Sogar die Iren, deren Häuser lange an den jährlichen Zuwachs gewöhnt waren und deren einzige Methode der Bevölkerungskontrolle die schmerzlichste von allen war, nämlich die Auswanderung, haben den Papst verlassen. Bei einer Arbeitslosenquote von über 16 Prozent und sehr teuren Mieten gibt es eine starke Rezession in der »großen irischen Kindermanufaktur«, wie Sydney Smith es einmal nannte.

Auch in katholischen Zeitschriften wird der Papst oft kritisiert. Am 23. November 1990 stand zum Beispiel in einem Leitartikel der amerikanischen Wochenzeitschrift *National Catholic Reporter:*

»Es ist wenig überzeugend, einen ehelosen Papst zu sehen, der in mittelalterliche Prachtgewänder gehüllt auf der Kanzel einer großen Kathedrale in Burundi steht und der Gemeinde – den am zweitschlimmsten übervölkerten und ärmsten Bauern Afrikas – erzählt, sie müßten ihre Landwirtschaft verbessern und sexuelle Selbstkontrolle üben, um die Bevölkerung einzudämmen.«

Seit einigen Jahren sieht sich die Menschheit mit einem der schwersten Probleme ihrer Geschichte konfrontiert, das Roms Haltung zur Empfängnisverhütung nachdrücklicher herausfordert als je zuvor.

6.

EMPFÄNGNISVERHÜTUNG UND AIDS

Über AIDS sprach man zuerst als »Schwulenkrebs«, eine Krankheit homosexueller Männer. Doch ist AIDS nicht auf Homosexuelle beschränkt, es ist eine Massenkrankheit. Am Anfang steht ein infizierter homosexueller Flugzeugsteward, der die Zahl seiner Sexualpartner auf 250 pro Jahr einschätzte. Viele Vertreter und Fernfahrer erzählen ähnliche Geschichten. Ein Mann, der zu einer Prostituierten geht, riskiert die Infektion von vielleicht 25 000 Fremden: ihren Freiern und den Kontakten ihrer Freier. Es sind Fälle bekanntgeworden, in denen Leute, die von ihrer Viruserkrankung wußten, absichtlich so viele andere wie möglich infizierten. Viele, die feststellen, daß sie HIV-positiv sind, unternehmen nichts, um ihre Partner zu schützen.

Für AIDS ist keine Heilung in Sicht. Es gibt bestenfalls Impfungen, um es zu bremsen. Studien unter Homosexuellen in San Francisco und Blutern in London zeigen den wahrscheinlichen Weg des HIV-Virus. Zuerst gibt es nur geringfügige Probleme. Nach drei Jahren bekommen sechs bis sieben Prozent jährlich AIDS. Nach zehn Jahren haben es dann um 50 Prozent. Nach 15 Jahren sagt die WHO eine Quote von 70, nach 20 Jahren von 90 Prozent voraus. Wenn AIDS voll ausbricht, sind die meisten Opfer innerhalb von zwei Jahren tot.

Die Verbreitung von AIDS

Um den moralischen Wert von Kondomen zu prüfen, müssen wir zuerst untersuchen, welche Rolle sie für die Bekämpfung dieser besonders aggressiven Krankheit spielen können. Die Zahl daran Erkrankter verdoppelt sich zur Zeit alle fünf Jahre. Studien in den USA zeigen, daß über 100 000 Menschen an AIDS gestorben sind, unter ihnen auch viele Kinder und Heterosexuelle. Bei einer neuen Erhebung in New Yorker Unfallkrankenhäusern waren 23 Prozent HIV-positiv. In New York ist AIDS die häufigste Todesursache der Menschen unter 29, und jedes 50. Neugeborene hat AIDS.

In Afrika greift AIDS weit schneller um sich. Wir können von Afrika sagen, was von England während der Pestepidemie von 1348 gesagt wurde: »Der Engel des Todes ist über dem Land; fast kann man seinen Flügelschlag hören.« Die WHO schätzt, daß schon jetzt sechs Millionen Afrikaner südlich der Sahara Virusträger sind, zumeist durch heterosexuellen Verkehr, und daß die Zahl sich in zehn Jahren verdoppeln könnte. Bis dann werden vielleicht zehn Millionen afrikanischer Neugeborener durch AIDS Waisen sein, und viele werden selbst HIV-positiv sein. In Uganda ist jedes zwölfte Neugeborene infiziert. Bislang sind 40 000 Kinder in Uganda Waisen durch AIDS. Zimbabwe hat eine halbe Million Fälle. In Südafrika kommt eine Studie von Geschäftsleuten mit dem Titel *Facing AIDS* zu dem Ergebnis, daß es dort bis zum Jahr 2000 1,5 Millionen AIDS-Tote geben wird und bis 2020 vielleicht 25 Millionen.

Bald wird wohl Indien Afrika einholen. Auch dort fehlt es an grundlegender Bildung und medizinischer Versorgung. Kein Land in Europa ist verschont geblieben, und immer häufiger resultieren Infektionen aus heterosexueller Aktivität. Die 7. Internationale AIDS-Konferenz begann im Juni 1991 in Florenz mit einer Demonstration von 3000 AIDS-Kranken. Ihre Hauptklage war, daß die italienische Regierung unter dem Druck des Vatikans trotz 300 000 bekannter AIDS-Fälle wenig gegen AIDS getan hatte. Über Kondome wurde in der Öffentlichkeit nicht einmal gesprochen.

Bei der Konferenz sagte Dr. James Chin, der Leiter für Beobachtungen und Prognosen der WHO, voraus, daß von der erwarteten viertel bis halben Milliarde Erkrankter 90 Prozent Heterosexuelle sein werden. »In den nächsten Jahrzehnten«, sagte er, »wird AIDS in den meisten Entwicklungsländern zur wichtigsten Todesursache bei Erwachsenen in ihren produktivsten Jahren werden und eine der wichtigsten Ursachen für Säuglings- und Kindersterblichkeit.«

Die Verbreitung von AIDS im Gefängnis

Im Mai 1991 stimmte das Europäische Parlament dafür, in Gefängnissen kostenlos Kondome in Automaten anzubieten. Die Öffentlichkeit war erstaunt, zu hören, daß sogar in Hochsicherheitsgefängnissen Sex stattfindet. Die Langeweile führt sogar bei Heterosexuellen zu homosexuellem Verhalten. Kondome haben eine Funktion dabei, die Gefängnisse von Infektionskrankheiten freizuhalten. Ein junger englischer Häftling, der im Lauf der Zeit 57 Zellengenossen hatte, gab zu, daß er mit 51 von ihnen sexuelle Beziehungen hatte.

Gefängnisse sind AIDS-Brutstätten, und Kondome sind nötig, um Unschuldige zu schützen – auch im Gefängnis. Da AIDS ein verhaltensgebundenes Problem ist, kann es durch Safer Sex und durch saubere Nadeln für Drogensüchtige weitgehend verhindert werden – auch im Gefängnis.

Kondome und Jugendliche

Sollte es für Jugendliche außerhalb der Gefängnisse leichter sein, Kondome zu kaufen? Viele Kritiker sind dagegen. Ihre Argumentation lautet in etwa so:

Jugendliche sollten nicht darin unterwiesen werden, was fälschlich Safer Sex heißt. Wie von einem Akt, der zur Fortpflanzung diene, zu erwarten, sei Sex immer riskant. Jugendlichen sollte man sagen, daß der einzig sichere Sex für Unverheiratete kein Sex sei.

Die Tragödie AIDS könne Jugendlichen sogar helfen, keusch zu bleiben, und das sei der bewährte christliche Weg. Die Zahlen zeigten, daß die Krankheit die Promiskuität ein wenig gebremst habe. Ohne AIDS ein Werk des Teufels zu nennen, es müsse doch eine einfache Beziehung von Ursache und Wirkung geben, wenn auf den Grabsteinen Altersangaben von 16, 17 oder 18 Jahren stünden. AIDS sei wie Myxomatose bei Kaninchen. Die Natur wolle uns sagen, daß bestimmte Verhaltensformen katastrophal für die Menschheit sind, ja eine Art Völkermord.

Es sei töricht, nicht Zurückhaltung zu lehren, wenn der Weg zur Geburt ein Weg zum Tod wird. Laßt uns nicht versuchen, die Natur durch vulkanisiertes Gummi zu überlisten, sondern einsehen, daß das Verhalten, das zu so vielen Tragödien führt, aufhören müsse. Außerdem hätten Kondome eine hohe Fehlerquote, entweder wegen Fabrikationsmängeln oder weil die Jugendlichen unerfahren sind.

Wer sei bereit, eine Haftung für die Fehler Jugendlicher zu übernehmen? Jedes Krankenhaus wisse, das auch Safer Sex häufig in Schwangerschaft und Infektion ende. Manche Mädchen nähmen die Pille, die nicht gut für ihre Gesundheit ist, und Kondome. Sie wollten doppelten Schutz in doppelter Gefahr. Es sei barmherziger, Jugendlichen zu sagen, daß der Preis für die flüchtige Befriedigung der Lust viel zu hoch ist. Ein Fehler könne ein Leben ruinieren.

Diese Jugendlichen verliebten sich vielleicht einmal, heirateten und entdeckten erst dann, daß sie Sterbende sind und daß ihre Liebste bald Witwe sein wird, vielleicht eine infizierte, schwangere Witwe. Furcht, Schmerz und Sorge hätten eine Funktion in der Erziehung. Und laßt sie um Gottes willen nicht in dem Glauben, ein Kondom sei eine idiotensichere Methode, Sex zu haben. Papierdünnes Gummi sei nicht Abstand genug von der schrecklichsten Seuche der Moderne. Nur Keuschheit sei moralisch und medizinisch sinnvoll.

Kaum jemand würde leugnen, daß diese Argumente grundsätzlich schlüssig sind. Merkwürdig ist allerdings, daß oft dieselben Leute, die die Existenz von Safer Sex leugnen, die Methode der unfruchtbaren Tage empfehlen. Natürlich muß gesagt werden, daß Kondome einen Schutz gegen Infektionskrankheiten bieten müssen, wenn erfahrene Prostituierte darauf bestehen, daß ihre Freier sie benutzen. Natürlich hoffen die meisten Eltern und Erzieher, daß ihre Kinder nicht mit Sex experimentieren, gleichgültig, ob mit oder ohne Kondom, besonders in diesen Zeiten. Doch wenn sie Kondome verteilen und Jugendlichen den Gebrauch zeigen, sagen sie nicht: »Habt Geschlechtsverkehr mit Kondomen«, sondern: »Wenn ihr Geschlechtsverkehr habt, dann um Gottes willen nicht ohne Kondome.«

Es läuft auf eine Frage des praktischen Urteils hinaus. Manche Jugendliche lassen sich durch Predigen vom Sex abhalten. Diese wenigen müssen den vielen gegenübergestellt werden, die sich nicht abhalten lassen. Ohne Kondome gäbe es vielleicht weniger Promiskuität, aber sicher mehr Schwangerschaften und AIDS bei Teenagern. Wenn der Sexualtrieb am stärksten ist, können sich Jugendliche einfach nicht vorstellen, daß ein kurzer Ausbruch der Lust finstere, wenn auch sehr späte Folgen haben kann.

Immer wieder zeigen Umfragen, daß die meisten Jugendlichen wissen, wie riskant Sex ohne Kondom ist. Sechzig Prozent sagen, mit einem Partner, dem sie trauen, würden sie dieses Risiko eingehen. Unreife Jugendliche brauchen Schutz vor sich selbst, und die Erwachsenen sind verpflichtet, für diesen Schutz zu sorgen.

Wie hat der Vatikan auf dieses Problem reagiert? Mit Beharren auf seinem totalen Verbot der Kondome. In Afrika ist es Bischöfen gelungen, Plakate entfernen zu lassen, die für ihre Anwendung warben. Warum gegen etwas opponieren, was nach der Ansicht fast jeder Gesundheitsbehörde der Welt gegenwärtig der einzige Weg ist, die Seuche AIDS einzudämmen? Wir sind wieder bei dem Satz Johannes Pauls II.: »Der Geschlechtsakt muß offen für die Weitergabe des Lebens sein«, was bedeutet, daß männliche und weibliche Geschlechtsorgane sich ohne Barrieren vereinigen müssen.

Ein Paar darf nach den Wechseljahren der Frau Geschlechtsverkehr haben, auch wenn sie für immer unfruchtbar ist, oder vor den Wechseljahren in den unfruchtbaren Zeiten, weil der Akt mit den Worten des Papstes »offen für die Weitergabe des Lebens« bleibt.

Einer Frau wurde der Uterus entfernt. Kein Geschlechtsakt mit ihr kann zu einem Kind führen, weil ihr die nötigen Organe zur Weitergabe des Lebens fehlen. Doch ihr Mann darf kein Kondom verwenden, um sie vor möglichen Infektionskrankheiten zu schützen, denn der Akt muß »offen für die Weitergabe des Lebens« bleiben.

Wenn Rom argumentiert, es gebe eine Alternative zu Kondomen, nämlich völlige Enthaltsamkeit, so bleibt trotzdem das logische Dilemma: Ob der Mann ein Kondom benutzt oder nicht, der Geschlechtsverkehr mit seiner Frau kann nicht Leben hervorbringen. Und dennoch ist es Sünde, ein Kondom zu verwenden, weil es nicht »offen für die Weitergabe des Lebens« ist.

Ein letztes Beispiel: Nach Jahren der Ehe hatte ein Paar noch kein Kind. Der Arzt bat den Mann um eine Samenprobe, um zu prüfen, ob er fruchtbar ist. Rom sagt, daß Onanie immer böse ist. Samen darf nur in einem Geschlechtsakt ausgestoßen werden, der »offen für die Weitergabe des Lebens« ist. Allerdings erlaubt Rom einem Mann, mit seiner Frau zu schlafen und dabei ein perforiertes Kondom zu benutzen, das er zur Analyse einreicht. Dann entspricht der Geschlechtsverkehr angeblich Roms Anspruch, daß jeder Akt »offen für die Weitergabe des Lebens« sein muß. Wie ich aber in *Gottes erste Diener* ausgeführt habe, ist nicht jeder Samenfaden identisch mit jedem anderen. Der Mann reicht vielleicht gerade den Samenfaden zur Analyse ein, der dazu bestimmt war, seine Frau zu befruchten. Roms Logik ist, daß jede Analyse von Sperma böse ist, selbst wenn sie einem Mann helfen soll, Vater zu werden.

Nun könnte ein Moraltheologe weiter argumentieren, ein Mann mit AIDS dürfe ein perforiertes Kondom benutzen, damit weniger Sperma in seine Frau gelangt und dadurch das Infektionsrisiko verringert wird. Solange etwas Samen in die Vagina der Frau gelangt, könnte dies die Forderung des Vatikans erfüllen, daß der Akt »offen für die Weitergabe des Lebens« sein muß. Natürlich bedürfte es einiger Kasuistik, um zu entscheiden, wie groß die Löcher und wie viele es sein müßten. Das ist der Weg zum Wahnsinn. Freilich lesen sich die meisten moraltheologischen Lehrbücher schon jetzt wie Exerzitien im Wahnsinn.

Daraus folgt: Es ist klar, daß die Aussage »Jeder Geschlechtsakt muß offen für die Weitergabe des Lebens sein« nur bedeuten kann, daß sie einem starren biologischen Maßstab entsprechen muß. Sie hat keinerlei ethischen Gehalt, da keine Rücksicht auf Menschen genommen wird. Dies zeigt sich in Roms Haltung zu den folgenden krassen Problemen.

Die Wirkung des päpstlichen Kondomverbots

Jack Cole (Name geändert), ein amerikanischer Priester, schrieb mir über den folgenden Fall, nachdem er *Gottes erste Diener* gelesen hatte. Zwei Jahre zuvor war die 19jährige Jodie aus seiner Gemeinde von einer ganzen Bande vergewaltigt worden. Sie ging zur seelsorgerischen Beratung zu ihm. Wenigstens war Jodie nicht schwanger geworden, doch sie litt schwer unter Alpträumen und kam nur langsam über das Erlebnis hinweg. Doch dann geschah ein Wunder. Sie verliebte sich in Bill, einen protestantischen Staatsanwalt. Mit ihm konnte sie sich über das Entsetzliche aussprechen, das sie durchgemacht hatte. Er übernahm die Stelle des Priesters als ihr Vertrauter. Bald hatte sie weniger Alpträume, sie begann, sich wieder zu schminken, kaufte neue Kleider und machte Pläne, ihr Studium wieder aufzunehmen. Dann beschloß das Paar zu heiraten.

Sechs Wochen vor der Hochzeit machte Jodie einen Rückzieher. Den Grund wollte sie weder ihrer verwitweten Mutter noch Bill sagen. Jack, der Priester, glaubte, sie habe Angst vor sexuellem Kontakt. Wie sich herausstellte, war es etwas ganz anderes. Jodie hatte einen AIDS-Test gemacht. Sie war HIV-positiv. Jack traf sich mit dem Paar, und sie sprachen das Problem zusammen durch. Bill sagte, er liebe sie und wolle sie ohne Rücksicht auf Verluste heiraten.

Cole erwähnte diese Geschichte zufällig in einer Konferenz bei seinem Bischof. Er war tief beeindruckt von dem Mut und der Integrität des Bräutigams. »Gib beiden meinen Segen, Jack«, sagte er. »Aber vergiß nicht, ihnen vom Kondomverbot der Kirche zu erzählen.«

Jack war am Boden zerstört. Die Alpträume des Mädchens waren zurückgegangen, wiedergekommen, ein zweitesmal zurückgegangen, und wenn er die Botschaft des Bischofs ausrichtete, würden sie noch schlimmer wiederkommen. Diesmal würde die mehrfache Vergewaltigung nicht nur Jodies geistige Gesundheit bedrohen, sondern auch den Seelenfrieden ihres künftigen Mannes. Außer ihrer Angst, Bill anzustecken, hatte Jodies Arzt ihr gesagt, daß eine Schwangerschaft ihre eigene Gesundheit und die eines Kindes gefährden könnte. Für Jack war klar: Die Kirche verlangte von ihm, den beiden zu sagen, sie könnten zwar heiraten, aber Sex könnten sie vergessen. Das

Ende dieser Geschichte habe ich nie erfahren, da Jack mit 35 Jahren bei einem Autounfall starb.

Bluter und AIDS

Mein katholischer Freund John ist Bluter. Seit seiner Kindheit hatte er es schwer gehabt, aber er hatte gelernt, damit zurechtzukommen, besonders nachdem er glücklich verheiratet war. Jahrelang wurde ihm Faktor VIII injiziert, die Substanz zur Blutgerinnung, die seinem eigenen Blut fehlt. Nach einer Transfusion mit infiziertem Blut bekam er AIDS. Er dankte Gott, daß seine Frau wie durch ein Wunder nicht HIV-positiv war. Ein Facharzt riet ihm, ein Kondom zu benutzen. John erwähnte dies in der Beichte, und prompt wurde ihm gesagt, das sei Sünde. Als John sagte, die Alternative sei, seine Frau und ein ungeborenes Kind zu infizieren, riet der Priester zu völliger Enthaltsamkeit.

John rief mich an. Ich gab zu, daß der Priester die offizielle Aussage nachgeplappert hatte. John konnte es kaum glauben. Seine Krankheit war schlimm genug; die Infektion machte alles noch schlimmer. Und nun sollten er und seine Frau auch noch wie Ehelose leben? Ich sagte, das einzige Kriterium für die Richtigkeit von Geschlechtsverkehr sei Liebe. Was würde Christus von ihm verlangt haben? Wegen eines päpstlichen Verbotes aufzuhören, mit seiner Frau zu schlafen? »Nur du kannst entscheiden, was Gott von dir will«, sagte ich. »Das kann niemand anderer, nicht einmal der Papst.«

John stimmte dem zu, war aber anfänglich sehr verstört, die Messe und die Sakramente aufzugeben. »Ich fühle mich Gott viel näher,« sagte er dann, »wenn ich mich von diesem unmenschlichen Gebilde fernhalte.« – Er meinte die Amtskirche. Vor die Wahl zwischen seiner Frau und der Kirche gestellt, entschied er sich für seine Frau.

Eine AIDS-Konferenz

Im November 1989 veranstaltete der Vatikan eine dreitägige Internationale AIDS-Konferenz. Am Eröffnungstag wurde die Sitzung durch den in Irland geborenen Priester John White gestört, einen 43jährigen Kiltegan-Missionar mit grauem Haar und Bart. Er hatte neun Jahre in Kenia gearbeitet und war inzwischen AIDS-Berater in London. Er hielt im Sitzungssaal ein Plakat mit der Aufschrift »Die Kirche hat AIDS« hoch; dann schafften ihn Ordner hinaus. »Ich bin die Kirche«, erklärte er später, »und ich habe AIDS.« Er hatte sich in Afrika infiziert. Wie, mochte er nicht sagen, deutete nur an, daß AIDS ein Virus sei, das Menschen befalle, und er sei menschlich. »Von Mückenstichen habe ich es nicht gekriegt«, sagte er.

Hintergrund seines Protests war die Tatsache, daß zwar tausend Delegierte an der Konferenz teilnahmen, AIDS-Kranke aber keine Stimme hatten. Der wichtigste Sprecher war Monsignore Carlo Caffara, Dekan des Instituts für Ehe- und Familienforschung »Johannes Paul II.«, bekannt als Haustheologe des Papstes. Ein AIDS-Kranker, sagte er, sei berechtigt, mit seiner Frau zu schlafen. Wenn er dann aber ein Kondom benutze, sei das eine schwere Sünde.

Viele im Saal waren wie vom Donner gerührt. Roms Lehre ist: Es ist moralisch, daß ein Mann riskiert, seine ganze Familie inklusive Kinder mit AIDS anzustecken; es ist eine schwere Sünde, dies durch den Gebrauch von Kondomen zu verhindern. Die meisten gehen vom Gegenteil aus, nämlich daß kein AIDS-Kranker an Sex ohne Kondom denken darf. Trotzdem hat Johannes Paul II. mehrfach gesagt, ein Kondom verletze immer die Integrität des Geschlechtsakts. Es wäre besser, wenn die ganze Menschheit angesteckt würde, als wenn ein Paar ein Kondom verwende. Das Ziel rechtfertigt nie die Mittel. Das wirkt sogar noch verrückter als die mittelalterliche Ansicht, Selbstbefriedigung sei böser als Vergewaltigung einer Tochter durch den Vater. Diese nämlich sei »natürlicher«, weil eine inzestuöse Vergewaltigung wenigstens zu einem Kind führen kann.

Die meisten Menschen finden die Haltung des Vatikans völlig unmoralisch. Rom könnte, allerdings mit einiger Schwierigkeit, argumentieren, ein infizierter, verheirateter Bluter sei in derselben Lage wie jemand, dessen Penis wegen Krebs amputiert wurde; es sei ein Unglück, aber mit Gottes Gnade könne ein liebendes Paar lernen, ohne Geschlechtsverkehr zu leben. Doch jeder Mensch mit einem Funken Anstand wird sagen, daß kein Mann riskieren darf, seine Frau und sein ungeborenes Kind mit einer tödlichen Krankheit anzustecken. Seine erste Pflicht ist es, seine Familie zu lieben und zu schützen. Leider ist die Kirche durch ihre Lehre der Erbsünde an den Gedanken gewöhnt, daß Sex jeden Menschen mit Sünde und Tod infiziert.

Vielleicht würde es Monsignore Caffara und dem Papst guttun, eine Beschreibung des vollen AIDS-Krankheitsbildes einer Kranken zu lesen. Als Kimberley Bergalis, eine gutaussehende Absolventin der Universität Florida, in ihrem 23. Lebensjahr an AIDS erkrankte, konnte ihr Arzt sich keinen Reim darauf machen. Sie war Jungfrau, sie hatte nie Drogen genommen oder eine Bluttransfusion bekommen. Doch sie war bei dem ortsansässigen Zahnarzt Dr. David J. Acer gewesen, um sich zwei Backenzähne ziehen zu lassen. Er hatte AIDS.

Im Juni 1991, sechs Monate vor ihrem Tod, veröffentlichte Kimberley einen zornigen Brief, den sie an einen Untersuchungsbeamten des Gesundheitsamtes geschickt hatte – die wohl offenste und anschaulichste Beschreibung von AIDS:

»Ich habe erlebt, daß mein Haar ausfiel, mein Körper über 40 Pfund Gewicht verlor, daß ich Pusteln auf der Haut bekam. Ich habe erlebt, daß ein weißer Pilz die ganze Innenseite meines Mundes, den Hals, die Kiefer und jetzt meine Lippen überzog. Es sieht aus wie weißer Pelz und macht einen widerlichen Atem. Ist das nicht hübsch?

Wem ich die Schuld gebe? Dr. Acer und jedem einzelnen von

euch Schweinen ... die wußten, daß Dr. Acer infiziert war und voll ausgeprägtes AIDS hatte, und nichts unternahmen, nicht den kleien Finger rührten.

Können Sie sich vorstellen, wie es ist, wenn man merkt, daß man an den Fingern abnimmt, daß der Körper seine Muskeln verbraucht in dem Versuch zu überleben? Oder wissen Sie, wie es ist, sich vor dem Duschen ganz in einem Spiegel anzuschauen – und nur ein Skelett zu sehen? Jetzt dusche ich mit einer Decke über dem Spiegel ...

Wie gesagt – ich habe alles vergeben – ich habe keinen Groll mehr. Aber ich werde nie vergessen.

P. S. Wenn keine Gesetze verabschiedet werden, die Schutz bieten, dann war mein Leiden und Sterben vergeblich. Ich sterbe, Leute. Lebt wohl.«

Glaubt der Papst wirklich, daß ein Mann, der offen in Kauf nimmt, seiner Frau angetan hat, was Dr. Acer seiner Patientin Kimberley Bergalis antat, nicht die geringste Sünde begeht? Dr. Acer hat nicht mit dieser jungen Frau geschlafen; er hat ihr nur zwei Zähne gezogen. Das Verbrechen eines AIDS-infizierten Zahnarztes lag darin, eine Patientin ohne die nötigen Sterilisationsmaßnahmen zu behandeln. Ist es kein Verbrechen, wenn ein infizierter Mann ohne den nötigen Schutz mit seiner Frau schläft?

Die Ethik des Vatikans läuft auf folgendes hinaus: Ein Mann hat immer das Recht auf Sex, wenn seine Frau bereit ist. Wenn der Akt ohne mechanische oder chemische Barriere geschieht, ist er immer moralisch korrekt, auch bei hohem Infektionsrisiko. Dies ist aus einer Reihe von Gründen deprimierend. Erstens ist den meisten Menschen klar, daß die starke Betonung der Biologie des Geschlechtsverkehrs die Ethik des Geschlechtsverkehrs völlig untergräbt. Zweitens hat Roms Prinzip, der Geschlechtsakt müsse immer offen für die Weitergabe des Lebens sein, Vorrang vor dem Prinzip, daß ein liebender Mann seine Frau nicht küssen und erst recht nicht mit ihr schlafen darf, wenn er riskiert, sie mit einer tödlichen Krankheit zu infizieren. Drittens, wenn Rom mit einer Spitzfindigkeit, die an Dummheit grenzt, seine Prioritäten so auf den Kopf stellt, auf welche seiner moralischen Entscheidungen können wir uns dann verlassen?

Nach der Konferenz im Vatikan rief ich meinen Freund John, den Bluter, an und fragte ihn nach seiner Reaktion. Sie ist schlichtweg nicht für den Druck geeignet. In seinem Fall ist das Festhalten an der Meinung, Sex müsse offen für die Weitergabe des Lebens sein, gleichbedeutend damit, Sex offenzuhalten für die Weitergabe des Todes. AIDS ist der Punkt, an dem Sex und Tod zusammenkommen.

7.

EMPFÄNGNISVERHÜTUNG UND BEVÖLKERUNGSEXPLOSION

1940 hatte das katholische Mexiko 20 Millionen Einwohner. Heute hat allein die Hauptstadt weit mehr Einwohner, das Land selbst 70 Millionen. Bis zum Jahr 2000 werden es mindestens 100 Millionen sein. Zwei Millionen Mexikaner haben keine Toilette; deshalb spricht Gustavo Esteba von der »Allgegenwart der Fäkalien«. Amöben wuchern, ständig brechen Salmonellenepidemien aus. Fast 30 Prozent der Mexikaner sind arbeitslos. 1984 schätzte das Nationale Institut für Ernährung, daß 40 Prozent seinerzeit fehlernährt waren. Seither ist es erst richtig schlimm geworden.

Mexiko züchtet Rinder für Fleisch – zum Export in die USA zu immer geringeren Preisen. Mexikaner können sich kein Rindfleisch leisten, außer den wenigen Reichen, die sich rechtzeitig gerettet haben und jetzt, wie einer von ihnen gesagt hat, Stücke von Kalifornien zurückkaufen. »Mexiko ist kein geeigneter Ort, um Menschen aufzuziehen«, sagte ein Bauer, und selbst katholische Bischöfe trompeten nicht zu laut über die Sündigkeit der Empfängnisverhütung. Vielleicht haben sie Angst, daß man sie für verrückt erklärt oder ihnen die Paläste niederbrennt.

Dante hätte keine so schrecklichen Infernos schildern können, wie sie Mexico City, Guadalajara, São Paulo, Kalkutta, Kairo, Lagos, Kinshasa und Hunderte von Städten in der Dritten Welt darstellen. Welchen Reim sollen sich schlechte Katholiken wie ich auf ein Papsttum machen, das sich für etwas einsetzt, das dem Ende der Zivilisation gleichkäme? Die Kirche setzt sich mit ihren vorgefertigten Antworten auf bestürzend neue Fragen nur immer mehr ins Unrecht. Der Papst sagt, es sei moralisch, mit wissenschaftlichen Mitteln dem Tod Einhalt zu gebieten, nicht aber der Geburtenrate. Kein Genie könnte ein einfacheres, dabei aber wirkungsvolles Rezept für die weltweite Katastrophe erdenken. Zu viele Menschen können ebenso giftig sein wie zuviel Blei.

Wachstum hochgerechnet

In einer alten persischen Legende machte ein Handwerker ein schönes Schachbrett für einen Monarchen. Seine Majestät war entzückt. »Was kann ich dir als Belohnung geben?« Die Antwort des Handwerkers schien allzu bescheiden. »Ein Reiskorn für das erste Feld auf dem Brett, Majestät, zwei Körner für das nächste, vier für das nächste und so weiter.« Der König willigte ein. Eine schnelle Berechnung sagte ihm, daß selbst das 15. Feld nur 16 384 Körner ergäbe, vielleicht drei Handvoll. Doch beim 21. Feld waren es eine Million Körner, und lange vor dem 64. Feld war das gesamte Lagerhaus des Königs leer, und er hätte riesige Mengen Reis im Ausland kaufen müssen, um sein Versprechen erfüllen zu können..

Ein Mathematiklehrer stellte seiner Klasse von 15jährigen diese Aufgabe: Ein Biologe züchtet Bakterien in einem Reagenzglas. Durch Teilung verdoppeln sie sich alle fünf Sekunden, so daß jedes Bakterium von ihnen in zwölf Stunden eine Million hervorgebracht hat. Es dauert zwei Tage und zehn Stunden, bis das Reagenzglas halb voll ist. Wie lange dauert es, bis die Bakterien das Glas ganz füllen? Antwort: drei Tage.

Die erste Lehre daraus ist: Geometrisches oder exponentielles Wachstum kann jeden kalt erwischen – von dem Mann, der sein Kreditkartenkonto nicht auffüllt, bis zu Schulkindern und einem persischen Monarchen. Offenbar auch politische Planer. Denn auch die Bevölkerung wächst exponentiell, zur Überraschung selbst der cleversten Politiker. Eine Mormonenzeitung, der *Millenial Star*, schätzte einmal, daß ein frommer Mormone, der mit 20 Jahren 40 Frauen heiratete, im Alter von 78 ungefähr 3 580 441 Nachkommen haben könnte.

1964 gab es 3,8 Milliarden Menschen auf der Erde, und die Weltbevölkerung verdoppelt sich alle 35 Jahre. Damals schrieb der englische Physiker J. H. Fremlin einen Artikel im *New Scientist* mit dem Titel »How Many People Can the World Support?« (Wie viele Menschen kann die Erde ernähren?). Angenommen, schrieb er, eine Verdoppelungsrate von 35 Jahren würde über die nächsten 900 Jahre beibehalten, gäbe es dann 60 000 000 000 000 000 Menschen auf der Welt oder etwa 100 pro Quadratmeter, einschließlich Berge und Meere. Ein Wohngebäude für sie müßte 2000 Stockwerke hoch sein und die gesamte Erde bedecken. Wenn man Leitungen, Rohre, Versorgungsschächte usw. berücksichtigte, hätte dann jeder Mensch drei bis vier Quadratmeter Raum. Fremlin sagte nichts darüber, woher sie Nahrung, Wasser, Kleidung bekämen, speziell da das Ökosystem nicht einmal ihre Körperwärme ertragen könnte.

Der Zweck der Übung war nicht, vorauszusagen, was geschehen würde, sondern, was nicht geschehen kann. Wenn es nicht durch Klugheit verhindert wird, dann durch eine Reihe von Katastrophen. Wir sehen dies, wenn wir Fremlins Beispiel umdrehen. 1650 betrug die Weltbevölkerung eine halbe Milliarde; Ende 1992 waren es 5,5 Milliarden. Wäre das Wachstum von 1650 an wie heute verlaufen, gäbe es heute 435 Milliarden Menschen, also fast 80mal mehr als in Wirklichkeit.

Betrachten wir Irland. 1845, im Jahr der Hungersnot, hatte es acht Millionen Einwohner. Wäre die Bevölkerung in der heutigen Rate des Weltdurchschnitts gewachsen, so hätte ganz Irland jetzt 170 Millionen Einwohner. Es sind aber nur fünf Millionen.

Lassen wir beiseite, was hätte sein können – was war die tatsächliche Entwicklung der Menschheit? 1830 war das Jahr, in dem Thomas Malthus seinen *Essay on the Principle of Popu-*

lation veröffentlichte, in dem er schrieb, daß das Bevölkerungswachstum geometrisch zunimmt, Nahrung aber nur proportional.

Die Bevölkerungsexplosion ist nicht in gestiegener sexueller Aktivität begründet, sondern in der Eindämmung des Todes. Wir vermehren uns nicht wie die Karnickel – wir haben nur aufgehört, wie die Fliegen zu sterben. Vor dem 19. Jahrhundert litt die Menschheit unter »dem Massaker der Verluste«, wie es ein Autor nannte. Daniel Defoe schrieb 1721 von einem Bauern in Essex, der mit der 25. Frau verheiratet war. Sein Sohn war mit 35 Jahren schon bei der 14. Die meisten Ehefrauen starben im Kindbett.

Der Mensch hat keine natürlichen Feinde außer denen, die mit bloßem Auge nicht sichtbar sind. Diese kontrolliert er heute zumeist mit wissenschaftlichen Mitteln. Die gigantische Bevölkerungsexplosion ist durch bessere medizinische Versorgung und Mikrobenkontrolle verursacht. Besonders seit in den 1950er Jahren die Massenproduktion von Impfstoffen begann, wurden tödliche Krankheiten zurückgedrängt und in manchen Gegenden ausgerottet, darunter Pocken, Gelbfieber, Lepra, Polio, Malaria, Diphtherie, Keuchhusten, Cholera, Tetanus, Bilharziose, Masern, Tuberkulose.

Der Sieg hat seine eigenen Niederlagen mit sich gebracht. Täglich sterben 40 000 Babys an etwas, das grausamer ist als Pocken: an Hunger und seinen Begleiterscheinungen. Die UNICEF prognostiziert, daß die Zahl bis zum Ende des Jahrzehnts auf 44 000 pro Tag steigen wird. Dennoch: Obwohl Millionen durch Hunger, Abtreibung, Wirbelstürme und AIDS sterben, wird sich die Bevölkerung in 35 Jahren verdoppeln.

Die gegenwärtige Hochrechnung des Bevölkerungswachstums ist besorgniserregend, weil es für die nächste Zukunft keine Hoffnung auf eine Verlangsamung gibt. Jeder dritte lebende Mensch ist unter 15 Jahre alt. Die Väter und Mütter von morgen sind schon da. Bis zur Mitte des nächsten Jahrhunderts wird sich die jetzige Bevölkerung mindestens verdoppelt haben.

Die begrenzten Ressourcen der Erde

Wir erleben ein unbegrenztes Bevölkerungswachstum in einer Welt endlicher Ressourcen. Thoreau sagte einst: »Gott sei Dank kann man die Wolken nicht abschneiden.« Durch das Roden von Regenwäldern zur Gewinnung von schlechtem Ackerland geschieht praktisch genau das. Die Luft stinkt, der Boden erodiert, Flüsse sind voller Öl und ungeklärter Abwässer. Die Meere sind zu giftig, um unsere Sünden reinzuwaschen, Strände sind ein Gesundheitsrisiko, Baden kommt einem Selbstmord gleich. Viele Städte sind mittags verdunkelt, die Sonne kalt wie der Mond. Herz, Lunge, Hirn – besonders von Kindern – leiden unter dem langen Raubbau an der Erde. In den städtischen Gaskammern sinkt die Lebenserwartung rapide. Auch ohne Tschernobyl war Umweltverschmutzung das düsterste Geheimnis der Sowjets. Felder, Wälder, Seen, Wildtiere starben. Die Kosten der Umweltsanierung in Osteuropa allein werden für das nächste Jahrzehnt auf 200 Milliarden Dollar geschätzt.

Unsere kostbarste Ressource, das Trinkwasser, ist durch giftige Abwässer und radioaktive Verseuchung gefährdet. Alles Wasser der Erde bis auf 2 Prozent ist Salzwasser; es ist nicht trinkbar und nicht nutzbar für die Landwirtschaft. Pestizide haben die Erntemengen verbessert, aber die Trinkwasservorräte verringert. Viele Länder sind bereit, Krieg zu führen, falls ihre Nachbarn flußaufwärts von ihnen Dämme bauen. Jedes Jahr dringt die Wüste weiter vor wie eine plündernde Armee und macht 50 000 Quadratmeilen fruchtbares Land zu einer Einöde. In China, das völlig von der Landwirtschaft abhängt, wird Wasser immer knapper. Hungersnöte im Sudan und in Äthiopien sind durch Wassermangel verursacht. Fast alles Flußwasser in Polen ist nicht trinkbar; die Hälfte seiner Seen ist durch sauren Regen verseucht. Selbst in Kalifornien sind die wasserführenden Schichten fast erschöpft, so daß Multimillionäre nicht nach Lust und Laune ihre Toilettenspülungen betätigen, ihre Gärten bewässern oder gar ihre Pools füllen dürfen.

Die Haltung Roms

Rom steht in dem wohlverdienten Ruf, sich wissenschaftlichem Fortschritt entgegenzustemmen. Es war nicht nur gegen Galilei und Darwin, sondern auch gegen fast jeglichen medizinischen Fortschritt. Jahrelang verbot es das Sezieren von Leichen, die, so die Begründung, den einen unverweslichen Knochen enthielten, der für die Auferstehung nötig sei. Das kam einem Verbot von Anatomie und Pathologie gleich. Rom war gegen die Narkose, besonders für gebärende Frauen, weil sie laut Genesis unter Schmerzen Kinder gebären sollten. Männer durften natürlich betäubt werden, denn Gott hatte Adam in einen Schlaf versetzt, bevor er ihm eine Rippe entnahm.

Beinahe verdammte Rom auch Impfungen. Leo XII. (1823 bis 1839) sagte, Impfungen gegen Pocken seien gegen das Naturrecht, und verbot sie während einer Epidemie im Kirchenstaat. Er konnte keine Rechtfertigung dafür sehen, einem gesunden Organismus eine noch so milde Dosis Pocken zuzuführen, um einen Menschen später vor einer schwereren Erkrankung zu schützen. Hieße das nicht, Böses zu tun, damit später Gutes bewirkt wird? Zum Glück behielt die Vernunft die Oberhand. Für Paul VI. und die Empfängnisverhütung läßt sich das nicht sagen.

1965, als das Bevölkerungswachstum das rapideste der Geschichte war, sagte er ohne Ironie vor der UN-Vollversammlung: »Sie müssen danach streben, Brot zu vermehren, damit es für die Tische der Menschheit ausreicht, statt eine künstliche und unvernünftige Geburtenkontrolle zu fördern, um die Zahl der Gäste beim Gastmahl des Lebens zu verringern.« Pauls Rede erinnerte mich an einen Kleriker im 19. Jahrhundert, der gefragt wurde, ob es die Pflicht eines Paares sei, sich zu mehren, selbst wenn es auf einer winzigen Insel lebte, die nur zwei Menschen ernähren könne. Er antwortete mit einem Ja. Auf die Frage: »Würde das nicht bedeuten, daß entweder beide Eltern verhungern oder die Familie halb verhungern würde?« erwiderte er: »Nicht unbedingt. Gott würde ihnen vielleicht helfen, Steine in Brot zu verwandeln.«

Johannes Pauls Wiederholung des Ausspruchs von Mao Zedong, Empfängnisverhütung sei »unblutiger Völkermord«, ist eine Katastrophe, vor allem für die Dritte Welt. Hätten sich China oder Indien vor zweihundert Jahren zum Katholizismus bekehrt, dann hätte die Menschheit keine Hoffnung mehr. Im Mai 1991 klagte Frances Perrow von der International Planned Parenthood Federation (Internationaler Verband für geplante Elternschaft), daß Überzeugungsversuche zur Beschränkung von Familien in katholischen Ländern zunehmend von der Kirche behindert würden. Sie sagte: »Wir haben einen Hardliner-Papst im Amt, der erklärt hat, es sei besser, daß ein AIDS-krankes Paar riskiert, ein infiziertes Kind zu haben, als daß es ein Kondom verwendet.«

Brasilien hat die größte katholische Bevölkerung der Welt, und ihm droht das demographische Verhängnis. Sieben Millionen Menschen leben auf der Straße, die Hälfte davon sind Analphabeten. Tausende von Babys werden in Städten wie São Paulo ausgesetzt, weil ihre Eltern zu arm sind, um sie aufzuziehen. Millionen haben weder Elektrizität noch fließendes Wasser. Jede Minute jedes Tages stirbt ein Kind in den ersten Lebensmonaten an einer Krankheit, an Fehlernährung oder Vernachlässigung. Da die Kirche Empfängnisverhütung verbietet, benutzen nur 2 Prozent der Männer Kondome. Folglich haben sich über 40 Prozent der fruchtbaren Frauen sterilisieren lassen, obwohl das ein Verbrechen ist. So tragisch das auch sein mag – es ist besser als der Fall des katholischen Chile, wo die meisten Schwangerschaften mit Abtreibung enden.

In *Sie sterben an unserem Geld* zitiert Susan George eine Frau aus La Paz in Bolivien: »Weil alles so teuer ist, gebe ich meinen Kindern kein Frühstück mehr. Mittags gebe ich ihnen etwas Reissuppe. Ich kaufe jetzt keinen Zucker ... Was das Essen betrifft, muß ich zurechtkommen, so gut ich kann, denn Kinder kommen nicht ohne Essen aus. Manchmal sage ich mir: ›Ich werde meine Kinder jemandem geben.‹ Aber dann stelle ich mir vor, wie meine Eltern mich bestrafen könnten – das ist es, was ich fürchte.«

70 Prozent aller schwangeren Frauen in Bolivien sind unterernährt. Kein Wunder, daß vier von zehn Kindern weniger als fünf Jahre alt werden. Eine bolivianische Journalistin, die ich kürzlich in Seattle kennenlernte, sagte: »Warum läßt dieser Papst mein Volk nicht in Ruhe? Will Gott, daß wir uns mehren und die Erde mit Not erfüllen? Ist der Papst Analphabet, daß er nichts über mein Land liest? Oder ist er unmoralisch, daß er kein Mitgefühl für uns hat?«

In Peru agitieren die Kommunistische Partei, die Terrororganisation »Leuchtender Pfad« und die Kirche gegen die Empfängnisverhütung. Bei einer Umfrage von 1991 sagten 84 Prozent der Frauen, sie wollten keine weiteren Kinder, aber nur 26 Prozent hatten Zugang zu irgendeiner Form von Geburtenkontrolle.

Kolumbien hatte bis 1965 keine Dienste zur Familienplanung, hauptsächlich wegen der Opposition der katholischen Kirche. Dann gründete der junge Arzt Fernando Tamayo, der über das Bevölkerungswachstum von 3,4 Prozent pro Jahr besorgt war, den Verband »Familia« zur Familienplanung. Nach *Humanae Vitae* attackierten die kolumbianischen Bischöfe Tamayo erbittert; doch er hielt durch – in dem Wissen, daß fünf Kabinettsminister ihre empfängnisverhütenden Mittel von ihm bekamen. Der Dienst war höchst erfolgreich. Hunderte von Ärzten schlossen sich ihm an, und in den Städten entstanden 47 Kliniken. Heute sind in Lebensmittelläden ausgerollte Kondome neben Sardinen und Waschpulver zu sehen.

Von katholischen Priestern wird nicht erwartet, daß sie Bordelle mit Kondomen beliefern, daß sie wie andere Kirchen nach dem Gottesdienst Pillen anbieten oder Gratissterilisationen für Männer in der Sakristei anbieten. Dennoch hätte man sich von ihnen vielleicht mehr erhofft als Bemerkungen wie »Gott schickt jedes Kind mit einem Laib Brot unter dem Arm.« Zum Glück sind Kolumbianerinnen schlechte Katholikinnen. Sie wissen, daß sie und nicht die Priester ihre Kinder ernähren, kleiden und erziehen müssen.

Selbst Bischöfe können lernen. 1989 drohten philippinische Bischöfe, zu einem Steuerboykott aufzurufen, wenn öffentliche Mittel für Empfängnisverhütung ausgegeben würden. Ein Jahr später hingegen sagten sie, die Regierung sei verpflichtet, die Bevölkerung einzudämmen, die in einem Jahrzehnt von 62 auf 75 Millionen anzuwachsen drohte, während für die Hälfte der Menschen nicht genug sauberes Wasser, Nahrung und medizinische Versorgung da war. Jetzt unterstützen die Bischöfe ein Programm, das Abtreibung verbietet, den Paaren aber erlaubt, ihre Methode der Geburtenkontrolle selbst zu wählen; eine von diesen Methoden ist die natürliche Familienplanung. Es ist ein kleiner Sieg der Vernunft. Wir brauchen weit größere Siege.

Die Kirche sollte um wirksamere und billigere Methoden der Empfängnisverhütung beten und die Forschung fördern. Sie sollte aufhören, naiv zu sein, und begreifen, daß Entwicklung mehr bedeutet, als für Nahrung und sauberes Wasser zu sorgen. Ein Land braucht Verkehr und eine grundlegende Infrastruktur in Form von Straßen, Lagerhäusern und Kühlanlagen. Es braucht Schulen, Krankenhäuser, Kanalisation, Elektrizitätswerke, Arbeitsplätze und einen ständigen Nachwuchs an gut ausgebildeten Ingenieuren, Lehrern, Ärzten, Krankenschwestern, um das System funktionsfähig zu halten. Der Fortschritt in diesen Bereichen kann mit dem exponentiellen Bevölkerungswachstum nicht Schritt halten. Die Folge? Mehr Bäume werden als Brennholz und zur Landerschließung gefällt, Grassteppen werden überweidet, Ackerland erschöpft, der Regen wird noch saurer und die Ozonschicht noch dünner werden. Die Menschen werden so hungern, daß sie keines ihrer Probleme bewältigen.

Außerdem sollte die Kirche immer wieder auf den Skandal hinweisen, daß Millionen verhungern, während andere im Überfluß leben. Die Kluft zwischen Reich und Arm wächst ununterbrochen. Paul Erlich schätzt, daß die Amerikaner, die nur 4 Prozent der Weltbevölkerung ausmachen, 33 bis 50 Prozent der Ressourcen der Welt verbrauchen. Die Dritte Welt braucht gerechtere Bedingungen für den Handel mit den reichen Ländern. Sie braucht mehr Rechte für Frauen, bessere Landwirtschaft, ein Ende der Korruption in Politik und Verwaltung, und sie muß aufhören, den größten Teil ihrer Einkünfte für Waffen auszugeben.

Es muß freilich auch gesagt werden, daß die Weltwirtschaft zusammenbrechen würde wie der Ostblock, wenn der kapitalistische Westen plötzlich sparte und nur das Nötige konsumierte. Die Folge wäre noch mehr Hunger; kein Land könnte dann den Notleidenden helfen. Es gibt keine Patentlösungen.

Zukunftsstrategien

Wenn ein Land darangeht, seine Bevölkerung zu stabilisieren, gibt es eine unvermeidbare Übergangszeit, in der die Zahlen zunächst weiter ansteigen, bis sie schließlich ein Gleichgewicht erreichen. Für die meisten Länder ist die Stabilisierung, bei der jedes Paar im Schnitt 2,2 Kinder hätte, noch in weiter Ferne. Fachleute sagen übereinstimmend, daß jeder Tag uns näher an die Grenze dessen bringt, was unser Planet aufnehmen kann.

Demographen sagen, der Westen sollte bedacht wählen, welchen Entwicklungsländern er hilft. In manchen von ihnen sind Geburten- und Sterberate bereits so aus dem Gleichgewicht, daß man sie sich selbst überlassen sollte. Soldaten, die auf dem Schachtfeld sterben, würden nicht behandelt, damit sich die Ärzte um die potentiellen Überlebenden kümmern können. So sei es auch eher schädlich als nützlich, Menschen zu ernähren, die keine Chance auf ein besseres Leben haben wie in Bangladesch oder am Horn von Afrika. Es verzögere nur die Vollstreckung des Todesurteils. Wofür werden sie am Leben gehalten? Dafür, immer hungrig und krank zu sein, ohne Freude, ohne Freiheit, um schließlich zu sterben, ohne je wirklich gelebt zu haben. Manche sind sogar dagegen, Entwicklungsländern ohne angemessene Kontrolle des Bevölkerungswachstums Medikamente zu geben. Ist es moralisch, fragen sie, den Tod einzudämmen, ohne die Geburten einzudämmen? Verursachen unsere Medikamente, ohne daß gleichzeitig Kondome, Antibabypillen und Pessare weitergegeben werden, nicht noch mehr Leid?

Christen lehnen diese Gedanken, ab; sie glauben, daß jeder, der die Hungrigen speist, Christus speist. Wenn die Welt das Wettrüsten finanzieren kann, kann sie auch Leben in der Dritten Welt retten. Doch dies ist auf Dauer eine zweischneidige Sache. Abgesehen von allem anderen bedeutet es, daß reiche Länder großzügig gegen arme sind. Unsere Priorität muß es sein, alle zu überzeugen, daß es kein uneingeschränktes Recht auf Kinder gibt und daß jedes Kind ein Wunschkind sein sollte. Ohne Geburtenkontrolle wird humanitäre Hilfe Millionen von Menschen ein Leben erhalten, das keines ist. Arme Länder müssen begreifen, daß eine Verdoppelung ihrer Bevölkerung mehr als doppelt soviel Hunger, Krankheit und Slums bedeutet.

Familienplanung rettet Leben – das der Mutter, der Kinder, der Familie. Solange sie das nicht lernen, wird weiterhin der Storch Seite an Seite mit dem Geier fliegen. Radio und Fernsehen senden schon jetzt per Satellit Informationen über Empfängnisverhütung in die abgelegensten Dörfer. Fernsehserien in konservativen Ländern wie Indien, Kenia, Pakistan, Mexiko und Brasilien vermitteln bereits die wichtige Botschaft, daß Kinder nicht die einzige Alterssicherung sind.

Schließlich empfehle ich meinen katholischen Glaubensgenossen mehr Ehrlichkeit gegenüber der päpstlichen Haltung zur Geburtenkontrolle. Allzu viele von uns ähneln dem Höfling im Märchen, der eine Kuh muhen hört und seufzt: »Oh, die Prinzessin singt so schön.« Wenn die Welt noch Chancen hat, der Katastrophe zu entgehen, so verdankt sie sie der späten Einsicht von 51 Prozent der Dritte-Welt-Länder, daß sie die Fruchtbarkeit mit wissenschaftlichen Mitteln kontrollieren müssen, weil sonst Milliarden an Hunger sterben werden. Rom gibt weiterhin die alten, unrealistischen Vorschriften von sich, und dadurch ist es unfähig, den Armen der Welt zu dienen, wie es das möchte. Es wäre hilfreich, wenn immer mehr Katholiken offen sagten, daß ein Muh eben ein Muh ist.

8.

PRIESTERLICHES ZÖLIBAT: EINE PERSÖNLICHE PERSPEKTIVE

1956 wurde ich zum Priester geweiht. Wie die meisten anderen hatte ich keine Vorliebe für das Zölibat, akzeptierte es aber, weil es dazugehörte. Es half, daß man uns sagte, das Zölibat sei ein höherer Stand als die Ehe. Es gab auch praktische Vorteile. Wir hatten keine Familie zu versorgen. Die Theorie war, daß wir mit unserer Gemeinde verheiratet waren und unsere Liebe breiter verteilen konnten.

In der sechs Jahre dauernden Ausbildung hatten wir viele Kurse über obskure metaphysische Themen, aber nicht einen über Sex oder Zölibat. Kurz vor der Weihe ließ uns ein Professor für Moraltheologie zu Paaren an seinen Schreibtisch treten und zeigte uns mit rotem Gesicht Zeichnungen der männlichen und weiblichen Anatomie, wobei er sorgsam vermied, mit dem Bleistift das Papier zu berühren. Leider war ich nicht gut in Querschnittszeichnungen, und ich lernte wenig. Ein ergänzender Vortrag wurde von einem schottischen Priester gehalten, der Chirurg gewesen war. Dieser sehr nervöse Mann beschrieb den Geschlechtsverkehr wie eine Panzerschlacht zwischen Rommel und Montgomery. Hinterher wischte sich der Klassenclown über die Stirn und sagte: »Gott, ich weiß immer noch nicht, wer gewonnen hat.« Damals gab es kein Fernsehen, um unsere Wissenslücken zu schließen, und Zeitschriften waren verboten. Ich bekenne, als ich geweiht wurde, wußte ich, wie Babys sich entwickeln, wo sie aus der Mutter herauskommen, aber ich war absolut ahnungslos, wie dieses Wunder – wie ein Kamel, das durch ein Nadelöhr geht – möglich sei. Übrigens qualifizierte ich mich als Klassenbester zum Abnehmen der Beichte.

Nach der Weihe las ich H. C. Leas Klassiker *History of Sacerdotal Celibacy* (Geschichte des priesterlichen Zölibats) und war schockiert. Nicht nur Bischöfe, sondern auch viele Päpste hatten ein Leben der Promiskuität geführt. Bis dahin hatte ich naiv angenommen, daß ich als Priester in eine Kaste von Männern eingetreten war, die im großen und ganzen nicht nur ehelos, sondern auch keusch gewesen waren.

Dem amerikanischen Soziologen W. W. Richard Snipe zufolge bietet noch immer kein einziges Priesterseminar in den USA einen Kurs über das Zölibat oder seine Geschichte an. Offenbar verpflichten sich noch immer junge Männer für ein außerordentliches Unterfangen, über das sie nach dem Willen der Oberen wenig oder gar nichts wissen. Gibt es eine Blindenschule, die verabsäumt, ihren Schülern beizubringen, mit der Blindheit zurechtzukommen?

Zölibat als Deprivation

Das Zölibat bewirkt die grundlegendste Deprivation: die des Tastsinnes. Durch ihn haben wir die erste und stärkste Überzeugung, tiefer als durch Worte, daß wir einen Wert haben. Diese Erfahrung beginnt vor der Geburt und wird danach bestätigt; und wir versuchen unser ganzes Leben lang, den Trost der körperlichen Nähe zu jemandem, der uns liebt, wiederzufinden.

Die Ehe bringt den wahren Charakter des Menschen an den Tag. Der Entschluß eines Mannes, ein guter Vater zu sein, wird auf die Probe gestellt, wenn ein Baby ihn im Schlaf stört oder ein Kind etwas sagt, das ihn wütend macht. Es ist demütigend, festzustellen, wie schwer es ist, Christ zu sein. Man sagt sich: »Wenn ich so mit Menschen umgehe, die ich liebe, wie würde ich dann mit denen umgehen, die ich hasse?« Für mich ist es selbstverständlich, daß jede Lehre über Sex und Ehe die Weisheit und Demut verheirateter Menschen braucht. Der grundlegendste Unterschied ist nicht etwa der zwischen Juden und Heiden, Mann und Frau, Sklaven und Freien, sondern der zwischen Menschen mit und denen ohne Kindern.

Ich bewundere Menschen, die auf die Ehe verzichten, um anderen zu dienen. Sie sind der lebende Beweis, daß Ehe nicht der einzige Weg ist, um ganz Mensch zu werden. Allerdings halte ich für schlecht, daß die Ehelosigkeit einem Mann, der eine ganz andere Berufung hat, nämlich die zum Priester, praktisch aufgezwungen wird. Dieses Junktim von Priesteramt und Zölibat hat unermeßlichen Schaden angerichtet. Wenn ich das nicht durch mein Studium der Kirchengeschichte gelernt hätte, dann durch meine eigene Erfahrung in 40 Jahren. Im einzelnen:

1. Die gegenwärtige Disziplin der römischen Kirche entstellt die Spiritualität, wenn sie darlegt, das Zölibat sei der Stand der Vollkommenheit – dann ist nämlich die Ehe der Stand der Unvollkommenheit. Der riesige Anteil der Ehelosen unter den Kanonisierten bestätigt den Eindruck, Ehe sei ein Hindernis für Heiligkeit.

2. Das Zwangszölibat bringt mit sich, daß es immer weniger Berufungen für das Priesteramt gibt. Das Zölibat ist ein Götze geworden. Die Kirche zieht es vor, eine ehelose Priesterschaft zu behalten, selbst wenn es dadurch immer weniger Priester gibt, um die Eucharistie zu feiern.

3. Ein ausnahmslos zölibatärer Klerus hat zu einer vereinfachenden und törichten Lehre über Sex und Ehe geführt, und zu wenige Priester haben sich qualifiziert gefühlt, ihr zu widersprechen.

4. Ein ausschließlich männlicher Klerus hat zur Abwertung der Frau geführt. Stellen Sie sich ein Land vor, wo 50 Prozent der Männer Bärte haben und alle Spitzenpositionen an die Bärtigen gehen. Oder ein Land, wo alle Spitzenpositionen an die Linkshänder gehen. Weitblickende Eltern würden ihre Söhne anhalten, sich Bärte wachsen zu lassen oder die linke Hand zu gebrauchen. In der römischen Kirche sind alle Spitzenposi-

tionen mit Männern besetzt. Das spricht Bände darüber, wie die Kirche wirklich über Frauen denkt, trotz aller Süßholzraspelei.

Dieses Kapitel ist schwer zu schreiben, weil viele Katholiken es als Vertrauensbruch oder zumindest als Anschwärzen meiner eigenen Gemeinschaft empfinden werden. Alle Katholiken haben die Güte von Priestern erfahren. Das Ideal priesterlicher Heiligkeit ist ihnen lieb und wert. Doch Gregor der Große hat gesagt: »Wenn die Wahrheit einen Skandal auslöst, ist es besser, einen Skandal zuzulassen, als die Wahrheit aufzugeben.« Schuldig fühle ich mich nur dafür, daß ich dieses Kapitel nicht schon vor Jahren geschrieben habe. Und obwohl ein eheloser Klerus sein Gutes hatte, muß ich dem Theologen Petrus Comester aus dem 13. Jahrhundert beipflichten: »Der Teufel hat der Kirche nie so geschadet wie die Kirche sich selbst, als sie Priester zur Ehelosigkeit zwang.«

Obwohl Moraltheologen berechtigt sind, ihre Erfahrungen aus der Beichte allgemein gehalten zu verwenden, habe ich beschlossen, mein umfangreiches Wissen aus diesem Bereich überhaupt nicht zu verwenden. Die traurige Wahrheit ist: Ich brauche es nicht.

Priesterliches Fehlverhalten

Als ich in Rom studierte, las ich im *Messaggero*, daß ein französischer Priester ein Mädchen geschwängert hatte. Er hatte eine Heidenangst, das Kind würde ihm ähnlich sehen, und verabredete sich eines Abends mit der Schwangeren im Wald. Dort erstach er sie und riß ihr praktisch die Eingeweide heraus. Er wollte sichergehen, daß das Gesicht des Kindes nicht erkannt würde. Abgesehen von der Blutrünstigkeit der Tat, entsetzte mich die Predigt beim Begräbnis des Mädchens. Der Priester sprach von dem Mörder als einem zweiten Judas, der seinen Herrn verraten habe. Das fand ich fürchterlich. Das System, das solches Entsetzen in einem Priester bewirkte, mußte mitschuldig sein.

Im Lauf der Jahre wurde ich immer wieder mit Tragödien von Priestern konfrontiert, die ich kannte und bewunderte. Einer schwängerte eine verheiratete Frau. Der Ehemann merkte, daß das Kind nicht von ihm war, und beging Selbstmord. Ein anderer, mit dem ich eng befreundet war, schwängerte ein Mädchen und weigerte sich dann, es zu sehen, mit ihm zu sprechen oder zum Unterhalt seines Sohnes beizutragen – ein Verhalten, das gar nicht seinem Charakter entsprach. Die Betroffene, eine gute Katholikin, ging stolz davon. Schließlich ließ er sich laisieren und heiratete eine andere.

Der Bischof einer Diözese, der viele Frauen geliebt hatte, wurde einmal, nachdem er ein Mädchen geschwängert hatte, so in Panik versetzt, daß er Erkundigungen über eine Abtreibung anstellte. Ein Priester, den ich kannte, schlief mit der Frau seines Bruders. Ich kannte mehrere Priester, die homosexuell waren und wegen sexueller Nötigung in öffentlichen Toiletten verhaftet wurden. Als Professor in einem Priesterseminar hatte ich mit dem Fall eines Studenten zu tun, der einem Jungen in einer benachbarten Schule Liebesbriefe schrieb. Er war unabhängig davon so wenig qualifiziert, daß wir vom Lehrkörper ihn ungern zur Priesterweihe empfehlen wollten. Wir informierten seinen Bischof über die Briefe in dem Glauben, er würde ihn umgehend feuern. Statt dessen versetzte er ihn an ein anderes Seminar. Zwei Jahre nach seiner Ordination kam der Mann ins Gefängnis, weil er Jugendliche sexuell mißbraucht hatte.

In der Londoner Gemeinde, wo ich in den 60er Jahren diente, gab es drei nicht mehr amtierende Priester. Einer von ihnen, Jack, hatte 40 Jahre zuvor geheiratet und war noch immer exkommuniziert. Damals entließ der Vatikan Priester nicht. Jack war über 80 und praktisch taub; oft hielt er mich auf der Straße an und berichtete mir in der vollen Stärke seiner mächtigen Stimme von der Gesundheit seiner Frau. Er zitierte auch gern aus Predigten, die er in seiner Jugend gehalten hatte.

Mein Gemeindepfarrer Pater Alfonso, ein spanischer Graf, wollte, daß Jack wieder Zugang zu den Sakramenten haben sollte, und schrieb deshalb etliche Jahre Brief um Brief nach Rom. Endlich kam der Bescheid, der festlegte, daß Jack und seine »Komplizin« – beide damals zusammen 150 Jahre alt und mit mehreren Kindern im mittleren Alter und Enkeln – wie Bruder und Schwester zu leben hätten. Wenn sie noch einmal »fielen«, müßte Jack den ganzen kanonischen Prozeß erneut durchmachen.

Damit das alte Paar Jacks Keuschheitsgelübde auch hielt, befahl der Generalvikar der Diözese, es müsse in getrennten Zimmern schlafen. Pater Alfonso wies darauf hin, daß ihr Haus im Zweiten Weltkrieg von einer Bombe getroffen worden war; es war nur noch der Keller da. Der Generalvikar erlaubte, daß sie im selben Zimmer schliefen, aber in getrennten Betten. Selbst das war nicht einfach. Das einzige Zimmer diente auch als Küche und Eßzimmer. Pater Alfonso kaufte dem alten Jack ein Einzelbett, das ihn entzückte, aber seine Frau erzürnte. Jedesmal, wenn ich sie besuchte, jammerte sie: »Ich habe immer gewußt, Hochwürden, daß die Kirche ihn sich am Ende wieder schnappen würde.«

Als sie starb, ging Jack, schon ziemlich senil, für eine Probezeit von mehreren Monaten in ein Kloster. Dort lernte er wieder, das Brevier zu beten, und übte die Riten der Messe. Endlich gab Rom ihm die Erlaubnis zu zelebrieren. Ich war bei seiner ersten Messe nach über 40 Jahren dabei. Er las sie mit großer Andacht, obwohl man ihm an einer Stelle sagen mußte, daß er die Wandlung ausgelassen hatte. Ich freute mich für ihn, obwohl es mir wenig sinnvoll vorkam. Seine Frau hatte recht gehabt: Die Kirche wollte ihn nur wiederhaben, egal wie.

Wer dies liest, könnte sich fragen: »Warum die Vergangenheit ausgraben?« Die Antwort steht im nächsten Kapitel, wo ich zeige, daß Rom nach wie vor zu noch abstruseren Entscheidungen fähig ist, wenn es um Priester geht.

Etwa zu der Zeit, als ich Jack besuchte, lernte ich einen

älteren Mann im Krankenhaus kennen, der als Katholik registriert war. Ich kann mich nicht erinnern, je ein traurigeres Gesicht gesehen zu haben. Er sagte, daß er die Sakramente nicht empfangen konnte, weil er ein verheirateter Priester war. Sein ganzes Leben war erfüllt vom Gefühl der Schuld und des Versagens.

Das Zwangszölibat schien mir eine grausame Disziplin angesichts der Tatsache, daß so viele Jungen aus Arbeiterfamilien ins Seminar gesteckt und dort gratis unterrichtet wurden. Sie wollten Priester werden, bevor sie wußten, was Sex, geschweige denn was Zölibat ist. Die Kirche nahm keine Rücksicht auf Unterschiede zwischen Menschen, überdachte auch nicht die Möglichkeit, daß in diesem System Männer ausgebildet werden könnten, die ganz ungeeignet für das Zölibat waren.

Einmal traf ich mit einem nicht mehr amtierenden Priester namens Tom zusammen. Er erzählte mir von seinen Kindern – Zwillingstöchter von sieben Jahren und einem jüngeren Kind – und von einem Besuch des Bischofs. Dieser hatte ihm versprochen, er würde, wenn er seine Komplizin und seine unehelichen Kinder verließe und ins Priesteramt zurückkehrte, für den Unterhalt seiner Kinder sorgen, bis diese alt genug seien, ihr Leben selbst zu gestalten. Das konnte Tom nicht tun. Er fühlte sich verantwortlich für seine Familie. Schließlich konnte er seinen Frieden mit Gott machen, unter der üblichen Bedingung, daß er und seine »Komplizin« wie Bruder und Schwester lebten.

Eine Frau erzählte mir, daß sie mit einem nicht mehr amtierenden Priester verheiratet war. Der Gemeindepfarrer hatte sie besucht, als sie mit ihrem fünften Kind schwanger war – sie bekam insgesamt elf. Dieser Priester sagte ihr, ihr »sogenannter Ehemann« solle in den Dienst zurückkehren. »Und was ist mit unseren Kindern?« fragte sie ihn. Er antwortete: »Ich bringe sie in einem netten Waisenhaus unter.« Sie wies ihm die Tür.

1969 organisierte ich eine Bittschrift an den Vatikan mit dem offensichtlich naiven Vorschlag, jedem Priester, der aus dem

Amt scheiden wollte, dies innerhalb eines Monats nach seinem Antrag zu erlauben. Ich war überzeugt, das würde so manche traurige, manchmal auch schmutzige Geschichte zu einer Art anständigem Abschluß bringen. Die Bittschrift war von 400 Priestern unterzeichnet, und Kardinal Heenan sandte sie nach Rom. Eine Antwort kam nie.

Aus meiner jahrelangen Erfahrung als Seminarprofessor wußte ich, daß viele Priester nur wegen irgendwelcher Neigungen ihrer Eltern geweiht wurden. Manche Jugendliche wurden ermutigt, Priester zu werden, weil ihre Väter sich wegen ihres Gebrauchs von Kondomen schuldig fühlten oder etwas zum Angeben in der Kneipe haben wollten. Oder ihre aufopfernden Mütter hofften auf ein besonderes Plätzchen im Himmel oder wollten sichergehen, daß ihre Söhne den Klauen anderer Frauen entgingen. Nach Jahrzehnten frage ich mich noch immer: Warum kann der Vatikan nicht zugeben, daß manche Priester, ihre Eltern, ihr Seminar oder ihre Professoren sich geirrt haben? Warum tut Rom der Kirche nicht den Gefallen und läßt Priester, die von Problemen mit Sexualität und Identität überwältigt werden, in Würde gehen?

Ich bin vielen Frauen begegnet, die Priester liebten. Eine, an die ich mich besonders gut erinnere, war Lehrerin. Selten habe ich einen so gequälten Menschen gesehen. Die Liebe zu einem Priester hatte ihr Leben ruiniert. Sie hatte keine Freunde, denn Freunde stellen Fragen, und andere Männer hätten sie gerne geheiratet. Eines Tages ging der Priester, den sie liebte, zu einem Amtsbruder, der weltklug im schlimmsten Sinn des Wortes war. Wir alle müßten durch die dunkle Nacht der Seele gehen, sagte er und gab dem Priester den Rat, mit möglichst vielen Frauen zu schlafen, um die eine zu vergessen.

Ich werde immer wieder mit derartigen Fällen konfrontiert, zum Teil als Reaktion auf mein Buch *Gottes erste Diener*. Eine Nonne mit dem Namen Teresa schrieb mir von einem Priester, dem sie einst nahegestanden hatte. Er wollte sie heiraten, aber Teresa sagte ihm, sie bleibe bei ihrer Berufung. Nach acht

Jahren kam er wieder und sagte, die Zeit werde knapp; er wollte unbedingt verheiratet sein und ein Kind haben. Sie antwortete, daß sie sich mehr denn je ihrem Lebenswerk verpflichtet fühle. Teresa schrieb mir, daß sie ihn einst geachtet hatte, ihn aber jetzt nur als jemanden sah, der Mitleid brauchte. Zwei Monate nach ihrem letzten Treffen schrieb er, daß er zum Bischof ernannt worden war. Es machte ihr Sorgen, daß ein Priester, der eine Nonne anflehte, ihn zu heiraten, bald andere für ein eheloses Priesteramt weihen würde.

Eine andere Frau, Julie, bat mich, sie in einem Hotel zu treffen. Sie war eng befreundet mit einem Priester, erzählte sie, aber er verdarb alles, weil er sie drängte, mit ihm zu schlafen. Sie bezahlte einen gemeinsamen Urlaub. Außerdem machte sie ihm teure Geschenke, darunter eine goldene Uhr. Nach ihrer endgültigen Weigerung, mit ihm ins Bett zu gehen, ging er fort, ohne auch nur seinem Bischof Bescheid zu sagen. Er meldete sich nie wieder bei Julie, aber nach einiger Zeit erfuhr sie, daß er mit einer Frau, die verheiratet war und zwei Kinder hatte, davongelaufen war.

Wenn ich mit Priestern und ehemaligen Priestern zusammenkomme, sind wir alle jedesmal erstaunt zu hören, wie viele von unseren Kollegen Alkoholiker sind, schwere Zusammenbrüche hatten, mit einer Frau liiert waren und sich für eine Abtreibung entschieden oder in einer Dauerbeziehung mit einer Frau leben. Manche sind in jeder Hinsicht inoffiziell mit ihrer Haushälterin verheiratet, andere sind Schürzenjäger. Erst kürzlich hörte ich vom Ableben eines befreundeten Priesters und von der Klausel in seinem Testament, die besagte, daß er keinen Priester an seinem Grab haben wollte.

Die traurigsten Fälle sind jene Priester, die sich durch Selbstmord von den Pflichten des Amtes dispensieren. Solche Fälle werden von der Amtskirche fast immer vertuscht oder mit Geisteskrankheit begründet.

Das obligatorische Zölibat wurde beim Vaticanum II offen diskutiert, doch dann legte Paul VI. ein Veto gegen jede Diskussion darüber ein. Im Januar 1971 erließ er neue Richtlinien für Priester, die aus dem Amt scheiden wollten. Sie waren nicht gerade christlich, aber sie hatten eine gewisse Menschlichkeit. Er erlaubte Tausenden von Priestern, in Würde zu gehen.

Für Johannes Paul II. war Paul VI. zu weich gewesen. 1980 erließ er seine eigenen »Richtlinien zur Laisierung«. Sie reflektieren seine Vorstellung, daß Priester eine Klasse für sich seien und sich deshalb anders kleiden und von Frauen fernhalten müssen. Laisierung wurde wieder zur Schande, zu einer Form des Verrats. Seit 1980 ist es schwer, dispensiert zu werden. Der scheidende Priester muß beweisen, daß bei seiner Ordination Zwang oder Furcht im Spiel war oder daß er, da schon vor langer Zeit ausgeschieden, sich so eng an eine Familie gebunden fühlt, daß seine Rückkehr unwahrscheinlich ist. Tatsächlich weiß ein Priester nach sehr kurzer Zeit, daß er nie zurückkehren wird.

Im April 1981 bat der alte Kardinal Pellegrino den Papst, »Erbarmen mit diesen Brüdern in Christus zu zeigen. Ich kenne so viele, die sich, wenn die neuen Vorschriften in voller Schärfe angewandt werden, gegen die Kirche wenden werden, obwohl sie eigentlich tatkräftig mit ihr zusammenarbeiten wollen. Ich finde hier einen Mangel an Gespür für die Zeichen der Zeit.«

Johannes Paul sah das anders. Ein nicht mehr amtierender Priester muß den Preis zahlen, sogar indem er in einer für den Papst sündigen Beziehung zu einer Frau und mit unehelichen Kindern bleibt. Die Richtlinien funktionieren so: Priester dürfen ohne Dispens nicht heiraten. Johannes Paul verweigert ihnen den Dispens und beschuldigt sie der Sünde, wenn sie heiraten. Er sagt ihnen praktisch: »Erst wenn ihr lange genug gesündigt habt, werde ich euch vielleicht eine christliche Ehe erlauben.« Das Gleichnis vom verlorenen Sohn ist umgeschrieben worden – im Stil des Vatikans. Ein Diener der Kurie sagt dem Heiligen Vater, daß sein Sohn heimgekommen ist. Der Heilige Vater befiehlt ihm, draußen zu bleiben. Erst wenn er beschließt, ihm zu vergeben, darf der Missetäter hereinkommen und wird dispensiert. Wann das geschieht, wird nicht gesagt, und die Vergebung wird alles andere als vollständig sein. Der verlorene Sohn darf nie wieder in der Kirche dienen, nicht einmal als Kommunionhelfer. Ein Expriester ist weniger als ein Laie.

Kirchenrechtler haben darauf hingewiesen, daß die gegenwärtigen Vorschriften des Zölibats gegen die Menschenrechtserklärung der Vereinten Nationen und gegen das Grundrecht auf Ehe verstoßen. In manchen katholischen Ländern bekommt ein nicht dispensierter Priester oft nicht einmal die einzige Arbeit, für die er qualifiziert ist: die des Religionslehrers. Auch seine Frau bekommt oft keinen Posten in katholischen Schulen.

Jüngst rief mich der nicht mehr amtierende Priester Tim an. Vor Jahren, nachdem er für drei Laisierungsanträge von Rom nicht einmal eine Empfangsbestätigung bekommen hatte, heiratete Tim im Standesamt. Dann kam aus heiterem Himmel der Dispens. Der Papst war nun überzeugt, daß Tim lange genug in Sünde gelebt hatte, und »erlaubte« ihm endlich, sein Recht wahrzunehmen, kirchlich zu heiraten. Tim weiß nicht, ob er das annehmen soll oder nicht. Er und seine Frau waren vier Jahre lang exkommuniziert von einer Kirche, der zu dienen einst sein Stolz war. Jetzt wurden sie eingeladen zurückzukommen, weil ein Bürokrat im Vatikan ein Formular unterschrieben hatte. War es richtig, so zu tun, als hätte irgendein namenloser Bevollmächtigter soviel Macht oder als hätte dieser Vorgang irgend etwas mit der Frohen Botschaft Christi zu tun?

Eine seltsame Geschichte

Vor einiger Zeit lernte ich auf einer Party einen Priester kennen, der so nervös redete, daß man Mühe hatte, ihm zu folgen. Wir sprachen viel über oberflächliche Dinge, tauschten Erinnerungen an die Zeit im Seminar und an manche skurrilen Priester aus, die wir beide kannten. Eine Woche später bekam ich einen langen Brief von ihm in einer fast unleserlichen Schrift.

»Sie sind Schriftsteller«, begann er, »wollen Sie diese Geschichte vielleicht als warnendes Beispiel verwenden?« Hier ein Auszug aus dem Brief.

»Es tut mir leid, Sie sind wahrscheinlich seit langem fertig mit Leuten, die an Ihrer Schulter weinen oder schimpfen; aber wenn ich nicht jemandem sage, in welchem Chaos mein Leben ist, werde ich sterben. Ihre Frau war neulich abend nicht auf der Party, aber seltsam, als ich mit Ihnen sprach, fühlte ich, daß ich zwei Menschen vor mir hatte – oder vielleicht einen Menschen, der abgerundet ist, während ich nur ein halber Mensch bin? Ich haßte Sie wirklich dafür. Tut mir leid. Ich tue es immer noch. Warum schreibe ich Ihnen dann? Ich weiß es nicht. Wenn ich diese Tirade fertig habe, werde ich sie vielleicht zerreißen.

Vor zehn Jahren lernte ich bei einer Katechetenkonferenz eine schöne, junge Lehrerin kennen und verliebte mich in sie. Sie hatte rotes Haar, aber das ist nicht wichtig. Ich war acht Jahre älter, und sie war noch nicht lange aus dem College, und auch das ist nicht wichtig. Wir verliebten uns. *Das* ist wichtig. Wir gestanden einander unsere Liebe. Die nächsten sechs Jahre waren die wunderbarsten und schmerzhaftesten meines Lebens.

Wir trafen uns heimlich und gingen miteinander durch die dunklen Straßen der Stadt, meist in Arbeitervierteln. Wir waren sehr vorsichtig, es war jede Woche ein anderer Ort, manchmal zweimal pro Woche. Ich nahm meinen Kragen ab, wir hielten uns an der Hand und betrachteten die Häuser; wir wünschten uns, wir könnten verheiratet sein und einen Ort zum Wohnen haben, wo wir allein zusammensein konnten. Jeder Ort wäre uns recht gewesen, eine kleine Wohnung im Parterre, ein Terrassenhaus. Wir schauten sehnsüchtig in die Fenster, und selbst Streit hörte sich für uns an wie Musik. Wir sahen Fernseher und Licht in Schlafzimmern, und wir dachten, welches verdammte Glück die Leute hatten, die im Paradies lebten, während wir ausgeschlossen waren. Wenn wir nur ein schäbiges Zimmer gehabt hätten, das uns gehörte, das wir zusammen einrichten konnten, wo wir zusammen aufwachen konnten.

Wir haben nie richtig miteinander geschlafen. Den Grund habe ich Jenny nie gesagt: Sie trug ein Kruzifix am Hals. Das brachte mich dazu, sie zu respektieren. In unserem gemeinsamen Urlaub lagen wir aber nackt nebeneinander und umarmten uns. Danach hatte ich dieses Gefühl, an meiner Berufung Verrat zu begehen. Allein daß ich mich in Gegenwart der Frau auszog, die die Kirche meine ›Komplizin‹ und ich ›meine Einziggeliebte‹ nannte, war wie eine Rebellion gegen die Kirche – das System, meine ich, nicht die Menschen, denen ich diente und die mich, glaube ich, als erste verstanden hätten. Doch das Schuldgefühl war wie ein ständiger Schrei in meinem Kopf und meinem Herzen.

Jede Messe war ein Sakrileg, jede Hostie, die ich jemandem auf die Zunge legte, eine Anklage gegen meine Lebensweise. Sündern in der Beichte Absolution zu erteilen war sehr schmerzhaft. Wie konnte ich, ein verstockter Sünder, über andere richten? Ich ging zur Beichte, gewöhnlich in einer Jesuitenkirche in der Stadtmitte, wo ich unbekannt war. Die Priester waren voll Mitgefühl. Ich fragte mich, ob es daran lag, daß sie diesem Problem selbst schon begegnet waren, so daß sie Erbarmen haben mußten.

Mich zu bessern war nicht leicht. Es war unmöglich. Mit Jenny fühlte ich mich lebendig. Wenn ich sie nicht sah, war ich wie ein bleiches Gespenst, nichts in mir, kein Hirn, kein Bauch, nur Leere wie in einer Trommel. Oft fühlte ich mich, als wäre ich vor langer Zeit gestorben. So manchen Morgen wachte ich auf und fühlte mich sehr krank. Nicht nur Kopfschmerzen, sondern Daseinsschmerzen, wenn Sie verstehen, was ich meine, als wäre ich an Leib und Seele infiziert mit ... Nichtsein. Als würde ich von einem nagenden Nichtsein zerfressen, bis ich so dünn war wie eine Hostie.

Als das Schuldgefühl am schlimmsten war, bat ich Jenny um eine Trennung für eine Weile, um zu sehen, ob wir ohne einander zurechtkämen. Ich fühlte mich besonders schuldig, weil ich wußte, daß sie sich, solange sie mich liebte, nie in einen anderen verlieben konnte – einen, der sie glücklich machen, ihr ein Zuhause und Kinder geben würde.

Traurig, ohne sich je zu beklagen, erzählte sie oft, daß sie alle ihre Freunde verlor. Sie konnte sich ihnen nicht anvertrauen, weil sie fürchtete, mich zu verraten. Sie gab vor, sie müsse Unterricht vorbereiten und Männer interessierten sie nicht. Eine ihrer Freundinnen glaubte, sie sei lesbisch, und begann, ihr Avancen zu machen. Sie konnte nicht einmal vorausplanen, weil mein Pastor ein echter Mistkerl war und meinen freien Tag immer wieder in letzter Minute verlegte. Vielleicht hatte er einen Verdacht. Doch es bedeutete, daß Jenny nie wußte, wann ich einen freien Tag oder Abend hatte. Sie blieb immer in der Nähe des Telefons, falls ich doch noch anrief und sie treffen konnte.

Auch ich führte ein Doppelleben. Ich konnte meinen Eltern nicht von Jenny erzählen, denn das hätte sie empört. Jahrelang hatte ich sie jede Woche besucht. Das gab ich auf. Mutter hätte mich im Bruchteil einer Sekunde durchschaut. Ich konnte sie nicht anrufen, weil ich kein Telefon hatte. Ich schrieb ihnen hin und wieder eine Karte, wieviel in der Gemeinde zu tun sei, zitierte meine Predigten, schrieb ihnen, wie viele Menschen ich bekehrte. Das war wahr. Obwohl ich voller Qual war, bekehrte ich viele. Eines Abends bekam ich einen echten Schreck, als einer von ihnen, ein Zwanzigjähriger, mir sagte, daß der Bischof ihn als Priesterkandidaten akzeptiert hatte. Wie seltsam, ein miserabler Priester wie ich wurde gleichsam Vater eines anderen.

Die Belastung wurde unerträglich, als meine Mutter plötzlich starb. So kam es mir jedenfalls vor. Mehr Schuldgefühle. Ich hatte sie seit über sechs Monaten nicht gesehen oder gehört. Ich zelebrierte die Totenmesse und brach in Tränen aus. Gott, war mir das peinlich! Es war eine Zeit, als Jenny und ich es wieder einmal damit versuchten, uns nicht zu sehen. Irgendwie hatte sie vom Tod meiner Mutter erfahren, wie, weiß ich nicht, und ich sah sie am Rand des Friedhofs, unter einem Baum, einem Baum ohne Blätter; sie wagte nicht, sich dem Grab zu nähern, doch sie wollte einer Frau, die sie nie kennengelernt hatte, die letzte Ehre erweisen. Ich hatte ihr Bilder gezeigt, und Jenny sagte immer: ›Du bist ihr sehr ähnlich. Sie muß sehr nett sein.‹

Danach war ich zu meiner Schande fast froh, daß meine Mutter tot war. Wenn ich vom Priesteramt zurücktrat, würde ich ihr nicht das Herz brechen. Mein Vater hat die Religion nie so ernst genommen. Zum erstenmal dachte ich wirklich daran aufzugeben. Es war nicht leicht. Ich hatte keine andere Ausbildung. Ich war 38. Was sollte ich tun? Wie überleben, ohne eine Gemeinde zum Betreuen zu haben? Ich würde ein Niemand werden.

Ich traf Jenny wieder, obwohl nichts entschieden war. Sie hat wirklich keinen Augenblick lang irgendwelchen Druck ausgeübt. Sie wußte, wenn sie das täte, würde ich entweder sie aufgeben oder das Priesteramt und dann ihr die Schuld geben. Ich will ehrlich zu Ihnen sein. Sie wußte, daß ich ein widerlicher Feigling war, und liebte mich trotzdem.

Einmal fuhr sie Ostern zu ihrem Vater, der wie meiner Witwer war. Ich hörte nichts von ihr. Kein Brief, kein Anruf. Ich war in Panik. Sie mußte sich in jemanden aus ihrer Heimatstadt verliebt haben, vielleicht einen alten Schulfreund. Ich spielte den Gedanken hoch, bis ich sie schließlich mit allen Namen unter der Sonne beschimpfte, Hure, Schlampe und so weiter. Ich war kurz davor hochzufahren, um sie zu finden, als jemand bei einem Treffen der Legio Mariae ihren Namen nannte und bat, für sie zu beten. Jenny hatte einen schlimmen Autounfall gehabt, und es war nicht sicher, ob sie überleben würde.

Ich war am Boden zerstört. Wenn sie starb, dachte ich egoistisch, was würde dann aus mir? Ich hatte keine Wahl, als zu warten, zu warten. Drei Monate später erhielt ich einen Brief. Er kam aus dem Krankenhaus. Jenny schrieb mir von dem Unfall, und daß sie auf dem Weg der Besserung war. Aber sie verstand es als ein Zeichen von Gott, daß wir uns auf Dauer trennen sollten.

Ich wußte nicht, was ich tun sollte. Vielleicht war es Gottes Wille. Ich dankte Ihm, daß sie nicht tot war und daß sie nicht von meinen Sünden belastet gestorben war. Ich fürchtete immer einen plötzlichen Tod, der mir keine Zeit ließe, zu bereuen oder auch nur den Akt der Buße zu sprechen. Ich glaube nicht an das ganze Zeug über die Hölle, aber ich habe eine Heidenangst davor. Vielleicht sagte Gott uns, daß dies die letzte Chance sei, die Sache in Ordnung zu bringen.

Ich schrieb zurück und dankte ihr auf fremd-kalte Weise; es sei vielleicht besser, diese Gelegenheit zu ergreifen, um Schluß zu machen. Aber ich war noch immer zu feige. Ich konnte die Einsamkeit nicht ertragen, den Gedanken, für immer ohne sie zu sein. Sie aufzugeben war nicht wie das Trinken oder Rauchen aufgeben. Ich hatte beides aufgegeben, als Opfer für Gott, weil ich mein Gelübde gebrochen hatte, als Zeichen meines guten Willens. Doch Jenny aufgeben war wie eine Trennung vom größten Teil meiner selbst. Wie war Heiligkeit möglich, ohne heil zu sein, ohne vollständig zu sein? Wie konnte ich anderen helfen, wenn ich gebrochen und verkrüppelt war?

Eines Tages fuhr ich nach Norden in das Krankenhaus. Ich gab vor, auf Pastoralvisite zu sein, und fragte nach der Adresse einer ehemaligen Patientin. Doch Jenny war noch dort, in einer

Spezialstation. Sie war von der Gürtellinie abwärts gelähmt. Sie würde nie wieder gehen oder fühlen.

Wie betäubt fuhr ich fort und ging in eine Kneipe. Wie viele Halbe ich getrunken habe? Fragen Sie mich was Leichteres. Ich fuhr heim, so muß es gewesen sein, aber ich erinnere mich nicht an die Fahrt. Jenny hatte mit mir gebrochen, weil ihre Gesundheit gebrochen war. Sie muß gedacht haben, jetzt sei sie es nicht mehr wert, daß ich mein Priesteramt für sie aufgab.

Die nächsten Tage waren endlos. Ich schlief sechs Nächte nicht, nicht einmal mit Bergen von Tabletten. Ein einziger, langer Alptraum. Ich dachte an sie, wie sie monatelang dort lag, ohne ein Wort von mir, ohne einen Besuch. Ich fühlte mich wie ein Verbrecher. Ich hatte sie verlassen, als sie mich am meisten brauchte. Ich hätte den Mut haben sollen, das Priesteramt gleich aufzugeben, sie zu heiraten, Kinder mit ihr zu haben, ihr ein Zuhause zu geben, in dem sie glücklich sein konnte; dann wäre dies nie passiert, oder vielleicht nicht. Wenn ich abends zu Bett ging, war das Einzelbett ein Vorwurf für mich, der Beweis, daß ich eine Laus war, kein Mann. Jedes Kind, das ich auf der Straße sah oder das am Sonntag getauft wurde, tat mir weh. Ich dachte, dieses Kindlein, Junge oder Mädchen, hätte meines sein können. Meines und Jennys. Jetzt war sie für immer verkrüppelt, ohne eine einzige Erinnerung der Liebe, an die sie sich in den einsamen Jahren klammern konnte, die vor ihr lagen.

Ich dachte, es gibt nur eine Lösung. Ich werde das Priesteramt aufgeben und sie bitten, mich zu heiraten. Ich werde, wenn nötig, mein ganzes Leben damit verbringen, mein schäbiges, feiges Verhalten ihr gegenüber gutzumachen. Aber würde sie das zulassen? Ich wußte, sie würde sagen, der beste Weg, ihr zu helfen, wäre, ein guter Priester zu sein.

Als ich endlich den Mut aufbrachte, zu ihr zu fahren, sagte sie genau das. Sie käme schon zurecht. Was sie nicht ertragen könnte, wäre, daß ich das Amt für eine Frau aufgab, die keine Frau war, die mir nie Kinder gebären konnte. Es wäre ein schlechter Handel, sagte sie ohne eine Träne, eine Gemeinde von einigen hundert Personen aufzugeben, um Krankenpfleger für eine zu werden. Selbst Gott würde das unverzeihlich finden ...

Sie schreibt mir noch immer, nach drei Jahren. Sie lebt jetzt zu Hause bei ihrem alternden Vater. Sie liest viel. Manchmal schreibt sie mir Briefe von einem Dutzend Seiten.

Und ich? Ich lebe nur äußerlich. Ich liebe sie mehr denn je. Ich weiß nur nicht, wie ich die nächsten 30 oder 40 Jahre überstehen soll.

Im Seminar war ich nicht besonders intelligent, aber ich galt als geistig überaus gesund. Jetzt werde ich verrückt. Manchmal denke ich, ich brenne meine Kirche ab, nur so zum Spaß. So räche ich mich an der Institution. Dann können sich die Wichser von Kirchenrechtlern und Moraltheologen und mein verdammter Arsch von Bischof damit auseinandersetzen. Die würden mich wahrscheinlich in eine Zwangsjacke stecken, und dahin gehöre ich wohl auch.

Aber meine wirkliche Angst, die alle anderen auslöscht, ist – Gott, ich kann es kaum in Worte fassen –, meine wirkliche Angst ist, daß meine Erinnerungen an Jenny, ihre Briefe, die gelegentlichen Anrufe nicht genug sein werden, daß ich mich in eine andere verliebe, die gesünder und näher ist, die meine Stirn streichelt, wie Jenny es tat. Und Jenny, meine süße, verkrüppelte, rothaarige Jenny hört davon und sagt: ›Ja, geh mit ihr, mach' nicht zweimal denselben Fehler.‹

Wenn ich je in diese Versuchung komme, weiß ich, daß ich kein zweitesmal falle. Priester oder nicht, ich werde mir mit Sicherheit mein elendes, unnützes Leben nehmen. Und das ist das Seltsame: Ich weiß, wenn ich im Land der Toten erwache, wird Jesus als erstes zu mir sagen: ›Mein Sohn, ich verstehe dich.‹«

[illegible]

[illegible]

[illegible]

[illegible]

[illegible]

[illegible]

9.

ZÖLIBAT: DIE BREITERE PERSPEKTIVE

Ein amerikanischer Bischof sagte kürzlich zu mir: »Ich habe so wenige Priester, daß es in vielen meiner Gemeinden keine Messe mehr gibt. Alles, was ich tun kann, ist, Nonnen und Laien darin auszubilden, am Sonntag Wortgottesdienste zu halten.« Er lächelte wehmütig. »Wenn Johannes Paul lange genug lebt, könnte meine ganze Diözese protestantisch werden.« Das gleiche ließe sich auch über Brasilien sagen. Ein geheimes Memo der brasilianischen Bischofskonferenz von 1990 gibt an, daß wegen des Priestermangels jedes Jahr 600 000 Katholiken protestantisch werden.

In den letzten 20 Jahren sind bis zu 120 000 Priester – ein Viertel aller aktiven Priester der Welt – aus dem Amt geschieden, hauptsächlich wegen des Zölibats. Meine Erfahrungen mit dem Zölibat sind ganz eindeutig nicht einzigartig.

Ausgeschiedene Priester

1978 verbot der Bischof von Lincoln im US-Bundesstaat Nebraska seinen Priestern zu sterben; er hatte schon zu wenige. In den USA wird es bald mehr ausgeschiedene als aktive Priester geben. Zur Zeit gibt es dort 30 000 aktive und 19 000 ausgeschiedene Diözesangeistliche. 42 Prozent gehen innerhalb von 25 Jahren nach ihrer Ordination, sechs von zehn heiraten einstige Nonnen. Kein Berufsstand verliert so viele Mitglieder so bald nach der Qualifikation. Das Durchschnittsalter aktiver Priester in den USA liegt heute bei 55; 1966 war es 47. Im Jahr

2000 wird die Zahl halbiert und das Durchschnittsalter 65 sein. Der Klerus vergreist rasch.

Nachwuchs ist nicht in Sicht. Vor 25 Jahren gab es 50 000 junge Priesterkandidaten, jetzt beginnen die Seminare das akademische Jahr mit etwa 7500 Studenten. Obwohl viele Priesterkandidaten relativ alt beginnen, steigt die Zahl derer weiter, die während des Studiums aussteigen. In ihrer Verzweiflung schaltete eine Diözese im amerikanischen Mittelwesten eine Anzeige im *Playboy*, um vielleicht den einen oder anderen hoffnungsvollen hl. Augustinus zu interessieren.

Anderen Ländern geht es nicht besser. Wenige Priester gehen mit einem Eklat wie der damals 32jährige Peter Nenning von der Kirche St. Stephan im oberösterreichischen Wels. Im Sommer 1991 verkündete er auf der Kanzel, er werde ausscheiden, weil er die Last des Zölibats nicht mehr tragen könne. Seine Gemeinde applaudierte ihm. Die meisten Priester gehen still, aber sie gehen.

Hier einige Zahlen über ausgeschiedene Priester. Österreich: 600, Irland: 1000, Großbritannien: 2000, Niederlande: 2100, Belgien: 2200, Brasilien: 4000, Spanien: 8000, Italien: 10 000. In Deutschland sieht es nicht anders aus.

Von Bambergs 358 Pfarreien haben 100 keinen Priester. Kardinal Meisner von Köln hat prophezeit, die Zahl der Priester werde in seiner Diözese bis zum Jahr 2000 von 1050 auf 748 sinken. Wenn nicht ausgeschiedene Priester zurückkommen dürfen und Frauen und Verheiratete ordiniert werden, wird er vielleicht die meisten seiner Pfarreien schließen müssen. In Kanada geben die Bischöfe zu, daß die Zahl der Priester in 20 Jahren um 26 Prozent gesunken ist. Im Jahr 2000 werden über 85 Prozent älter als 50 sein. Ich weiß von einer französischen Diözese, in der alle acht frisch ordinierten Priester vor ihrem ersten Osterfest gingen. In Irland gibt es 57 Prozent weniger Bewerber für den geistlichen Stand als vor 20 Jahren. Die Hauptstadt Dublin produziert nicht einmal halb so viele Priester, wie sie braucht. Der verstorbene Kardinalprimas sagte voraus, Irland müsse vielleicht Priester aus Afrika importieren.

Von 1978 bis 1988 sank die Zahl der Priester weltweit um 4 Prozent, während die der Gläubigen anstieg. Obwohl das Zahlenverhältnis Priester – Laien in Amerika noch das beste der Welt ist – 1 zu 991 –, sind über tausend Gemeinden ohne Priester. In Afrika kommt ein Priester auf 4249 Gläubige.

In Südamerika haben Pfarreien bis zu 10 000 Mitglieder. Wenn ein Priester fünf Sonntagsmessen liest, ist das ein Tropfen auf den heißen Stein. Viele Katholiken leben in Dschungelgebieten ohne Straßen. Priester können sie vielleicht einmal im Jahr erreichen. Der Vatikan schlägt ihnen vor, Hostien zu konsekrieren, die in künftigen Wochen und Monaten von Laien ausgegeben werden können. Unrealistisch. Nur wenige Kirchen sind einbruchssicher, und bei der Hitze würden die Hostien ohnehin verrotten.

Verlorene Hirten

Beängstigender als der Exodus der Priester ist die Zahl derer, die bleiben und ein Doppelleben führen. Das sind die wirklich verlorenen Hirten.

Vor einigen Jahren wurde berichtet, der 69jährige Kardinal Jean Danielou, ein angesehener Theologe und Mitglied der Académie Française, sei gestorben, als er einen Freund besuchte; er habe über Schmerzen in der Brust geklagt. Es wurde ruchbar, daß die Polizei zu einem Pariser Bordell gerufen worden war und dort Seine Eminenz tot in den Armen einer 24jährigen Prostituierten namens Mimi Santoni gefunden hatte, als Laie gekleidet und mit den Taschen voller Geld.

1981 ermittelte die Anklagekammer gegen den 73jährigen konservativen Erzbischof von Chicago, Kardinal John Patrick Cody; er stand im Verdacht, der 74jährigen Witwe Helen Wilson steuerfreie Kirchengelder zugeschanzt zu haben. Der

Kardinal hatte verschiedentlich behauptet, Frau Wilson sei seine Nichte, Cousine, Schwester. Sie war tatsächlich nur entfernt mit ihm verwandt, über eine angeheiratete Tante. Cody sagte, er sei bereit, denen zu vergeben, die ihn fälschlich beschuldigt hätten, »aber Gott wird ihnen nicht vergeben«. Zum Glück für den Vatikan ging Cody nur ein Jahr später zu einem Gott, der möglicherweise weniger nachsichtig ist als er.

Im Mai 1990 nahm Eugene Marino, der erste schwarze katholische Bischof in den USA, Urlaub. Mitarbeiter behaupteten, der liebenswürdige, hart arbeitende Erzbischof von Atlanta, der 56 Jahre alt war, leide an Erschöpfung. Ein paar Monate später kam die Wahrheit heraus: Der Bischof hatte zwei Jahre lang eine Beziehung zu der 27jährigen ledigen Mutter Vicky Long unterhalten. Frau Long sagte, sie und der Bischof hätten einander 1988 in einem New Yorker Hotel privat das Ehegelöbnis gegeben. Er schloß eine Lebensversicherung zu ihren Gunsten ab, zahlte ihre Arztkosten, half ihr beim Kauf eines Hauses und gab ihr 1500 Dollar zum Lebensunterhalt. Frau Long hatte zuvor in einer Vaterschaftsklage gegen den Priester Donal Keohan aus Georgia 2,3 Millionen Dollar verlangt. Blutuntersuchungen ergaben zwar, daß er nicht der Vater ihrer Tochter war, aber die Diözese zahlte ihr eine Abfindung. Kurz nachdem der Marino-Skandal aufflog, bekannte ein anderer Priester, Michael Woods, auf der Kanzel seiner Kirche St. Jude's in Georgia, daß auch er eine Affäre mit Frau Long gehabt hatte. Sie leugnete dies, obwohl Woods wie Marino ihr regelmäßig Geld hatte zukommen lassen.

Viele Bischöfe und Priester auf Abwegen müssen ihr Gewissen beruhigen, indem sie vorgeben, es wäre schlechter für die Kirche, wenn sie gingen. Dies ist vielleicht der Grund, warum ein 78jähriger Benediktiner aus Österreich, der vier Kinder und ein Enkelkind hat, kürzlich sagte, es sei nie ein Problem für ihn gewesen, seine Rolle als Vater mit seiner Arbeit als Priester zu vereinbaren.

Ein irischer Priester auf Abwegen

Die Iren haben eine Redensart: »Das könnte auch einem Bischof passieren.« Im Mai 1992 passierte es. Irland wurde durch einen Skandal um Eamonn Casey erschüttert, den angesehenen und beliebten Bischof von Galway. Er war mein persönlicher Freund, ein Mann von enormer Tatkraft und gutem Willen, im ganzen Land berühmt als Anwalt der Heimatlosen und Armen auf der ganzen Welt. Dann wurde bekannt, daß ihm 1974 die Amerikanerin Annie Murphy den Sohn Peter geboren hatte.

Als dies ruchbar wurde, verschwand der Bischof ohne jede Erklärung aus Irland – um den Rest seiner Tage in der südamerikanischen Mission zu verbringen, wie es hieß. Zuerst löste sein Fehltritt eine große Welle der Sympathie für ihn aus, bis befremdliche Details ans Licht kamen. Dann kam ein Sturm der Empörung.

Er hatte Annie offenbar in seinem eigenen Haus in Inch, auf der schönen Halbinsel Dingle in der Grafschaft Kerry, verführt und neun Monate lang ein leidenschaftliches Liebesverhältnis mit ihr gehabt. Annie, damals 25, hatte gerade eine schlimme Scheidung hinter sich, weshalb ihr Vater sie auf den Vorschlag seines langjährigen Freundes, des Bischofs, nach Irland schickte. Eamonn meinte, in der alten Heimat würde sie sicher wieder Frieden finden. Als Annie aus dem Flugzeug stieg, verliebte er sich in sie; am ersten Abend hielt er ihre Hand. Im Laufe der nächsten drei Wochen kam er im Nachtgewand in ihr Schlafzimmer, küßte sie wach und tanzte in schierem Übermut um ihr Bett.

»Er kam zu mir ins Bett«, sagte sie, »und wir liebten uns die ganze Nacht. Doch um 5 Uhr stand er auf, damit die Haushälterin ihn nicht bei mir im Bett erwischte.« So machten sie es nun immer. In den Armen des Bischofs fühlte sie sich verzaubert, wie in einer magischen Seifenblase, auf hauchzarten Flügeln schwebend.

Die Realität war weniger romantisch. Innerhalb weniger Monate hatte der Bischof sie geschwängert. Als ihr Vater, ein frommer Katholik, erkannte, daß sein alter Freund sein Vertrauen mißbraucht hatte, betrat er nie wieder eine Kirche.

Als der Bischof immer mehr Angst wegen der Schwangerschaft bekam, zeigte er die ganze Frauenfeindlichkeit seiner Kirche. Zuerst schickte er Annie nach Dublin, wo sie als Telefonistin arbeitete, dann arrangierte er, daß sie ihr Kind in einem Heim gebar, das von Nonnen geführt wird; dort sollte das Baby seiner Mutter weggenommen und zur Adoption freigegeben werden.

Zuvor hatte der Bischof versucht, Annie einzureden, sie sei Eva, die Verführerin. Sie sei eine Magdalena, moralisch ungeeignet, ein Kind zu erziehen. Sie könne ihre Sünde nur büßen, indem sie ihr Kind einer Familie überlasse, die besser als sie geeignet sei, für es zu sorgen.

Annie weigerte sich und nannte dieses Ansinnen »schrecklich und unglaublich«. Sie erkannte es als fromme Erpressung. Sie hatte die Bewegungen des Kindes in sich gespürt; sie liebte es mehr als Eamonn und wollte es behalten.

Vier Stunden nach der Geburt ihres Sohnes Peter am 31. Juli 1974 besuchte der Bischof sie im Krankenhaus. Der Fürsprecher von Gerechtigkeit und Barmherzigkeit, der Anwalt der Kinder in der Dritten Welt, hatte kaum einen Blick für seinen eigenen Sohn in der Wiege. Auch war ihm gleich, wer das Baby taufte; selbst konnte er es kaum tun. Wie konnte er auf den Taufschein schreiben: getauft von Bischof Eamonn Casey, patre ignoto, Vater unbekannt? Das wäre eine Lüge gewesen.

Annie zog in ein Heim für ledige Mütter, wo sie als Schlampe und Hure angesehen wurde. Sie wurde noch mehr gedemütigt. Das Heim war wie ein Gefängnis; sie brauchte einen Paß, um auszugehen. Der Bischof erschien wieder. Die Nonnen verbeugten sich, machten Kratzfüße, küßten den Ring dieses Mannes, der sich weigerte, seinem Sohn seinen Namen zu geben. »Wie nett von Seiner Exzellenz, eine gefallene Ausländerin zu besuchen.«

Als sie allein waren, holte der Bischof vorbereitete Adoptionspapiere hervor und drängte Annie, sie zu unterschreiben. Sie lehnte ab; er solle sich seine Papiere »sonstwohin stecken«. Sie behielt ihr Kind und dadurch ihren Glauben und ihren Gott. Später, als sie noch immer in dem Heim lebte, litt sie an einer schweren Thrombose im linken Bein, und der Arzt riet ihr, kein weiteres Kind zu haben.

Bald danach flog Annie von Dublin nach Amerika, praktisch mittellos und im Rollstuhl. »Peter«, erzählte sie, »mit seinem dichten, rotgoldenen Haar und den funkelnden blauen Augen, kuschelte sich in meine Arme, und ich wußte, nicht alles war in der Zerstörung des Krieges zertrampelt worden, denn er war mehr als Magie; er war das Wunder, von dem ich geglaubt hatte, ich würde es nie im Arm halten.«

Wieder daheim in Connecticut, bat sie den Bischof um Unterhalt für das Kind. Sie fand, sie habe ein Recht darauf, und außerdem besaß Eamonn mehrere große Häuser, fuhr einen Lancia und einen Mercedes und gab regelmäßig Diners in teuren Hotels, die bis zu 900 Dollar kosteten. Er bot ihr 100 Dollar im Monat an. Sie drohte, nach Rom zu gehen und einen Amtsvormund für sein Kind zu bestellen, wenn er nicht großzügiger wäre. Nach vier Jahren erhöhte er die monatlichen Zuwendungen auf 265 Dollar pro Monat. Ihre Wohnung allein kostete 400 pro Monat.

Im April 1989 besuchte Annie Murphys jetziger Lebensgefährte Arthur Pennell Bischof Casey in Galway. Er erzählte, daß er den Sohn des Bischofs in den letzten sieben oder acht Jahren erzogen habe und daß Peter nun sehr darunter leide, seinen Vater nicht zu kennen beziehungsweise von ihm nicht anerkannt zu sein. Eamonn hatte sich bis dahin geweigert, auch nur am Telefon mit Peter zu sprechen. In diesem Gespräch deutete der Bischof an, Peter sei nicht sein Kind, sondern der Sohn des Portiers in dem Dubliner Hotel, wo Annie gearbeitet hatte. Annie war empört.

Im Juli 1990 erklärte sich der Bischof bei einem Besuch in

New York bereit, ihr für ihr Schweigen eine Abfindung von 115 000 Dollar zu zahlen. Bei diesem Besuch trafen er und Annie sich im Grand Hyatt Hotel. Im Foyer begrüßte er sie mit enormer Wärme und Berührungen, so daß Annie schrie: »Laß das!« Er wußte weder, daß sein Sohn hinter einem Pfeiler stand und zusah, noch, daß ein Freund von Annie die Begegnung für die Nachwelt auf Video aufnahm.

Als Peter, inzwischen 17 Jahre alt, daraufhin selbst mit einer Vaterschaftsklage drohte, bot der Bischof über einen befreundeten Priester 150 000 Dollar an; der Anwalt des Jungen erwiderte, er solle die Summe bis zu einer halben Million erhöhen. Der Junge weigerte sich letzten Endes, überhaupt Geld anzunehmen, obwohl er es für sein Studium benötigt hätte. Er zog es vor, die Welt wissen zu lassen, daß Eamonn Casey sein Vater war.

In all den Jahren seit Peters Geburt hatte der Bischof keinen Kontakt zu seinem Sohn. Die einzige Begegnung zwischen Vater und Sohn fand 1990 in der Kanzlei von Annies Anwalt in Manhattan statt, als Peter 16 war. Der Bischof hatte seinem Sohn nichts zu sagen. Er hörte kühl und distanziert zu, wie Peter erzählt, sagte ihm, daß er zweimal täglich für ihn bete, und ging nach nur vier Minuten.

Die irische Öffentlichkeit verstand sehr bald, warum der Junge verletzt und voller Ressentiments war. Er sagte: »Es gab Dinge, die der Bischof tun konnte, und andere, die er nicht tun konnte. Ich war eines von den Dingen, die er nicht tun konnte.« Der Bischof hatte sein eigenes Ansehen und das der Organisation, der er diente, für wichtiger gehalten als seine Vaterpflichten.

Später rief Annie Murphy den Bischof in Galway an und versetzte ihn in Todesangst, indem sie ihm von dem Video erzählte. »Ich sagte, du hast deine letzte Chance bekommen, jetzt ist Schluß«, berichtet Annie. »Ich sagte, ich bin imstande, Ostern nach Galway zu kommen und dir den verdammten Hut runterzuziehen.«

Der Bischof reagierte wieder mit Weglaufen. Wieder einmal hat Irland seine Probleme exportiert. Zuerst waren es Frauen, die eine Abtreibung brauchten, jetzt ein Bischof, der einen sicheren Hafen sucht. Er sagte jemandem, er wolle den Rest seines Lebens in einer Mission in Südamerika verbringen. Doch er hat seine erste Mission nicht erfüllt: aus seinem Sohn mehr zu machen als ein schmutziges Geheimnis, eine Halbwaise und einen Halbniemand. Er hätte sich zuerst mit diesem Jungen versöhnen müssen, dem er großes Unrecht zugefügt hatte. Er hätte sofort die leeren Stellen in dessen Geburtsurkunde ausfüllen und ihm den Namen Peter Casey geben müssen. Er müßte versuchen, sich für Peters Vergangenheit zu interessieren, für seine Gegenwart, seine Hoffnungen und Bestrebungen für die Zukunft. Peter will nicht sein Geld, nur seine Freundschaft. Blut ist dicker als Weihwasser. Er müßte seinem Sohn sagen, daß er gern an seiner Seite sein möchte, wenn er sein Studium abschließt, wenn er heiratet, wenn er Kinder hat.

Der Skandal wurde von den Medien ausführlich kommentiert. Die Bischöfe, die auf die Geschichte der 14jährigen Vergewaltigten mit Schweigen reagiert hatten, eilten zum Schulterschluß mit einem der Ihren. Manche Iren fanden es gut, daß er wenigstens nicht verhütet hatte. Ein Journalist schrieb, verliebte Bischöfe würden jedem einen Gefallen tun, wenn sie in Zukunft etwas zur Empfängnisverhütung täten, und ein anderer vertrat die Meinung, jeder sexuell aktive Mensch sollte Zugang zu Kondomen haben, besonders Bischöfe. Ein weiterer bat die Hierarchie, zu definieren, ob ein Bischof mit Kondom mehr sündige als ohne. Wieder andere sagten, es werde dem Bischof in der Ewigkeit hoch angerechnet werden, daß er keine Abtreibung vorgeschlagen habe. Tatsächlich waren 1973/74 keine empfängnisverhütenden Mittel erhältlich, am allerwenigsten in einem Bischofspalast, und kein Arzt hätte eine illegale Abtreibung durchgeführt, nicht einmal für einen Bischof.

In der allgemeinen Diskussion erklärte ein Mann offen, sein Vater sei Priester gewesen – er habe es nicht gewußt, bis er 40 Jahre alt war. Erst dann gestand die Frau, die er für eine Verwandte gehalten hatte, daß sie seine Mutter sei, und der Priester, der sie in den Ferien besuchte, sein Vater. Frauen riefen beim irischen Rundfunk an und erzählten, daß sie Affären mit Priestern gehabt hätten. Ein Schriftsteller und Expriester sagte aus, daß ihm in zwei Monaten über 20 Priester ihre Affären mit Frauen detailliert geschildert hätten. Ein praktizierender Priester behauptete, Dutzende von Priestern zu kennen, die mit Frauen zusammenlebten, sowie einen weiteren Bischof, der wie Casey eine Affäre gehabt habe, und einen dritten, der ihm vor Jahren dasselbe bekannt habe. »Drei solche Bischöfe, die ich kenne, in einem kleinen Land wie Irland – das ist ziemlich ernst«, meinte er.

Sogar der päpstliche Nuntius Dr. Emmanuel Gerada gab zu, er wisse von zehn Bischöfen, die in einer Beziehung mit einer Frau lebten. Ein Expriester sagte, Bischof Casey habe lieber den Bischofsstab gehabt als die Wiege, lieber den Bischofsring als einen Ehering, lieber Purpur als Windeln.

Zum Glück gab der echte Bischof Casey am 12. Mai 1992 eine Erklärung in Amerika ab: »Ich erkenne an, daß Peter Murphy mein Sohn ist und daß ich Peter und seiner Mutter Annie Murphy schweres Unrecht zugefügt habe ... Gebet, Führung und Gespräche sind eindeutig nötig, bevor endgültige Entscheidungen darüber erreicht werden, wie ich beginnen kann, die Schmerzen zu heilen, die ich verursacht habe, besonders bei Annie und Peter.«

Was machte diesen menschenfreundlichen Bischof so herzlos gegenüber seinem eigenen Fleisch und Blut, was brachte ihn dazu, das Wunderbarste zu leugnen, das er je getan hat, nämlich ein Kind zu zeugen? Es war die Disziplin des Zölibats, das Primat der Rolle vor der Menschlichkeit und der Institution vor der Nächstenliebe des Evangeliums. Die Tragödie war, daß die Institution ihn daran hinderte, in den Empfindungen wie ein Vater zu handeln. Insbesondere das Zölibat hatte ihn abgestumpft.

Eine bemerkenswerte Fußnote hat diese tragische Geschichte: Der Sprecher der irischen Hierarchie, Bischof Duffy, sagte, der Bischof hätte aus dem Amt scheiden müssen, sobald er wußte, daß er Vater werden würde, um dem Kind seine Fürsorge und Aufmerksamkeit zu geben. Es war das erstemal, daß ich einen Bischof meine eigene tiefe Überzeugung in dieser Frage aussprechen hörte.

Verheiratete Priester

Am 10. Juli 1990 stand in der *New York Times* ein Artikel »Wachsender Druck für einen verheirateten Priesterstand«. Er berichtete über Leo T., einen Priester, der als Militärkaplan arbeitet. In seiner Seminarklasse waren 13 Kandidaten; er ist als einziger übriggeblieben. Seit über zehn Jahren lebt er mit einer Frau zusammen. 1987 heirateten sie, und er adoptierte rechtskräftig ihre drei Kinder. Er verbringt die Woche bei seiner Einheit und die Wochenenden bei seiner Familie. Er kann es sich leisten, Priester zu bleiben, denn die Regierung zahlt ihm ein gutes Gehalt und gibt ihm eine Menge Freizeit. Diese Situation ist nicht ungewöhnlich in den USA.

1980 wurde Tom McMahon aus San Francisco nach 26 Jahren im Priesteramt zum Rücktritt aufgefordert. Es war schließlich seinem Bischof zu Ohren gekommen, daß McMahon seit fünf Jahren verheiratet war und zwei Kinder hatte. Priester, die Alkoholiker sind oder zu Prostituierten gehen, werden zum Bleiben gedrängt; wer heiratet, muß gehen.

A. W. Richard Sipe, der Autor von *A Secret World: Sexuality and the Search for Celibacy*, behauptet, 70 aktive Priester zu kennen, die verheiratet sind. In den USA muß es weit mehr geben. Sein Buch präsentiert die Früchte von 25 Jahren Forschung. Ein Prozent der Priester sind Transvestiten, fünf

Prozent konsumieren Pornographie oder onanieren zwanghaft, 80 Prozent onanieren zumindest gelegentlich. Zwanzig Prozent aller heterosexuellen Priester sind sexuell aktiv, und sechs bis acht Prozent experimentieren. Immer mehr Priester wollen oder dulden Abtreibung, wenn eine eigene Vaterschaft ansteht.

In vielen Teilen der Dritten Welt sind verheiratete oder quasi verheiratete Priester die Norm. Das war in der ganzen Kirchengeschichte gang und gäbe. Ein bolivianischer Bischof bekennt, daß es schwer sei, Namen für künftige Bischöfe vorzuschlagen, weil bis zu 95 Prozent seiner Priester mit einer Frau zusammenleben. Wenn er eine Visitation macht, sind Frau und Kinder des Priesters so klug, gerade jemanden in einem anderen Dorf zu besuchen.

Ein Paar von Zwillingsbrüdern aus Tirol arbeitete in der Mission in Zaire. Beide sind inzwischen verheiratet und behaupten, mehrere Bischöfe zu kennen, die verheiratet sind und Kinder haben. Ein Afrikaner ist kein Mann, wenn er nicht Frau und Kinder hat. Die größte Versuchung vieler afrikanischer Priester liegt nicht darin, eine Frau zu nehmen, sondern mehrere, wie es der Rest seines Stammes tut.

David Rice schreibt in *Shattered Vows* über Priester, die mit einer Frau liiert sind – auf den Philippinen mindestens 50 Prozent, in Brasilien 60 bis 70 Prozent, in Peru 80 und in Zaire an die 100 Prozent. Priester, in der Isolation ausgebildet, werden oft bei der ersten Begegnung mit einer Frau schwach. Die Bischöfe wissen: Wenn sie ihre Priester feuern, werden sie noch weniger haben als jetzt.

Rice schreibt: »Die Früchte des Zwangszölibats sind jene Tausende von Männern, die ein Doppelleben führen, Tausende von Frauen, deren Leben zerstört ist, Tausende von Kindern, die von ihren geweihten Vätern abgelehnt werden, ganz zu schweigen von Priestern, die mit Wunden leben, den psychiatrischen Fällen, den Alkoholikern und den Workaholics, den grauen, einsamen Gesichtern, den Kümmernissen und den

Huren, die das Leben so vieler Priester Jesu Christi elend machen.«

Homosexuelle Priester

Sipe gibt an, 20 Prozent der amerikanischen Priester hätten homosexuelle Neigungen, die Hälfte sei sexuell aktiv, viele mit Minderjährigen. In *Homosexuality in the Priesthood and Religious Life* deutet P. Robert Nugent, nach zwölfjähriger Recherche, ebenfalls an, daß 20 Prozent der Priester schwul sein dürften. Von 101 schwulen Priestern, die den Fragebogen von James G. Wolf für *Gay Priests* ausfüllten, gaben alle an, daß sie nach der Ordination weiter sexuell aktiv waren, 37 von ihnen oft.

Andere Studien zeigen, daß eine große Zahl katholischer Priester, darunter viele in einflußreichen Positionen, homosexuell aktiv ist. Dieses Verhalten wird von Bischöfen und Oberen oft geduldet, solange ihre Männer diskret sind. Schwule Priester versuchen ebenso wie heterosexuelle Amtsbrüder, ihr Tun rational zu erklären. Sie finden, die Kirche habe kein Recht, ihre Neigungen sündig zu nennen. Wie alle Homosexuellen fühlen sie sich ungerecht behandelt. Sie führen einfach ihr Leben, so gut sie können.

Man kann es Schwulen kaum zum Vorwurf machen, daß sie der traditionell schwulen Gesellschaft katholischer Priester beitreten wollen. So bekommen sie einen ehrbaren Beruf, ohne daß Fragen gestellt werden. Wenn sie aktiv sind, liefert er Deckung und Chancen für ihren Lebensstil. Niemand bezweifelt mehr, daß die Kirche es hier mit einem erheblichen Problem zu tun hat. Der amerikanische Soziologe und Priester Andrew Greeley sagt unverblümt, daß die Achtung vor dem priesterlichen Zölibat wegen eines nationalen Netzes homosexuell aktiver Kleriker gesunken ist.

Jüngste Erhebungen zeigen, daß der Anteil schwuler Priester

steil angestiegen ist. Meiner eigenen Information nach stellen sie jetzt zwei Drittel der Priesterkandidaten. Pater McBrien von Notre Dame sagt: »Heterosexuelle Männer beschließen in immer größerer Zahl, das Priesteramt nicht einmal in Betracht zu ziehen.« Die Moral in manchen Seminaren ist so, daß heterosexuelle Studenten sie nicht ertragen.

Selbst Katholiken ohne Vorurteile gegen Homosexuelle finden es seltsam, daß infolge des Zölibats bis zum Jahr 2010 die meisten amerikanischen Priester schwul sein werden. Dies sind Männer, die laut der offiziellen Lehre nicht ohne schwere Sünde gleichgeschlechtlich lieben können. 1986 nannte die Glaubenskongregation Homosexualität »in sich ungeordnet«. Dies bedeutet, daß Rom unwissentlich ein tiefes Ressentiment gegen sich selbst bei seinen vielen schwulen Priestern fördert. Es beleidigt sie, indem es die Diskriminierung von Homosexuellen bei Vermietern und Arbeitgebern fördert. Wie ein schwuler Jesuit sagte: »In meinen schlimmsten Momenten fürchte ich, ein Kollaborateur zu sein, indem ich eine Institution unterstütze, die Schwule unterdrückt.«

Priester, die sich an Kindern vergehen: Kanada

Ich erinnere mich, daß in meiner Kindheit unser stellvertretender Schulleiter, ein Priester, wegen Kindesmißbrauch seine Stelle verlassen mußte. Ich erinnere mich auch an einen kleinen Franzosen, der für eine Weile bei uns zu Hause lebte. Auf der Reise wurde er von einem Priester begleitet. Meine Eltern waren erschüttert, als der Junge von zwei Polizisten in Zivil gebracht wurde. Auf der Fähre hatte die Polizei den Priester dabei ertappt, wie er unseren kleinen Gast sexuell mißbrauchte. Wie die meisten Katholiken hielten meine Eltern solche Fälle für Ausnahmen. Das waren sie nicht.

In Kanada wurde die Kirche durch Enthüllungen gebeutelt, die sich lesen wie ein Alptraum. Es begann im Herbst 1987, als ein Opfer erzählte, wie es von einem Priester aus Neufundland sexuell mißbraucht wurde. James Hickey war 1982 prominent geworden, als er ein Verbot für Radiosendungen forderte, die die katholische Kirche verspotteten. Einige Jahre später wurde derselbe Hickey vor Gericht gestellt, und im September 1988 gestand er, 20 Vergehen an Jugendlichen über 17 begangen zu haben. Er bekam eine Gefängnisstrafe von fünf Jahren.

In weniger als zwei Jahren wurden 18 Priester, zumeist aus der kanadischen Provinz Neufundland, schwerer Vergehen an Schülern und Ministranten angeklagt; manche bekamen lange Gefängnisstrafen. Später wurden ähnliche Anklagen gegen sieben Priester in Manitoba erhoben.

Im Mai 1989 wurde eine angesehene Enquetekommission unter dem Anglikaner Gordon Winter eingesetzt, die eine Antwort auf die Frage finden sollte: »Welche Faktoren haben zum sexuellen Mißbrauch von Kindern bei einigen Klerikern geführt, und warum dauerte es so lange, bis die (katholische) Kirche auf ihr Fehlverhalten aufmerksam wurde?«

Der Bericht der Kommission war die wohl schärfste Anklage gegen römische Strukturen, die je geschrieben wurde. Er beleuchtete eine Kirche, die keine pastorale Fürsorge für die Opfer kennt. Selbst als die weitverbreiteten Vergehen bewiesen waren, galt ihre Hauptsorge dem eigenen Image. Sie versuchte, die Kinderschänder mit Tricks zu schützen und ihre eigene strafrechtliche und finanzielle Haftung einzuschränken. Die Priester, stand in dem Bericht, seinen nicht pädophil; sie drückten »regrediertes homosexuelles Verhalten« aus. Sie hätten einfach die sexuelle Seite ihres Wesens nicht entwickelt.

Die Kommission empfahl, überführte Priester sollten nie Seelsorger sein, ohne daß die Gemeinde Bescheid wisse, und »nie pastorale Verantwortung für Kinder bekommen«. Sie sah in der Tatsache, daß die Kirche eine geschlossene Gesellschaft in der Gesellschaft ist, ein schweres Problem. Sie schlug vor, daß »der Erzbischof [von Neufundland] sich zusammen mit den anderen Bischöfen Kanadas voll, direkt, ehrlich und vorbehaltlos mit Fragen auseinandersetzt, die die problematische Verknüpfung von Zölibat und Amtspriestertum aufwirft«. Leider leugnet der Vatikan diese Verknüpfung weiterhin.

Der Erzbischof, Alphonus Penney, wurde zum Rücktritt gezwungen. Er hatte ausgesagt, von den Behauptungen erst im November 1987 erfahren zu haben. Das war eine Lüge: Er hatte schon 1979 davon gehört – und seither nur gemauert. Er war mehr an der Institution interessiert als an den Opfern der Priester, denen die Kindheit gestohlen und die Zukunft verdüstert war.

Die Verderbtheit ging noch tiefer. 1989 sah ganz Kanada im Fernsehen die Zeugenaussagen vor der Hughes-Kommission. Monatelang sah man jeden Abend Männer, die weinend von der sexuellen Folter berichteten, die sie als Kinder in Mount Cashel im neufundländischen St. John's erlitten hatten, einem Waisenhaus, das von irischen Mitgliedern des katholischen Laienordens der Christian Brothers geführt wurde. Schon im Dezember 1975 hatte die Polizei 28 der 88 Jungen befragt und Hunderte von Aussagen über sexuellen Mißbrauch durch die Brüder zu Protokoll genommen, von denen zwei sich schuldig bekannten.

Doch damals schloß der Polizeichef einen Handel mit den Ordensoberen ab: Missetäter wurden versetzt, die Untersuchung gestoppt und die Geschichte vertuscht. Keine Festnahmen erfolgten. Es gab deshalb keinen öffentlichen Aufschrei, keinen Hinweis auf den angerichteten Schaden, keine Therapie für die Jungen.

Im Jahr 1990 beschrieb der Reporter Michael Harris den Skandal in seinem Buch *Unholy Orders: The Tragedy at Mount Cashel.* Er wies nach, daß die Brüder eine Schreckensherrschaft geführt und acht von ihnen die Kinder nach Lust und Laune mißbraucht hatten. Das Schlimmste war: Niemand hatte sich für die Opfer eingesetzt.

Am 1. Juni 1990 wurde Mount Cashel nach 90 Jahren

Tätigkeit geschlossen; fünf Patres wurden zu Gefängnisstrafen zwischen einem und zwölf Jahren verurteilt.

Die Agonie der katholischen Kirche Kanadas hält an. 1991 wurde der Priester Michael Mullins aus Ottawa, der in Irland Ferien machte, von einem Dubliner Gericht wegen eines brutalen sexuellen Überfalls auf einen 17jährigen aus Cork zu acht Jahren Haft verurteilt. Ebenfalls 1991 wurde der 62jährige Bischof Hubert O'Connor aus Britisch-Kolumbien wegen zweimaliger Vergewaltigung und zweimaligen sexuellen Mißbrauchs, begangen zwischen 1964 und 1967 als Priester und Leiter einer Missionsschule, angeklagt. Im Frühjahr 1991 führte die Polizei Untersuchungen durch über körperliche und sexuelle Mißhandlungen, die 19 Priester in einer Schule in der Nähe von Ottawa 30 Jahre lang begangen hatten. Ähnliche Klagen wurden in den 50er und 60er Jahren gegen Christian Brothers in Uxbridge erhoben.

Priester, die sich an Kindern vergehen: USA

In den USA betätigen sich, wie Richard Sipe ausführt, vier Prozent der Priester sexuell mit Minderjährigen, zwei Prozent sind pädophil. Das erste Warnzeichen kam 1985, als ein Priester in Louisiana für die sexuelle Nötigung von 35 Jungen eine Gefängnisstrafe von 20 Jahren bekam. 1988 nahm Dino Cinel, ein anderer Priester aus Louisiana, sexuelle Nötigungen an Jungen im Teenageralter auf Video auf, manche davon im Pfarrhaus. Erst als dies 1991 per Fernsehen öffentlich gemacht wurde, nahm der Bischof die Vorwürfe ernst. Diese Folge des Zölibats ist weit besorgniserregender als die vielen Vaterschaftsklagen gegen Priester, die in den letzten Jahren von Amerikanerinnen gewonnen wurden.

Wer Ohren hat zu hören, weiß, daß Fälle von Kindesmißbrauch durch Priester immer wieder von Bischöfen mit großen Brieftaschen vertuscht worden sind. So wurde vor kurzem bekannt, daß die katholische Kirche in den USA zwischen 1985 und 1990 in aller Stille über 350 Millionen Dollar an Familien gezahlt hatte, deren Kinder – zumeist Jungen – von Priestern und Ordensleuten sexuell genötigt worden waren.

Jeffrey Anderson, ein Anwalt aus St. Paul, Minnesota, kennt Hunderte von Fällen von Pädophilie in mindestens 43 Bundesstaaten und nimmt an, daß die Dunkelziffer bei über 1000 liegt. Die Kirche hat inzwischen vielleicht über 500 Millionen Dollar Entschädigung gezahlt, zusätzlich zu dem, was Versicherungen ausgeschüttet haben. Anderson sagt: »Die institutionelle Reaktion der Kirche war bisher ungenügend, sowohl in der Fürsorge für die Opfer als in der Kontrolle der Risiken. Es ist eine nicht enden wollende Geschichte der Vermeidung von Verantwortung.« Der Schutz des Priesters steht an erster Stelle, obwohl er die Bischöfe zu Komplizen macht, besonders in Bundesstaaten, wo Unzucht mit Abhängigen ebenso ein Verbrechen ist wie Unzucht mit Minderjährigen.

Der Franziskanerpater Bruce Ritter in New York war in ganz Amerika bewundert. 1968 gründete er Covenant House, ein Heim für davongelaufene Teenager. Zwölf Jahre später betreute es 25 000 Jugendliche. Es hatte 1700 bezahlte Mitarbeiter, 2000 ehrenamtliche Mitarbeiter und verfügte über ein Jahresbudget von 85 Millionen Dollar. Dann behaupteten frühere Heimbewohner, Ritter habe seit Jahren mit mehreren Jungen geschlafen und riesige Summen öffentlicher Gelder abgezweigt, um sie zu bezahlen. Er wurde von seiner Arbeit suspendiert. Am 4. August 1990 wurde nach fünfmonatiger Untersuchung durch den New Yorker Polizeikommissar Robert McGuire ein Bericht von 51 Seiten veröffentlicht, der die Vorwürfe bestätigte: Ritter hatte Gelder veruntreut, fünfzehn Heimbewohner und etliche Mitarbeiter sexuell belästigt oder mit ihnen geschlafen, und hohe Entschädigungen waren gezahlt worden, eine davon in Höhe von 200 000 Dollar.

Im August 1990 ging der Priester Andrew C. Andersen für

sechs Jahre ins Gefängnis, nachdem er sich in 26 Fällen der Nötigung von Ministranten schuldig bekannt hatte.

Im Dezember 1990 erhob Jeffrey Anderson Klage im Auftrag eines 24jährigen Mannes, der behauptete, der Priester Thomas Adamson habe ihn acht Jahre lang mißbraucht. Die Erzdiözese St. Paul, Minneapolis, gab die Vorwürfe zu, versuchte aber, das Schmerzensgeld auf 325 000 Dollar zu drükken. Das Schwurgericht von Minnesota sprach dem Kläger 3,56 Millionen Dollar zu; das Berufungsgericht verringerte die Summe auf 1,04 Millionen.

Im Januar 1991 wurde der Priester George Bredemann aus Phoenix von einem Gericht in Arizona wegen sexueller Nötigung an Kindern zu 45 Jahren Haft verurteilt.

Die Erzdiözese Washington weist ihre Mitarbeiter offiziell zur Kooperation an, wenn die Polizei über pädophile Priester ermittelt. Tatsächlich aber, kommentierte Jeffrey Anderson, tun diese ihr Bestes, um den Lauf der Gerechtigkeit zu behindern. So zeigte im Dezember 1990 eine Mutter aus Arlington den 31jährigen Priester J. Chleboski wegen Nötigung ihres 13jährigen Sohnes in der Washington Gemeindeschule Our Lady of Victory an. Der Priester wurde zur Therapie nach New Mexico verfrachtet. Jeder Versuch von Polizisten aus Virginia, über ihn zu ermitteln, wurde von Kirchenfunktionären vereitelt. Sie behaupteten, nicht einmal den Namen zu kennen. Auch in Maryland, wo Chleboski zuvor amtiert hatte, stießen die Ermittler gegen eine Mauer des Schweigens. Ein Funktionär der Erzdiözese hatte die Priester angewiesen, nichts zu sagen. Unter der Androhung von Zwangsmaßnahmen sprachen sie schließlich. Am Ende wurde Chleboski von einem Gericht im Bundesstaat Virginia zu 22 Jahren Haft verurteilt; ein Verfahren vor einem Gericht in Washington, D.C., schwebt noch. Der Schaden, den sich die Kirche durch ihre Lügen und ihre mangelnde Fürsorge für die gebrochenen Opfer zufügt, ist wahrscheinlich irreparabel.

Im Dezember 1991 wurde der angesehene Professor Pater

James T. Burtchaell gezwungen, von seinem Posten an der Universität Notre Dame in Indiana zurückzutreten. Er hatte vielen Studenten bei der Beratung sexuelle Avancen gemacht. Schon 1976 war Burtchaell bei seinem Orden vom Heiligen Kreuz und bei der Universität angezeigt worden. Nichts war unternommen worden.

In Cincinnati war der Priester George Cooley drei Jahre lang in Therapie, nachdem ihm 1979 sexueller Mißbrauch vorgeworfen worden war. Obwohl er die Auflage bekommen hatte, nie mehr mit Kindern in der Vorpubertät zu tun zu haben, brachte ihn sein Bischof 1983 wieder in Amt und Würden, ohne jede Rücksicht auf den Schaden, den er anrichten konnte. Er schickte ihn in die Pfarrei Guardian Angels. 1991 wurde Cooley überführt, vier Jungen sexuell mißbraucht zu haben.

Jahrzehntelang deckte die Erzdiözese Chicago sechs Priester, die Päderasten waren. Erst auf Druck der Öffentlichkeit wurden sie entlassen. Bis zu diesem Zeitpunkt wurden die kindlichen Opfer als Feinde der Kirche behandelt; ihren Eltern drohte man mit Exkommunikation, sollten sie vor Gericht gehen.

Bischöfe, Erzbischöfe und Kardinäle in ganz Amerika müssen Briefe schreiben und auf die Kanzel steigen, um sich für Missetaten des Klerus zu entschuldigen. In Chicago schämen sich einige Priester so sehr, daß sie ihren römischen Kragen nicht tragen wollen, und andere sind angewidert aus dem Amt geschieden. Etliche Eltern haben ihren Söhnen verboten, Ministranten zu sein, und sie sogar ermahnt, nicht mit Priestern zu sprechen, außer wenn sie in Begleitung sind. Eine Frau, die mit 14 Jahren von einem Priester mißbraucht wurde, bringt es nicht einmal über sich, ihre Kinder taufen zu lassen. »Jedesmal, wenn ich einen Priester sehe«, sagte sie, »ducke ich mich.« Kardinal Bernadin von Chicago gibt zu, daß er diese Fälle in der Vergangenheit nicht ernst genug genommen hat. Jetzt hat er entschieden, daß kein Priester, der einen oder eine Minderjährige genötigt hat, wieder in einer Pfarrei eingesetzt werden darf. Doch was soll man mit einem Hirten, den man nicht in die Nähe der Schafe lassen kann?

Ständig wird die katholische Kirche mit millionenschweren Klagen überzogen, für die der Gläubige in der Kirchenbank allerdings immer weniger zu zahlen geneigt ist. Normalerweise melden sich nur ein bis zwei Prozent der Opfer, doch in einem sich wandelnden moralischen Klima und einer streitlustigen Gesellschaft werden immer mehr Bischöfe und Priester sexueller Vergehen bezichtigt. Viele US-Diözesen laufen Gefahr, durch Hunderte, möglicherweise Tausende von Zivilklagen bankrott zu gehen. Bei einem Verfahren in Texas geht es um 20 Millionen Dollar, bei einem anderen in New York um 60 Millionen. Es hieß einst, ehelose Priester kämen billiger als verheiratete. Manche kosten jetzt mehr als die Renovierung einer Kathedrale.

Nicht, daß nordamerikanische Kleriker mehr sündigen als Priester in England, Frankreich oder Deutschland. Kanada und die USA sind nur radikaler in den Enthüllungen geworden, und Eltern dort haben mehr Mut, ihr Recht einzuklagen. Nur durch einen öffentlichen Aufschrei wird dieser Mißbrauch an Minderjährigen aufhören. Nur dann können kranke Priester, von denen es viel zu viele gibt, die ärztliche Hilfe bekommen, die sie brauchen. Denn Kinderschänder sind in ihrer Jugend meist selbst mißbraucht worden und wiederholen einfach ein Muster.

Schon viel zu lange vereiteln Kirchenfunktionäre weltweit aus rein institutionellen Interessen die Enthüllung krimineller Handlungen. Wichtig ist nur eines: Der Wert des Zölibats darf nie in Frage gestellt werden. Durch grausames Vertuschen haben sie außerdem das Vertrauen von Millionen katholischer Eltern untergraben, die ihre Kinder der Fürsorge und dem Schutz der Kirche anvertrauten. Die Kirche sollte ein Bereich des Vertrauens und der Sicherheit sein; an viel zu vielen Orten ist sie ein sexuelles Minenfeld geworden.

10.

ZÖLIBAT: LÖSUNGEN EINER KRISE

Das katholische Priestertum ist in einer Krise. Analysen dieser Krise und die angebotenen Lösungen sind unterschiedlich.

Johannes Paul sieht ihre Ursachen in Säkularisierung, Erotisierung und dem Niedergang des Familienlebens. Ebenso einfach ist seine Lösung: Gebet und Buße. Er weigert sich, größere Zahlen von Ehemännern ordinieren zu lassen, weil in seinen Augen allein das Zölibat zu einer priesterlichen Berufung des Opfers und der allumfassenden Liebe paßt. Als der 65jährige Kardinal Justin Darwajuwomo von Djakarta ihm 1980 sagte, er werde zurücktreten, wenn er keine verheirateten Männer weihen dürfe, nahm Johannes Paul steinern seinen Rücktritt an. Ebenso weigert er sich, die Weihe von Frauen, ehelos oder nicht, in Betracht zu ziehen, weil er glaubt, das wäre gegen den Willen Christi.

1951 erlaubte Pius XII. verheirateten Pastoren, die konvertierten, in Deutschland zu ordinieren. Johannes Paul II. ist ihm hierin gefolgt. Die meisten verheirateten Priester waren zuvor Geistliche der protestantischen oder einer Episkopalkirche gewesen. Seit 1980 sind in den USA 60 solche Männer Priester geworden. Sie neigen dazu, theologisch konservativ zu sein. Viele von ihnen sind konvertiert, weil die Kirche, der sie früher angehörten, Empfängnisverhütung billigte oder Frauen zur Ordination zuließ. Nach ihrer erneuten Weihe bekommen sie Lehrämter oder werden Kapläne. Ihre Sonntagsmesse lesen sie weit entfernt von den Gemeinden, wo sie mit ihren Frauen und Familien leben.

Die US-Hierarchie sieht die einzige Lösung der Krise darin,

Katecheten darin auszubilden, Wortgottesdienste zu halten und Videos von der Messe zu zeigen. Ein pensionierter US-Bischof sagte daraufhin: »Wir dürfen dieses Monstrum nicht konsekrieren.« Es gibt keine Alternative zur realen Gegenwart Christi in der Messe. Die Erfahrung bestätigt dies.

Eine alternative Lösung

Viele Theologen und einige Bischöfe glauben, daß es den Verfechtern des Zölibats im Vatikan mehr um ihre Kaste geht als um die Gläubigen. Eine Hierarchie, die nicht die »Grundnahrung« der Eucharistie verteilen kann, sollte zurücktreten.

Die Priesterweihe verheirateter Geistlicher beweist für viele Katholiken, daß sich Ehe und Amt vertragen. Kürzlich war ich in einer Bostoner Fernsehsendung mit der Frau eines von der Episkopalkirche konvertierten Priesters. Ihr Mann war sehr gefragt, besonders bei Katholiken mit Eheproblemen. Sie fanden, er habe Einblicke, die ehelosen Priestern fehlen. Sie betonte außerdem, ein verheirateter Priester bedeute Einsparungen für die Kirche, denn er bringe einen unbezahlten (weiblichen) Hilfspfarrer mit.

Im Januar 1990 weihte Kardinal O'Connor von New York den früheren anglikanischen Priester Trevor Nicholls, einen verheirateten Mann mit vier Kindern. Vor der Kathedrale demonstrierte eine Gruppe ausgeschiedener Priester mit ihren Frauen. Der Kardinal rief die Polizei, die acht Streifenwagen schickte, um die Eindringlinge von seinem Grundstück fernzuhalten. Dann machte er einen liberalen Kommentar:

»Dies ist ein historischer Moment. Wir wissen nicht, was er für die Zukunft bedeutet. Aber wir freuen uns, einen glücklich verheirateten Mann zu haben. Er wird das Eheleben führen, das viele Priester nur zu gern führen würden ... Es wäre töricht, dies als eine Disziplin zu sehen, die sich nie ändern kann ... Es wäre lieblos, ungerecht und sehr naiv und töricht, zu sagen, der

Schmerz der römisch-katholischen Priester, die geheiratet haben und nie zurückkommen können, sei unbegründet ... Es ist dringend notwendig, daß seine [Nicholls] Frau und Kinder begreifen, daß ich sie wirklich als Bereicherung für die Kirche sehe und keineswegs als Hindernisse.«

In einer Sache hatte der Kardinal recht: Daß konvertierte, verheiratete Geistliche geweiht werden, ist ein Ärgernis für Priester, die ehelos bleiben, weil sie keine andere Wahl haben, und frustrierend für andere, die heirateten und sich deshalb für ihr Amt disqualifizierten.

Auch viele Nonnen sind verbittert. Sie sind von einem Priesteramt ausgeschlossen, zu dem diese verheirateten Männer zugelassen werden, oft weil sie wegen heftiger Gegnerschaft gegen die Priesterweihe für Frauen konvertiert sind. Es ist weniger die Geschlechtlichkeit, argumentieren diese Nonnen, als vielmehr das weibliche Geschlecht, das den Vatikan stört.

Eucharistie oder Zölibat?

Jede Lösung der Krise hängt von der Einsicht ab, daß die Eucharistie zentral für die Kirche ist. Das Zölibat ist, wie die Geschichte zeigt, eine Disziplin von bestenfalls zweifelhaftem Segen. Das eigentliche Problem ist nicht der Verlust von Priestern, sondern der Verlust der Eucharistie. Angenommen, in Italien bräche eine schreckliche Hungersnot aus und der Papst ließe nur ehelose Männer Nahrung austeilen. Das ist die Situation der Kirche heute. Johannes Paul läßt lieber Millionen Katholiken verhungern, als die Bedingung des Zölibats für das Austeilen von Nahrung aufzuheben. Viele halten es für einen Skandal, daß das Zölibat diese Art Priorität hat. Es verstößt gegen das oberste Gesetz der Kirche: die Rettung von Seelen.

Nehmen wir den Fall des Priesters Bernard Brown. 1962 gründete er die Mission Our Lady of the Snows in Kanadas Provinz Nordwestterritorien. 1971 heiratete er. Es gibt wenig

Priester in jenem eisigen Land. In 130 Jahren sind nur zwei Indianer und kein einziger Eskimo geweiht worden. Von Browns einstigen Amtsbrüdern sind drei 80 Jahre alt, und er ist 72. Er leitet noch immer seine Mission, aber, wie er sagt: »Ich bin hier jeden Sonntag am Altar und halte einen verwässerten Kommuniongottesdienst, aber seit über 20 Jahren kein Meßopfer.«

Jüngst erhielt ich einen Brief von einem Priester mit Frau und Familie. Er bat offen um finanzielle Hilfe. Obwohl die Kirche ihn braucht, ist er seit einem Jahrzehnt arbeitslos.

Da wegen des Zölibats die meisten Priester aus dem Amt scheiden und junge Männer nicht Priester werden, müssen diese Vorschriften, die nicht auf Jesus zurückgehen, geändert werden. Er wählte Petrus, einen verheirateten Mann, zu seinem obersten Apostel. Käme Petrus zur Erde zurück, bekäme er einen großartigen Empfang. Aber dürfte er Messe lesen? Nur, wenn er und seine Frau beschlössen, »wie Ehelose« zu leben, oder Johannes Paul ihm Dispens gäbe, weil er Priester wurde, als das Zölibat nicht Pflicht war.

Manche Bischöfe, etwa Rembert Eakland von Milwaukee, wollen verheiratete Männer ordinieren, aber Rom verbietet es. Kardinal Georg Sterzinsky von Berlin hat gesagt, die Kirche müsse über die Priesterweihe verheirateter Männer sprechen, um glaubwürdig zu bleiben. Weihbischof Ladislau Biernaski von Curitiba begrüßte den lateinamerikanischen Kongreß für ausgeschiedene Priester 1990 so: »Wir Bischöfe haben vom Zeugnis und von der Erfahrung verheirateter Priester so viel zu lernen ... Ich sehe unter Ihnen sogar meinen geliebten Professor und Mentor aus der Seminarzeit! Sie sind für uns alle ein Signallicht, um die neue Kirche Jesu Christi zu leiten!«

Für Bischof Hadisumarta von Indonesien ist es am traurigsten, daß 95 Prozent seines Volkes ohne Sakramente sterben. Warum erdrückt Rom den Glauben der Indonesier? In letzter Zeit kursierten Berichte, daß Bischöfe in aller Stille verheiratete Männer weihen, ohne Rom um Erlaubnis zu fragen.

Das gleiche geschah während der 40jährigen kommunistischen Herrschaft in der Tschechoslowakei. Ein Bischof war verheiratet, Hunderte von verheirateten Männern waren geweihte Priester, desgleichen drei Frauen aus Brünn. Zum Glück für die Tschechoslowakei schwieg Rom in den finsteren Tagen, als diese Männer und Frauen den Glauben auf bewundernswerte Weise lebendig hielten.

Eine Bischofssynode diskutiert das Priesteramt

Ende 1990 trat in Rom eine Bischofssynode zusammen, um das Priesteramt zu diskutieren. Die kanadischen Bischöfe waren beauftragt, die Weihe verheirateter Männer zu empfehlen. Tatsächlich akzeptierten sie wie die anderen demütig das Veto des Papstes gegen jede Debatte über eine Änderung des Status quo. Nur zwei tapfere brasilianische Bischöfe plädierten dafür, die Leiter ihrer Basisgemeinden zu ordinieren, lauter gute Christen und Familienväter.

Kardinal Aloisio Lorscheider, der Erzbischof von Fortaleza, wies darauf hin, daß bei der Synode von 1971 im ganzen 87 Bischöfe den Heiligen Stuhl gebeten hatten, die Ordination verheirateter Männer zu prüfen. Seither hatte man nichts gehört. Dann sagte der Kardinal, um den Vatikan in Verlegenheit zu bringen, daß zwei verheiratete brasilianische Laien mit Billigung des Papstes ordiniert worden waren.

Eilig lieferte der Vatikan eine Erklärung. Beide Ehemänner hatten sich bereit erklärt, »wie Ehelose zu leben«. Es sei »die ausdrückliche Zustimmung der Frau und etwaiger Kinder, schriftlich und rechtsgültig, die erlaubt, daß der Ehemann ordiniert wird«. Sie schliefen nicht einmal mehr im selben Bett, obwohl sie noch verheiratet waren. Einer der Kandidaten war 70, der andere, Ivo Schmitt, wurde erst nach einer »anatomischen Untersuchung« seiner Frau angenommen, die nach einer Niederkunft operiert worden war.

Ich weiß von keinem anderen Beispiel in der langen Geschichte der Kirche, bei dem eine Frau gezwungen wurde, sich einer medizinischen Untersuchung zu unterziehen, damit ihr Mann geweiht werden konnte. Hätte Petrus zugelassen, daß man seine Frau in dieser Weise demütigte? Kardinal Lorscheider war nicht der einzige, der diese Lösung für Brasiliens riesige Probleme für eine Farce hielt. Ohne den beiden Kandidaten gegenüber respektlos zu sein, muß man doch fragen: Kann es wirklich sein, daß sie so dringend geweiht sein möchten? Sehen sie nicht, daß ihr Versprechen nicht nur sie und ihre Frauen der Lächerlichkeit preisgibt, sondern auch Sex und Ehe herabwürdigt?

Etwas geradezu Verrücktes widerfuhr dem Chicagoer Priester Ted Stone. Er schied 1959 aus dem Amt, heiratete und hatte zwei Kinder. 1981 starb seine Frau Judy. Zehn Jahre später durfte Ted, inzwischen Mitte 60, wieder die Messe lesen und weiter mit seinen halbwüchsigen Kindern leben.

Es gibt auf der ganzen Welt ausgeschiedene Priester, viele von ihnen jung und alle ausgebildet, die liebend gern ins Amt zurückkehren würden, bevor sie Witwer werden. Warum sollte der Tod ihrer Frauen sie qualifizieren, wieder die Messe zu lesen? Warum ist es so böse, wenn sie mit ihren Frauen schlafen? Müssen sie nach dem Tod ihrer Frauen ausdrücklich bereuen, geheiratet zu haben? Ted Stones erste Predigt begann wenigstens mit einem Lobpreis auf seine Frau.

Der Sprecher des Vatikans schloß seine Ausführungen zu den beiden brasilianischen Kandidaten mit der Bemerkung, die Synodalväter seien mit überwältigender Mehrheit dafür, das priesterliche Zölibat im lateinischen Ritus beizubehalten. Er muß Gedankenleser gewesen sein – der Papst hatte ihnen ja verboten, eine Meinung auszusprechen.

Der Tod der Amtskirche

Trotz des Prunks, der den Oberhirten umgibt, stirbt unter seinem Vorsitz die alte Amtskirche, für die ein eheloser Priesterstand der Grundstein war.

Obwohl Kleriker in der Vergangenheit selten keusch waren, behielt ein eheloser Priesterstand die Macht im Lande, solange Kirche und Staat vereint waren. Die Kirche konnte verhindern, daß einstige Priester Arbeit bekamen. Das ist vorbei. Der Zerfall der Christenheit bedeutet, daß Priester nicht ehelos bleiben müssen, wenn sie wissen, daß sie nicht keusch sein können. Nach dem Ausscheiden aus dem Amt geht das Leben weiter.

Leider sind viele von ihnen für nichts anderes qualifiziert. Sie bleiben und führen ein Doppelleben. Ein Priester kann seiner Geliebten, besonders wenn sie eine fromme Katholikin ist, immer sagen: »Der Papst läßt mich nicht heiraten.« Um dem entgegenzuwirken, sollte der Papst seine Politik umkehren. Statt unkeusche Priester zum Bleiben zu ermutigen, sollte er sie bitten zu gehen und ihnen ermöglichen, das mit Würde zu tun, und sei es nur, um ihre Seelen zu retten. Tatsächlich legt er ihnen Steine in den Weg, wenn sie ihr naturgegebenes Recht auf Ehe wahrnehmen wollen. Die Disziplin der frühen Kirche war anders. Ein Bischof, der unkeusch lebte, tat zwölf Jahre lang Buße ohne heilige Kommunion, drei Jahre davon bei Brot und Wasser. Außerdem wurde er abgesetzt. Das war brutal, aber weit weniger heuchlerisch als Roms gegenwärtige Verfahrensweise.

Ein weiterer Grund, warum Priestern das Zölibat heute schwerfällt, ist ihr Wissen, daß Sex schön ist. Auch lehnen sie die traditionelle Lehre ab, die Pius XII. in *Sacra Virginitas* (1954) wiederholte: »Geweihte Jungfräulichkeit ist besser als Ehe ... Die Überlegenheit der Jungfräulichkeit über die Ehe liegt an dem höheren Ziel, das sie erstrebt.« Statt dessen glauben viele Priester heute, daß Zölibat um seiner selbst willen eine pathologische Erscheinung ist, wie wenn man grundlos mit dem Kopf gegen die Wand rennt. Sie haben akzeptiert, was Protestanten schon immer wußten: daß Männer und Frauen in der Ehe und durch die Ehe geheiligt werden. Der gegenwärtige Zwang zum Zölibat ist deshalb nicht nur unnötig, sondern gefährlich. Viele nehmen es in dem Wissen auf sich, daß es keinen religiösen Wert für sie hat und ihnen sogar schweren Schaden antun kann. Früher oder später wird die Kirche verheiratete Männer ordinieren. Es reicht nicht, am System herumzuflicken, wie die Päpste seit Pius XII. es getan haben. Daß Johannes Paul II. alte Ehemänner weiht, die wie Bruder und Schwester mit ihren Frauen leben, ist der letzte Rest von Puritanismus und Frauenfeindlichkeit. Wenn Johannes Paul noch lange lebt, werden sogar furchtsame Bischöfe Gott gehorchen und Ehemänner weihen, damit die Kirche in ihren Diözesen überleben kann.

Die römische Kirche vergewaltigt Frauen

Wir brauchen eine Magna Charta und eine Theologie der Befreiung innerhalb der Kirche. Die wichtigste Gruppe, die nach Gerechtigkeit ruft, sind die Frauen. Roms Haltung in dieser Hinsicht ähnelt der von Nazideutschland und Francos Spanien: Frauen sind Unpersonen. Männer befehlen, Frauen gehorchen.

Die Forschung zeigt, daß Vergewaltigung eher ein Verbrechen der Gewalt als der Leidenschaft ist. Sie wurzelt in einem Haß gegen Frauen, die der Vergewaltiger als Ursache aller Übel des Mannes ansieht, speziell seiner eigenen. Vergewaltigung ist Rache. Der Vergewaltiger vergewaltigt lieber, als zu Huren zu gehen, denn Huren verlangen für ihre Dienste Geld, feilschen sogar und behalten so Macht über ihn. Sie sind sogar frei, nein zu sagen. Der Vergewaltiger ist der absolute männliche Chauvinist. Er nimmt, ohne zu zahlen. Er will alle Regeln bestimmen, weh tun, beherrschen und der Frau nicht die geringste Macht über ihn lassen, nicht einmal finanziell. Er will die Freiheit einer Frau im Innersten ihres Wesens vernichten. Für einen Vergewaltiger zählen Frauen einfach nicht.

In diesem Licht betrachtet, ist das totale Frauenverbot der katholischen Kirche bei allen Entscheidungsprozessen eine Art spirituelle Vergewaltigung. Nachdem die Kleriker sich einmal mit der heidnischen Begründung ritueller Reinheit für das Zölibat entschieden hatten, war es entscheidend, Frauen machtlos und ohne Wert zu halten – außer dem Wert, den ihnen Männer gnädig zusprachen.

Priester sind die Eunuchen des Evangeliums, mit einem Unterschied: Sie können Leidenschaft empfinden. Wie die schwarzen Eunuchen in Montesquieus *Persischen Briefen* kompensieren sie ihr Gefühl sexueller Ohnmacht, indem sie den hinreißenden Geschöpfen, die sie im Serail bewachen, ihren Willen aufzwingen. Insbesondere verteilen sie sadistische Strafen für jede Frau, die den Befehlen ihres Herrn und Meisters nicht gehorcht.

Die Kleriker haben immer schrecklich unter dem Zölibat gelitten. Perverserweise geben sie den Frauen die Schuld am Schmerz der Selbstkastration. Mittelalterliche Miserikordien, jene schmalen Halbsitze im Chorgestühl, auf denen die Kleriker ihre müden Glieder ausruhen konnten, trugen manchmal Bilder von Frauen, die Männer an um die Genitalien geschlungenen Seilen in die Hölle schleiften. Wie Vergewaltiger nehmen auch Priester Rache, etwa als Inquisitoren, wenn sie Hexen zu Tausenden folterten und verbrannten. Wie ich in *Gottes erste Diener* gezeigt habe, war der Teufel nicht in den Hexen, sondern in den Lenden der Inquisitoren.

Natürlich untermauerten die Priester ihre Rache theologisch. Ehelose Männer sind die institutionellen Ikonen der Gottheit: Sie alleine repräsentieren den Erlöser, den Messias, der wiederum Gott repräsentiert. Wie ich in *Der Jesus-Mythos* zeigte, impliziert dies, daß an Gott etwas so unbegreifbar Männliches ist, daß das fleischgewordene Wort sein Sohn und nicht seine

Tochter ist. Deshalb haben nur Männer die religiöse Ausstattung, die Gläubigen mit dem Brot des Lebens zu speisen und ihnen in Gottes Namen zu vergeben. Man braucht es nur niederzuschreiben, um zu sehen, wie unsinnig es ist.

Anfang 1991 wurde Rom durch eine Aussage des designierten Erzbischofs von Canterbury, George Carey, aufgescheucht. »Die Idee, nur ein Mann könne Christus am Altar repräsentieren, ist eine ernste Häresie.« Der künftige Primas dachte tatsächlich, der Papst sei ein Ketzer! Über Johannes Pauls Vorstellung, daß nur ein Mann Christus am Altar repräsentieren kann, sagte er: »Die Implikationen sind verheerend und destruktiv, denn es bedeutet, daß Frauen sich völlig ausgeschlossen fühlen. Jesus hat Frauen als Jüngerinnen aufgenommen; sie hatten großen Anteil an seinem Wirken; sie waren Zeuginnen seiner Auferstehung. ›Da ist weder Mann noch Frau‹, schreibt Paulus, ›denn alle sind eins in Christus Jesus.‹«

Später sagte Dr. Carey – vorsichtiger, aber nicht reumütig –, es wäre ratsamer gewesen, »theologischer Irrtum« zu sagen statt »Häresie«. Doch man hatte ihn verstanden: Die anglikanische Kirche sollte sich nicht Roms theologischem Irrtum beugen, indem sie die Priesterweihe für Frauen ablehnte.

In Amerika nannte Bischof John Spong von der Episkopalkirche die katholische Haltung zur Frau »so beleidigend, so ewiggestrig«, daß Frauen den Katholizismus »um ihrer eigenen Menschenwürde willen« aufgeben sollten. Heute ist die Stellung der Frau in jeder Organisation der Indikator, ob diese zivilisiert ist. Kenner des Vatikans berichten, er sei noch immer überaus stolz auf seine negative Einstellung zur Frau.

Um Frauen weiter zu kontrollieren, müssen Kleriker sie nicht nur vom Amt ausschließen, sondern auch Empfängnisverhütung und Abtreibung verbieten. Frauen müssen in allen Bereichen ihres Lebens Unterworfene bleiben, völlig gehorsam gegenüber ehelosen Männern. Die Pille gibt Frauen mehr Unabhängigkeit als alles andere, denn sie können sie ohne Wissen der Männer nehmen. Diese Art Freiheit, diese Art

Macht und Kontrolle über ihren eigenen Körper ist völlig inakzeptabel für den Mann in Reinkultur, nämlich den ehelosen. Das Zölibat macht einen Mann nicht frei von Frauen, nur frei vom Zauber einer einzigen Frau. Wie Roms Sexualgesetze beweisen, können Männer durch einen ehelosen Priesterstand alle Frauen dominieren, mehr als je zuvor jemand dominiert hat.

Die Position der katholischen Kirche in den USA erreichte jüngst neue Höhen der Satire. In bester Absicht brachten mehrere Bischöfe etliche Jahre damit zu, einen Pastoralbrief über die Frau zu erarbeiten. Über eines waren sie sich am Ende einig: Sie waren für Gleichberechtigung und gegen Sexismus. Diese Bischöfe aber, die sich gegen Sexismus aussprachen, gehorchen weiterhin dem päpstlichen Ministrantinnenverbot. Und sie beugten sich gehorsam, als Rom ihnen im Mai 1991 sagte, ihr Frauenpastoralbrief sei zu egalitär; sie sollten wie der Papst die »marianische Dimension« betonen, das heißt »den Aspekt des Dienens, der Niedrigkeit und Demut«. Der Vatikan ließ durchblicken, die Bischöfe vergeudeten ihre Zeit, wenn sie die Laien nach ihrer Meinung zu irgendeinem Thema befragten. Bischof Joseph Impesch, der die Erarbeitung des Hirtenbriefes leitete, sagte resigniert: »Manche Katholikinnen werden weiter geduldig und leidensfähig sein. Andere werden einfach sagen: Was soll's?«

Dadurch, daß Rom Frauen eine Funktion verweigert, verstärkt es implizit das alte Stereotyp der männlichen Dominanz. Ich glaube, viele katholische Priester scheiden aus einem Grund aus dem Amt: um diese große Ungerechtigkeit zu beenden. Wenn es dabei auch um Sex geht – und das tut es zweifellos –, dann weil Sex der einzige Weg ist, eine befriedigende Beziehung zu einer Frau aufzubauen. Sie wollen Frauen nicht länger dominieren, sondern eine Beziehung der Liebe und Gleichberechtigung zu ihnen haben.

Ungerechtigkeit gegen ihr Geschlecht ist der Hauptgrund, warum besonders katholische Frauen rebellieren. Dies ist zumeist nur an seinen Wirkungen zu erkennen: Sie weigern sich, Berufungen bei ihren Söhnen zu fördern. Junge, schöne Evas können Männer aus dem Priesteramt locken. Aber praktisch veranlagte Frauen mittleren Alters sind es, die verhindern, daß junge Männer überhaupt Priester werden. Sie würden es hassen, wenn ihre Söhne Frauen behandeln, wie sie selbst behandelt worden sind. Ein Beruf, der ihre Söhne an den Altar einlädt und ihren Töchtern verbietet, dort auch nur zu ministrieren, ist in ihren Augen das Opfer ihrer Söhne nicht wert. Sie sind so zornig darüber, wie sie es wären, wenn das Priesteramt Schwarzen, Weißen, Schwulen oder Schielenden vorbehalten wäre.

Rom ist nicht bewußt frauenfeindlich. Das Vorurteil ist in ein System eingebaut, das auf zwei Prinzipien beruht: Nur Männer können Priester sein; Priester müssen ehelos sein. Die Kombination von Männlichkeit und Zölibat garantiert die ewige Unterordnung der Frau in einer Organisation, die als Organisation in dieser Hinsicht außerhalb der generellen Zivilisation steht.

Der einzige Beweis der Reue für die Ungerechtigkeiten der Kirche in Vergangenheit und Gegenwart ist, die Frauen vorbehaltlos in jedem Amt willkommen zu heißen, von der Subdiakonin bis zur Päpstin.

Aus dem Amt geschiedene Priester

Ich habe mir in keinem Augenblick gewünscht, ins Amt zurückzukehren. Vielen ausgeschiedenen Priestern geht es anders. Angesichts des Versagens der Kirche gegenüber der Frau möchte ich ihnen sagen, daß etwas Unschönes daran ist, in ein Amt zurückkehren zu wollen, das ihre Frauen und Töchter aus Prinzip ausschließt. Haben sie von ihren Familien nicht gelernt, wie anstößig und Christus unähnlich das Patriarchat von Rom ist? Sie sollten ihre Rückkehr und die Weihe Verheirateter davon abhängig machen, daß die Kirche ihre Frauenverachtung ablegt.

Nur wenige ausgeschiedene Priester – und die Organisationen, denen sie angehören – scheinen begriffen zu haben, daß ethisches oder theologisches Erbsenzählen ihnen nichts einbringt. Macht entwindet man den Mächtigen nicht durch Argumente. Indien bekam seine Unabhängigkeit von Großbritannien, die Schwarzen in den USA ihre Gleichberechtigung nicht ohne Druck, selbst in der Form der Verweigerung. Die Entrechteten gewinnen nie etwas ohne Kampf, ohne die Art Rücksichtslosigkeit anzuwenden, die gegen sie angewendet wird. Den Unterdrückern kommen die bescheidensten Ansprüche der Unterdrückten empörend vor. Im Fall der verheirateten Priester sind die praktischen wie theologischen Argumente der Befürworter schon tausendmal überlegen gewesen. Trotzdem hat Rom sich keinen Zentimeter gerührt. Seine Politik ist eine Katastrophe für die Kirche – und Veränderung ist nicht in Sicht.

Ausgeschiedene Priester sollten anfangen, ihre Rechte und die Rechte anderer wahrzunehmen – nicht, um Anstoß zu erregen, sondern schlicht um den Vorrang des Evangeliums durchzusetzen. Sie müssen aufhören mit den Salondiskussionen, vielmehr im Namen des armen Mannes von Nazareth den Mächtigen die Macht entreißen, um sie mit den Machtlosen zu teilen. Anders zu denken ist nicht nur Naivität im großen Stil, sondern gegen das Evangelium. Wenn man jahrelang um Gerechtigkeit bittet und nicht bekommt, muß man bereit sein, sie sich zu nehmen – im Namen Christi.

Ausgeschiedene Priester müssen lernen, die Hierarchie mit dem Licht Golgathas zu konfrontieren. Wenn Rom handelt im Stile Konstantins, wenn es herrscht, statt zu dienen, ist es kein Freund des Evangeliums. Niemand kann den Gekreuzigten repräsentieren, indem er alle Macht an sich reißt und rücksichtslos von ihr Gebrauch macht – Jesus hatte nie Macht und wollte nur dienen. Die Tiara ist kein Ersatz für eine Dornenkrone. »Macht ist Gift«, sagte Henry Adams. Seit 1870 ist der Vatikan ein hochgiftiger Ort geworden. Religiöses Gift, geistiges oder übernatürliches Gift, tötet am schnellsten von allen.

Was das Thema Zölibat betrifft – warum ist die Hierarchie, speziell der Papst, gegen verheiratete Priester? Weil das zum Verlust der absoluten Macht führt. Ein Konzilsvater sagte beim Tridentinum etwas Wahres: Ohne Zölibat wäre der Papst nichts als der Bischof von Rom. Auch Bischöfe verlören ein gut Teil ihrer Macht, besonders das Recht, Männer wie Bauern auf einem Schachbrett herumzuschieben. Die Priester würden mit beiden Ohren hören – nicht nur auf die Autorität, sondern auch auf die zärtliche Stimme neben ihnen auf dem Kissen. Und sie könnten versucht sein, ungerechte und lieblose Befehle nicht zu befolgen.

Ausgeschiedene Priester müssen die Mentalität des »braven Jungen« ablegen, die sie hatten, als sie im Amt waren. Der Ausschluß von 120 000 Priestern ist ein Verbrechen von stalinistischen Ausmaßen, und es ist ein weiteres Verbrechen, ihn stillschweigend hinzunehmen. Im Namen Christi sollten sie aufhören, den Papst schüchtern um etwas zu bitten, das er nicht zu geben befugt ist, sondern das zu nehmen die Kirche verpflichtet ist. Es herrscht Hungersnot – nicht weil die Felder leer sind, sondern weil der Oberhirte nicht zuläßt, daß die Arbeiter die weiße Ernte Christi einbringen. Durch entschlossenes Handeln würden die Priester keine Anarchie schaffen, sondern versuchen, sie zu beenden. Sie dürfen die Exkommunikation nicht mehr fürchten, als Jesus sie am Kreuz fürchtete, zumal es ihr Ziel ist, Roms Exkommunikation von Millionen anderer Katholiken zu beenden.

Statt den Schmerz über den Verlust ihres Amtes zu pflegen, sollten sie einsehen, daß sie Macht haben wie noch nie. Sie sind zu Tausenden, und sie können die Messe so gültig zelebrieren wie der Papst selbst. Innerhalb einer Generation wird die Chance vertan sein. Sie sollten sich jetzt zusammentun und dem Vatikan ein Ultimatum stellen. Wenn sie nicht offiziell amtieren dürfen, werden sie inoffiziell amtieren. Sie sollten ankündigen, daß jeder ausgeschiedene Priester in ihrer Organisation am nächsten Sonntag öffentlich die Messe feiern und alle am Ort dazu einladen wird. Wenn das dem Vatikan keine Reaktion entlockt, sollten sie ein anderes Datum nennen, und noch eines, bis es Tausende unkanonischer, aber vollkommen gültiger Messen im ganzen Land gibt.

Deshalb ist mein Rat an ausgeschiedene Priester: Hört auf, gegen die Wand zu reden. Hört auf, Bittschriften zu schicken, die nie gelesen werden. Hört auf, mit Bischöfen zu reden, die beim besten Willen nur Beamte des Vatikans sind. Handelt im Namen Christi. Seid Hirten. Tut, wozu euch der Herr beauftragt hat. Füttert die hungrigen Schafe.

11.

ROMS BANNSTRAHL GEGEN HOMOSEXUELLE

Hier ein bemerkenswerter Bericht aus der *New York Times* vom 22. Oktober 1992:

Herr Thomas Radford II., ein 59jähriger Witwer aus Queens, New York, wurde gestern Gründungsmitglied der Liga gegen das Zölibat. Radford sagte, ihn betreffe dieses Problem, nachdem sein einziger Sohn, Thomas Radford III., und seine Tochter Veronica ihm in derselben Woche ihre Absicht mitgeteilt hatten, ihrer Berufung als katholischer Priester und Nonne zu folgen.

Bei einer Pressekonferenz zur Gründung der Liga erklärte Herr Radford, daß er gläubiger Katholik ist. Zwar leugnet er nicht persönliche Gründe für seine Ablehnung des Zölibats, doch sein Hauptargument war, daß es keine biblische Grundlage hat. Vielmehr beginnt die Bibel mit dem uneingeschränkten Gebot: »Mehret euch und füllet die Erde.« Es sei ein Verbrechen gegen die Menschheit, sagte er, junge Menschen zu ermutigen, das empfangene Leben nicht weiterzugeben.

Kardinal John O'Connor von New York wurde als Feind Nummer eins genannt: Er fördere den zölibatären Völkermord. Radford hofft, staatliche und städtische Institutionen zu überzeugen, daß sie Priester und Nonnen von der Leitung von Schulen, Colleges und Universitäten ausschließen, daß sie von ihnen geführte Einrichtungen sofort schließen und ihnen künftig verbieten, Land zu kaufen, um solche Einrichtungen zu bauen. Kleriker und Nonnen seien in sich gestört, sagte er. Noch schlimmer: Diese Perversen – sein Wort – benutzten ihre

Bildungseinrichtungen dazu, um junge Leute dafür zu gewinnen, ihr eigenes, gestörtes Leben nachzuahmen. Ehelose Kleriker und Nonnen sollten auch an Radio- und Fernsehsendungen gehindert werden, solange sie nicht feierlich erklärten, sie wollten einem Lebensstil entsagen, der gegen das Naturrecht verstoße und innerhalb einer Generation zum Aussterben der Menschheit führen würde, wenn er von allen übernommen würde.

Radford betonte, gegen Kardinal O'Connor keine persönliche Animosität zu hegen. Er fühle vielmehr mit ihm in seiner Not und verspreche, für seine Besserung zu beten. Er merkte an, es müsse sehr schmerzhaft für Seine Eminenz sein, Opfer dieser unmoralischen Begierde nach Keuschheit zu sein.

»Leider«, sagte Radford, »verwehrt das Zölibat meines Sohnes und meiner Tochter ihren Kindern, meinen Enkeln, und allen späteren Nachkommen das Leben. Sie wollen praktisch Millionen von Menschen auslöschen. Es ist ein geistiger Holocaust.

»Als ein Radford«, schloß er, »dessen Linie sich 300 Jahre zurückverfolgen läßt, und als Oberhaupt einer anständigen, gottesfürchtigen Familie wehre ich mich dagegen, daß mein Name und meine Familie zu meinen Lebzeiten von einer Kirche ausgelöscht wird, die aus niedrigen Motiven meinen einzigen Sohn und meine Tochter ermutigt, den unnatürlichen, weltfeindlichen Weg des Zölibats zu gehen.«

Kardinal O'Connor war zu einem Kommentar nicht bereit. Ein Sprecher der Diözese sagte, Seine Eminenz sei tief verletzt, daß ein Mitkatholik seine Antwort auf Gottes Ruf zum ehelosen Leben für einen Verstoß gegen das Naturrecht hält.

Natürlich erschien dieser Artikel nicht in der *New York Times.* Doch im Lauf der Jahre wurden wiederholt Attacken mit fast exakt den gleichen Argumenten von der katholischen Hierarchie gegen Homosexuelle geritten und von amerikanischen Zeitungen in voller Länge zitiert.

Nachdem die Glaubenskongregation 1980 bekanntgegeben

hatte, selbst homosexuelle Neigungen tendierten »zu etwas in sich moralisch Bösem«, wurden Bischöfe, die »Dignity«, einer Gruppe zur Unterstützung Homosexueller, halfen, zurückgepfiffen, und es wurde ihnen untersagt, auf Kirchengelände Messen für sie zu lesen. Die organisierten 5000 Mitglieder von Dignity waren zornig darüber, ausgestoßen und als Sünder bezeichnet zu werden.

Die Parade am St. Patrick's Day

1991 war die Durchführung der 230. St.-Patrick's-Parade auf der New Yorker Fifth Avenue gefährdet, als die Irish Lesbian and Gay Organisation ILGO (»Irische Lesben- und Schwulenorganisation«) beschloß, unter ihrem eigenen Banner mitzumarschieren. Das Organisationskomitee verbot dies, erlaubte den ILGO-Leuten aber, als Einzelpersonen mitzumarschieren. Aus Solidarität gab der schwarze Bürgermeister von New York, David Dinkins, seinen traditionellen Ehrenplatz bei der Emerald Society am Kopf des Zuges auf und marschierte statt dessen mit der ILGO.

An einem frühlingshaft warmen Samstagnachmittag warteten die Kontingente, bis sie an der Reihe waren, in die 46. Straße einzuziehen. Die Atmosphäre war ungewöhnlich gedämpft. Wenige sprachen mit den Homosexuellen und Lesbierinnen, die einen kleinen Anstecker als Kennzeichen trugen: eine Karte von Irland, darin ein rosa Dreieck.

Die meisten Teilnehmer fanden, die Schwulen lenkten von der eigentlichen Bedeutung der Parade ab. Mit einer Stunde Verspätung marschierte die Homosexuellengruppe los, verärgert, weil der Bürgermeister noch immer nicht eingetroffen war. Als sie in die Fifth Avenue einbogen, gab es einen Augenblick lang entsetztes Schweigen von den 100 000 Zuschauern, dann laute Buhrufe. Der Bürgermeister, der in seiner Limousine eine Seitenstraße hoch gerast war, holte die ILGO schließlich einen Block vor der St. Patrick's Cathedral ein und stieg aus.

Sie näherten sich der Kathedrale. Oben auf der Treppe stand, scharlachrot gewandet und mit finsterem Gesicht, Kardinal O'Connor. Die Menge unten, hinter den Polizeisperren, war ungewöhnlich still, als der Bürgermeister an der Spitze der Homosexuellen näher kam. Unschlüssig blieb Dinkins stehen. Es war Brauch, daß der Kardinal die Treppe herunterkam und dem Bürgermeister die Hand gab. Doch der Kardinal war ungehalten und blieb stehen. Der Bürgermeister hatte sich auf die Seite einer Gruppe geschlagen, die darauf aus war, Irlands Namen zu beschmutzen. Diese Parade sollte den hl. Patrick ehren, nicht die Homosexualität verherrlichen. Dinkins seinerseits wußte, daß er zu den Benachteiligten stehen mußte, ob sie Schwarze, Iren, Hispanos – oder Homosexuelle waren.

Der Bürgermeister tat den ersten Schritt. In einem Blitzlichtgewitter stieg er die Stufen hinauf, gab dem noch immer nicht lächelnden Kirchenfürsten kurz die Hand und stellte sich wieder zu seiner Gruppe. Einige Homosexuelle hielten sich an den Händen und grüßten mit erhobener Faust, was die Menge noch mehr aufbrachte.

Viele Zuschauer buhten, manche riefen, Schwule gehörten auf den elektrischen Stuhl, hin und wieder gab es Bravorufe; dann zerstreute sich die ILGO. Bürgermeister Dinkins hielt eine kurze Pressekonferenz. »Es war wie auf einer Demonstration in Birmingham, Alabama, während der Bürgerrechtsbewegung. Ich wußte, es würde heftige Gefühlsausbrüche geben ... aber die Reaktionen waren schon sehr negativ.« Sprach's, kletterte in seine Limousine und brauste davon.

In der Messe vor der Parade hatte Kardinal O'Connor zu Toleranz und Mäßigung aufgerufen. »Möge dies kein Tag der Mißgunst und Bitterkeit sein,« sagte er, »sondern ein Tag der Bekehrung in unseren Herzen zu den Wahrheiten, die uns der hl. Patrick gibt.« Der Kardinal hätte gewiß, wäre er gefragt worden, die Beleidigungen gegen die Homosexuellen verurteilt. Und dennoch – können er und seine Amtsbrüder sich jeder Verantwortung für das Geschehene entziehen? Man fühlt sich an die Behandlung der Juden erinnert: Viele Päpste verfolgten sie, während andere sie gegen die Ausschreitungen des römischen Pöbels verteidigten. Doch diese Ausschreitungen waren eine direkte Folge der kirchlichen Lehre, die Juden hätten Gott ermordet, und jeder Jude, der sich weiterhin weigerte, Jesus als Herrn und Heiland anzunehmen, sei ebenso schuldig wie jene, die seine Kreuzigung gefordert hatten. Wie verhindert man, daß die Menschen jene strafen wollen, die man als Gottesmörder brandmarkt?

In der katholischen Kirche haben Homosexuelle die Rolle der Juden als Außenseiter und Verachtete übernommen. Kirchliche Autoritäten ermutigen ihre Gläubigen weiterhin, sie als Perverse anzusehen, die schwer sündigen und die Verdammnis riskieren, indem sie gleichgeschlechtlich lieben. Diese Lehre wirkt sich auf die Einstellung aus, der hinwiederum Taten folgen. Im Namen Christi hat Kardinal O'Connor wie viele andere Bischöfe offen gegen ein Gesetz Front gemacht, das Homosexuelle und Lesbierinnen vor Diskriminierung bei der Wohnungs- und Arbeitssuche schützt.

Also marschierte kein Repräsentant Jesu mit der ILGO, sondern der Repräsentant einer benachteiligten Rasse, der Afroamerikaner. Dinkins wußte, wie es ist, diskriminiert zu werden. Er mußte für die Grundrechte und Freiheiten jedes Menschen einstehen. Der Hohn und die Schmähungen, die Bosheit und das Spucken, die Wurfgeschosse, der Ausbruch des Hasses, der lang unter dem grandiosen Glauben verborgen gewesen war, bestimmte Menschen seien besser als andere – all dies erinnerte ihn an Alabama und das, was Martin Luther King widerfahren war.

Die Episode wirft eine einfache Frage auf: Wäre Jesus am St. Patrick's Day 1991 in New York gewesen, hätte er dann neben Kardinal O'Connor hoch oben auf der Treppe einer Kathedrale gestanden? Oder wäre er bei Bürgermeister Dinkins gewesen, bei den Außenseitern, Zielscheibe für Steine und Rufe nach seiner Hinrichtung?

Die Haltung der Kirchen

Vor einiger Zeit überraschte die Firmenleitung von General Motors mit einer Direktive an ihre Mitarbeiter: »Verstöße gegen die Würde anderer durch Verunglimpfungen oder andere herabsetzende oder unkorrekte Verhaltensweisen, auch wenn sie auf sexuelle Orientierung abzielen, sind bei Mitarbeitern ein Fehlverhalten und haben keinen Platz bei General Motors.« Die Kirchen bleiben weit hinter diesem Maßstab zurück. In San Francisco suspendierte der Disziplinarausschuß der Lutherischen Kirche 1990 zwei ihrer Mitglieder für fünf Jahre. Ihr Verbrechen bestand darin, daß sie einen homosexuellen Mann und das lesbische Paar Ruth Frost und Phyllis Zillhart ordiniert hatten. Die Gemeinderäte weigerten sich, die Ordinationen zu widerrufen. Ruth Frost sagte: »Wir Lesbierinnen und Schwule werden unsere Nichtbeachtung und unseren Status der Zweitklassigkeit in Kirche und Gesellschaft nicht länger hinnehmen. Wir haben die Verschwörung des Schweigens durchbrochen, indem wir aus der kirchlichen Verborgenheit herausgetreten sind, und man wird auf der ganzen Welt davon hören.«

Mitglieder der presbyterianischen und der Methodistenkirche der USA sind in der Frage zerstritten und haben heftige Auseinandersetzungen. Andere, etwa die United Church of Christ und die Unitarian Universalists, akzeptieren homosexuelle Kleriker ohne Zögern.

Die Bischöfe der anglikanischen Kirche erhielten 1988 einen 150 Seiten starken Bericht von einem Ausschuß, der vorschlug, die Kirche solle sich »auf eine offene Anerkennung« homosexueller Beziehungen zubewegen. Dies entspräche anderen Änderungen der Moral, die im Lauf der Zeit eingetreten sind.

In dem Bericht stand: »Es ist besser, wenn Menschen in Beziehungen wachsen und sich entfalten können, als wenn sie unter der Last der Isolation und der ständigen Versuchung und Bedrohung leiden, in heimlichen und flüchtigen Beziehungen Erleichterung zu suchen.« Er plädierte dafür, Kinder über Homosexualität zu informieren, weil sie vielleicht Homosexuelle in ihren Familien haben oder selbst einmal Homosexuelle sein werden.

Die englischen Bischöfe ließen den Bericht verschwinden. Ein Bischof der amerikanischer Episkopalkirche hingegen brach das Schweigen. In einer BBC-Sendung erzählte Bischof James Spong am 29. Mai 1991 von einem Priester, den er gerade begraben hatte. Dieser hinterließ Frau und Sohn, aber er wollte, daß bekannt wurde – wenn auch erst nach seinem Ableben –, daß er sein ganzes Leben homosexuell gewesen war. Spong hatte sich bereit erklärt, bei seiner Beerdigung ein offenes Wort zu sprechen.

Spong ist gegen jede grausame, gierige Form der Liebe. »Doch die liebevollen, lebensspendenden, zärtlichen Beziehungen zwischen homosexuellen und lesbischen Menschen müssen, so glaube ich, wie die zwischen Heterosexuellen gewürdigt und anerkannt werden.« Er war, wie er zugab, in der evangelikalen Tradition groß geworden und hatte selbst seine starken Vorurteile gegen Homophile überwinden müssen, war jedoch zu der Einsicht gelangt, daß Priester, die homosexuell sind und deren Beziehungen zu ihren Partnern alle Anzeichen der Harmonie aufweisen, nicht von der Ordination ausgeschlossen werden sollten. Er fuhr fort:

»Acht Geistliche meiner Diözese haben sich als Homosexuelle bekannt. Sieben von ihnen leben offen mit ihrem Partner im Pfarrhaus. Man kennt und liebt sie als Paare. Sie haben keine Angst, bloßgestellt zu werden. Sie sind nach meiner Einschätzung kompetente, tüchtige, mutige Priester, deren Leben ich achte und deren Freundschaft mir wertvoll ist.«

Er bat den Erzbischof von Canterbury um Hilfe gegen die

öffentliche Heuchelei der Kirche, damit Homosexuelle anerkannt und gewürdigt würden und ihre lebensspendenden Beziehungen den kirchlichen Segen erhielten. Er schloß: »Wir Christen beten einen Christus an, der uns alle eingeladen hat, zu ihm zu kommen, wie wir sind, auch wenn nichts für uns spricht. Und um Christi willen ist die Zeit gekommen, die Tore der Kirche zu öffnen und homosexuelle und lesbische Menschen öffentlich willkommen zu heißen und zu lieben.«

Sein Kollege, Bischof Ronald H. Haines von Washington, ließ seine Absicht verlauten, eine Lesbierin zur Priesterin zu weihen. Wie er sagte, lebte Elizabeth L. Carla (44) »seit etlichen Jahren in einer liebevollen und innigen Beziehung mit einer anderen Frau«. Haines bekannte, daß es ihm nicht leichtgefallen sei, die Geheimnisse der menschlichen Sexualität zu begreifen. »Die biblischen Passagen wurden in einem bestimmten historischen Kontext geschrieben und dürfen nicht auf einen anderen angewandt werden; darin liegt unser Kampf.«

Innerhalb einer Woche erklärte sein Amtsbruder Clarence Hope von Fort Worth, Texas, Haines' Vorgehen sei »unmoralisch«. Es gebe dem Kirchenvolk die falschen Signale. Es zeige, daß die Autorität der Kirchenführer abbröckele.

Solche Zeichen gibt die Kirche Roms nicht.

Eine persönliche Perspektive der Homosexualität

Erst als ich mit 18 Jahren in ein katholisches Priesterseminar kam, hörte ich von der »Sünde der Homosexualität«. Meine Reaktion war Verwunderung. Die Kirche erklärte voller Ekel alle sexuellen Handlungen zwischen Gleichgeschlechtlichen zur schweren Sünde.

Die Gesellschaft war damals mehr oder minder derselben Meinung wie die Kirche. Wie die Bischöfe Spong und Haines brauchte ich zum Umdenken eine Menge Lektüre, Nachdenken und seelsorgerische Erfahrung. Meine Zweifel über die naturgegebene Sündhaftigkeit der Homosexualität begannen mit meinem Studium der griechischen Literatur. Ich stellte fest, daß sie in der Kultur des zivilisiertesten Volkes der Antike zentral war. Wie Hans Licht in *Sexual Life in Ancient Greece* gezeigt hat, lügen viele gelehrte Wälzer über das Leben der Griechen, indem sie jeden Hinweis darauf unterlassen. Stendhal war ehrlicher. »Die Griechen«, schrieb er, »kultivierten ein Gefühl, das die moderne Welt ablehnt.« Goethe schrieb, Knabenliebe sei so alt wie die Menschheit. Ägyptische Papyri zeigen, daß sie vor 4500 Jahren bei den Ägyptern üblich war und sogar von den Göttern praktiziert wurde.

In Griechenland war es eine Schande für einen schönen Knaben, wenn er keinen Liebhaber hatte. In der *Ilias* schildert Homer die Liebe zwischen Achilles und Patroklos in leuchtenden Farben, und jeder, auch Aischylos, deutete diese Liebe als eine sexuelle. Als Sokrates jung war, entwickelte sich sein Geist, weil er der Favorit seines Lehrers Archelaos war. Selbst im Alter verlor er nicht sein Auge für die Schönheit Halbwüchsiger. Platons Dialoge machen deutlich, daß Alkibiades sozusagen die Marilyn Monroe seiner Zeit war. Im *Symposion* schreibt Platon: »Ich kann nicht sagen, welch größeres Glück einem jungen Mann beschieden sein kann als ein tugendhafter Liebhaber, und dem Liebhaber als ein geliebter Jüngling.« Sophokles und Euripides sprechen beide von dem Trost, den Knaben Männern bringen: Knaben, die blühen wie Rosen mit leuchtenden, süß duftenden Blütenblättern, deren Augen unaufhörlich bezaubern.

Für die Griechen war die Liebe von Männern zu pubertierenden Knaben keine Perversion, sondern die Basis ihrer Ästhetik und Ethik. In seinen Gesetzen verbot Solon, selbst homosexuell, den Sklaven homosexuelle Beziehungen, da sie das Privileg freier Männer waren. Wenn Liebe frei gegeben und empfangen statt gekauft wurde, wenn sie die Frucht der Werbung war, nicht der Verführung oder Vergewaltigung, gaben homosexuelle Männer einander in Krieg und Frieden Trost und Kraft.

Ihre Verbindungen erbauten sie und lehrten sie, daß das Leben über Egoismus und Gier steht. Und diese Verbindungen waren gesetzlich anerkannt.

Wie ist dies zu erklären? Erstens waren Frauen damals ungebildet und daher uninteressant. Ich kann mich zum Beispiel an kein einziges Wort von einer Frau in Platons Dialogen erinnern. Zweitens wurden männliche Schönheit und Körperkraft mit moralischen Tugenden assoziiert, besonders denjenigen, die in der Formel »das Schöne und das Gute« zusammengefaßt sind. Drittens gingen die Griechen zu ihren Frauen, um durch Kinder unsterblich zu werden, aber zu Jünglingen, um die unsterbliche Schönheit des Geistes neu zu erschaffen.

Die griechische Kultur beweist, daß Homosexualität nicht immer von schlaff aussehenden Männern mit wedelnden Handgelenken und Fistelstimmen praktiziert wird und auch nicht immer grob und destruktiv ist. Außerdem war sie nicht auf Männer beschränkt. Sappho war nicht nur die größte Dichterin, sondern auch die größte Verfechterin lesbischer Liebe.

Selbst den kritischsten Christen dürfte es schwerfallen, diese Kultur einfach als unedel, häßlich, schädlich, unmoralisch abzutun. Wir mögen uns wundern, aber es hilft, zu wissen, daß Homosexuelle eine Gruppe bilden, zu der nicht nur Leonardo da Vinci, Michelangelo, Proust und Walt Whitman gehörten, sondern auch Homer und Sappho, Sokrates und Euripides, also Vertreter jenes Volkes, das der Welt die beste Kunst und Literatur sowie unseren kostbarsten Besitz gab, die Demokratie selbst.

Später bekam ich bei meinen historischen Studien den Eindruck, daß die »Bekehrung« Kaiser Konstantins im 4. Jahrhundert eigentlich die Kirche zum Heidentum bekehrte. Er war es, der die Vorlage für die Machtgeilheit mittelalterlicher Päpste lieferte. Deshalb fand ich es faszinierend, daß ausgerechnet Konstantin Päderastie zum todeswürdigen Verbrechen erklärte und so dem Gebot des Alten Testaments Geltung verschaffte, daß ein Mann, der bei einem Mann liegt, sterben muß. Von dieser Zeit an war die Einstellung des Abendlandes gegenüber Homosexuellen von Abscheu und Verachtung geprägt. Erst in der Napoleonischen Zeit begann man etwas Verständnis zu entwickeln. In angelsächsischen Ländern blieben bis vor einer Generation private homosexuelle Handlungen zwischen Erwachsenen strafbar, wenn auch immerhin seit langem nicht mehr die Todesstrafe darauf stand.

Meine Haltung zur Homosexualität entwickelte sich weiter, als mir klar wurde, daß niemand sich aussucht, homosexuell oder lesbisch zu sein. Wenn Wünsche Gefühle ändern könnten, wären manche Homos mehr hetero als Casanova. Sie werden entweder homosexuell geboren, oder sie werden es durch Erziehung und Umstände, die sie nicht steuern können. Nur langsam, ich gebe es zu, dämmerte mir, daß sie dasselbe Recht haben wie ich, zu leben, wie sie wollen, ohne diskriminiert zu werden.

Die Jahre vergingen. Ich hatte das Glück, als Seelsorger mit Homosexuellen und Lesbierinnen zusammenzukommen. Ich sah, daß sie trotz aller Vorsicht in ständiger Angst vor der Bloßstellung lebten. Oft wurden sie zu Hause verfolgt und fürchteten, ihren Arbeitsplatz zu verlieren. Sie hörten, wie sie in Predigten und in den Medien als Gefahr für die Heterosexuellen beschrieben wurden, die sich für normal und Homosexuelle für abnorm hielten. Ich sah, daß die Art, in der sie behandelt wurden, sie praktisch zu kurzen, flüchtigen, lieblosen Affären zwang.

Mir fiel auf, daß unfaires Etikettieren die Aufmerksamkeit auf die sexuelle Orientierung eines Menschen lenkt. Wir denken von uns selbst oder unserer Familie nicht sofort als »heterosexuell«. Eine Minderheit als »homosexuell« zu bezeichnen betont ihr Anderssein als die Mehrheit und führt unausweichlich zu Intoleranz. Es suggeriert, sie hätten Heilung nötig, obwohl sie eigentlich nur eine Behandlung mit der gleichen Achtung wie alle anderen brauchen. Wenn ein Mann ein hervorragender Sportler, Geschäftsmann, Politiker, Autofahrer ist

– wenn eine Frau schön, intelligent und eine ausgezeichnete Beamtin ist, warum muß man sie dann als »Homosexuelle« etikettieren? Sie sind Bürger, die zufällig gleichgeschlechtlich orientiert sind.

Aus meinen Beobachtungen und Studien – klinischen, historischen und soziologischen – lernte ich, daß nur wenige Homosexuelle pädophil sind; sie begehen nur 3 Prozent der sexuellen Vergehen an Kindern. Außerdem lernte ich, daß die meisten Homosexuellen ihre Neigung entdecken, bevor sie 15 sind. Der *New Kinsey Report* zeigt für die USA, daß von Lesbierinnen und Homosexuellen erzogene Kinder nicht automatisch homosexuell werden. Am bedeutsamsten ist, daß Mediziner die Neigung von Homosexuellen nicht ändern konnten. Eher bekehren Homosexuelle, die über 10 Prozent der Bevölkerung stellen, Heterosexuelle zur Homosexualität, als daß sie heterosexuell werden – trotz massiver Konfrontation mit heterosexuellen Filmen und Verhaltensmustern. Sogar in China, wo das Thema tabu ist und harte Strafen drohen, sind 23 von 1000 Menschen auf dem Land als aktive Homosexuelle bekannt, die Zahlen aus der alten UdSSR sind sogar noch höher. Das sogenannte Schwulenproblem ist häufig eindeutig das Problem der Heterosexuellen, die sich durch etwas, was sie nicht begreifen, bedroht fühlen.

Eine medizinische Sicht

1973 entfernte die American Psychiatric Society Homosexualität als Geisteskrankheit aus ihrem Handbuch für Diagnostik und Statistik. Sie sagte, es gebe keine Anomalien bei Homosexuellen, weder in Chromosomen noch Hormonen, weder biochemisch noch psychologisch. Die einzigen Abweichungen von der Norm im Verhalten – höhere Selbstmordquoten, Alkoholismus, Promiskuität – seien auf die Unfähigkeit der Gesellschaft zurückzuführen, mit ihnen, den Homosexuellen, umzugehen. Allzu lange habe sie Homosexuelle zu den kompliziertesten Tarnungsmanövern gezwungen, um zu verbergen, was eine feindselige Öffentlichkeit nicht verkraften konnte. Der Bericht schloß: »Homosexualität impliziert in sich keine Behinderung der Urteilskraft, Stabilität, Zuverlässigkeit oder genereller, sozialer und beruflicher Fähigkeiten.« Die Aussage, Homosexuelle seien irgendwie fehlangepaßt, krank oder gestört, habe keine klinische Grundlage. Die WHO unterstützte diesen Schluß.

1981 veröffentlichte das amerikanische National Institute of Mental Health den Befund von sechs führenden Wissenschaftlern, der da lautete, daß eine sexuelle Veranlagung biologisch und »von Geburt an in allen Jungen und Mädchen vorhanden« ist. Dies bedeutet, daß es einen genetischen, hormonellen oder neurologischen Faktor gibt, der einen Menschen zur Homosexualität, Heterosexualität oder auch Bisexualität bestimmt. Die Natur der menschlichen Sexualität ist keine Frage der Wahl. Sie schlossen: »Sexuelle Orientierung kann nicht auf Dauer durch Therapie geändert werden.«

Die katholische Sicht

Der bekannteste Homosexuelle in Irland, wo private homosexuelle Handlungen noch strafbar sind, ist Senator David Norris. Er brachte seinen Fall vor den Europäischen Gerichtshof in Straßburg. Dieser entschied, daß Irlands Gesetze menschliche Grundrechte verletzen.

Der Erzbischof von Dublin, der seine Doktorarbeit darüber geschrieben hat, wie Gott sich mit den Engeln verständigt, war anderer Meinung. Anfang 1990 wiederholte er die katholische Ansicht, daß Homosexualität eine Störung sei. Er rede nicht dem Haß auf den Sünder das Wort, sagte er, aber er sehne sich zurück in die gute, alte Zeit, als man in der irischen Gesellschaft nicht davon sprechen durfte.

Norris antwortete am 20. Januar 1990 in der *Irish Times:*

»Ich bin die Sophisterei leid, man könne die Sünde hassen und den Sünder lieben ... Glauben Sie mir, ich weiß, wann ich gehaßt werde. Ich werde gehaßt, wenn man mir sagt, ein fundamentaler Teil meiner Natur, gerade der Teil, mit dem ich Liebe zu meinen Mitgeschöpfen ausdrücke, sei unnatürlich, in sich ungeordnet und objektiv böse. Dies ist der Standpunkt, den der Vatikan zur Zeit einnimmt. Wie kann irgend jemand auf Menschenwürde hoffen oder die geringste Selbstachtung bewahren, wenn er nur unter der Bedingung akzeptabel ist, daß er sich als Ungeheuer oder Verrückter identifiziert und für etwas Schuld empfindet, das seiner Kontrolle entzogen ist?«

In der *Irish Times* vom 1. Februar 1992 warf der Psychotherapeut E. F. Boyne dem Erzbischof vor, er lege Homosexuellen nahe, »ihre Gefühle als böse und als Zeichen der Krankheit zu betrachten ... Was der Erzbischof gesagt hat, ist meines Erachtens eine unmißverständliche Aufforderung zum Selbsthaß.« Ein solches Gefühl führt zum Selbstmord.

Da die römische Kirche unfehlbar ist, hat sie natürlich Schwierigkeiten, aus Erfahrung zu lernen. Sie wiederholt einfach wie ein in Stein gemeißeltes Gesetz »Du sollst nicht« oder Paulus' Verurteilung unnatürlicher Praktiken (Röm. 1,27), als hätte es 2000 Jahre der Forschung über Homosexualität nicht gegeben. Um Liebe geht es ihr nie, vielmehr argumentiert sie immer wieder: »Die Sexualität hat einen Hauptzweck, von dem niemand ohne Sünde abweichen kann. Ein Homosexueller weicht von diesem Zweck ab. Deshalb sündigt er oder sie unausweichlich.«

Kirchenfunktionäre sagen, sie fühlten echtes Mitleid für Homosexuelle und Lesbierinnen und würden ihnen gern helfen. Ein warmes Herz ist freilich kein Ersatz für einen klaren Kopf. Mitleid kann zerstörerisch sein, wenn es auf der Überzeugung beruht, bestimmte Menschen – gestern Juden, heute Homosexuelle – seien Gottes Feinde. Zur Zeit bewirkt keine wichtige Organisation im Abendland so viel Verachtung gegen eine

Minderheit wie die Kirche gegen Homosexuelle. In manchen Ländern plädieren Geistliche sogar dafür, sie zu Kriminellen zu stempeln. Homosexualität nach den detaillierten Befunden angesehener Mediziner weiterhin als Störung zu bezeichnen ist schlimmer als naiv – es ist eine Bedrohung der Bürgerrechte.

Die Sicht eines Vaters

Wenn einer meiner Söhne mir sagte, er sei homosexuell, wäre meine erste Reaktion Enttäuschung. Die Vereinigung von Mann und Frau in der Ehe ist die erfüllendste, die ich kenne. Aus dieser Vereinigung sind meine Söhne selbst hervorgegangen, und wir hatten ein gutes Leben zusammen. Doch ich hoffe, ich würde meinen Sohn ausreden lassen und ihn nicht vorverurteilen. Auf alle Fälle würde ich nicht zu dem Schluß kommen, er sei gestört und neige zu etwas »in sich moralisch Bösem«, weil er anders ist als ich. Wenn er nach medizinischer Beratung überzeugt wäre, homosexuell zu sein, würde ich ihn ohne jeden Vorbehalt akzeptieren. Ich würde ihm helfen, sein Leben aufzubauen, genauso, als hätte er mir von seiner Liebe zu einem Mädchen erzählt, das er heiraten möchte.

Jeder Mensch muß nicht nach kalten, legalistischen Regeln beurteilt werden, sondern in Liebe, die ihn akzeptiert, wie er ist. Es wäre weit besser, mein Sohn fände als liebender Homosexueller Erfüllung, als wenn er einsam wäre und alle Hoffnung auf Glück begraben hätte, weil bestimmte Leute ihren Willen als Gesetz Gottes durchsetzen. Wenn Gott meinen Sohn homosexuell erschuf, wer ist dann der Papst, ihm die Erfüllung seiner Instinkte zu verweigern? Ich glaube, wenn ich meinen Sohn umarmte und mich für ihn freute, würde ich ihm helfen, dem Schlimmsten im Leben zu entgehen: der Promiskuität, dem Leben ohne liebevolle Bindung an einen bestimmten Menschen, mit dem man eine Zukunft aufbauen will.

Skandinavien wies den Weg in die Zukunft, als es Eheverträge zwischen Homosexuellen legalisierte, die wie andere Eheverträge auch Besitzverhältnisse und Erbrechte regeln. Auch sie können nur gerichtlich aufgelöst werden.

Ich sehe Vorteile darin. Wäre mein Sohn homosexuell, wünschte ich, seine Beziehung würde gesellschaftlich anerkannt, damit er offen stolz auf das sein könnte, was er ist. Niemand ist geschaffen, um allein zu sein oder so zu tun, als wäre er allein. Niemand ist dazu geschaffen, mit Heimlichkeiten und Verfolgung zu leben, weil er so und nicht anders geschaffen ist. Es wäre eine doppelte Tragödie, wenn Eltern oder die Kirche jemanden ermutigten, so zu tun, als sei er heterosexuell, ihn vielleicht sogar zum Heiraten drängten. Allzu viele Übereifrige wollen nicht nur ihr eigenes Leben leben, sondern das anderer Menschen dazu. Wir haben alle nur ein Leben und müssen die Möglichkeit haben – mit der geforderten Rücksicht auf die Rechte anderer –, es zu führen, wie wir wollen.

Die Gesellschaft hat aus ihren Fehlern gelernt. Wenn nur die katholische Kirche nicht ablehnend geblieben wäre! Wie lange noch wird sie eine schon schwierige Situation durch Schuldgefühle verschlimmern und eine Gruppe von Menschen verfolgen, die genug Probleme hat?

12.

EHE UND SCHEIDUNG

Die katholische Kirche lehrt, daß die Ehe ein lebenslanger, exklusiver und in sich unauflösbarer Vertrag ist. Wenn die Partner getauft sind, ist dieser Vertrag zusätzlich ein Sakrament. Die römische Kirche verbietet sexuelle Beziehungen vor oder außerhalb der Ehe. Außerdem verbietet sie Scheidung und Wiederheirat.

Rom behauptet, seine Ansichten seien völlig im Einklang mit der Lehre Christi. Jesus hat allerdings wenig zu diesem Thema gesagt, und wenn, ist es offensichtlich widersprüchlich. Deshalb geht Rom hauptsächlich mit Kriterien des Naturrechts an die Ehe heran. Es spricht, als hätte Gott bei der Erschaffung des Menschen einen Konstruktionsplan gehabt, wenn auch keinen willkürlichen. Er konnte nicht die Menschheit erschaffen und ihr eine andere Ehemoral geben, als er selber hat. Die Unauflöslichkeit der Ehe ist nicht gut, weil er sie gebietet – er gebietet sie, weil sie gut ist.

Obwohl prinzipiell jedermann diesen Konstruktionsplan einsehen kann, gebärdet sich die Kirche, als würde nur sie ihn kennen. Insbesondere der Papst sei von Gott bevollmächtigt, zu sagen, was im Hinblick auf Sex und Ehe mit der Natur vereinbar ist.

Dies erklärt, warum Päpste und Bischöfe zum Beispiel reinen Gewissens die sehr strenge Lehre verkünden können, daß Scheidung verboten sei, gleichgültig, wieviel Elend das verursacht. Rom hat die Regeln nicht gemacht; in einem gewissen Sinn hat auch Gott sie nicht gemacht. Es müsse einfach so sein. Päpste haben viel gemein mit den Klerikern, die sich weigerten, durch Galileis Teleskop zu schauen, weil sie schon von Aristoteles wußten, wie es aussehen mußte.

Es ist tröstlich, Gott für die Ethik verantwortlich zu machen. Es befreit die Menschen von der Verantwortung und Schuld, wenn sie anderen grausame Gesetze aufzwingen. Doch hält Roms Anspruch, der wahre Deuter des Naturrechts und der Lehre Christi zu sein, einer Prüfung stand?

Ehe und Anthropologie

Im Licht der Anthropologie ist Roms Theorie zum Naturrecht der Ehe nicht einmal annähernd plausibel. Damit soll nicht bestritten werden, daß sie Gutes bewirkt hat. Es ist zum Beispiel gut für Kinder, zwei Eltern zu haben, die einander in einer stabilen Beziehung unterstützen und ihnen Rollenvorbilder geben. Zu sagen, dies sei eine Notwendigkeit der Natur, geht jedoch zu weit. Die abendländische Form der Ehe und Kindererziehung ist nämlich nicht die »einzig wahre«. Es gibt keine abstrakte, platonische Idee der monogamen Ehe, der reale Ehen entsprechen sollen. Das würde unterstellen, daß andere Religionen wie Judentum, Hinduismus und Islam irren.

Für Anthropologen sind Monogamie und Polygamie nur verschiedene Formen von Beziehungen. Jede hat Vorteile und Nachteile. In der Natur von Mann und Frau ist nichts vorgegeben, das uns abstrakte Urteile für die eine oder andere erlaubte. Polygamie war über Jahrtausende hinweg üblich, und selbst Abraham und Moses, David und Salomo praktizierten sie.

Wenn man mit dem Glauben an Monogamie aufgewachsen ist, führt man Gesetze und soziale Dienste ein, die sie begünstigen. Man mag auch annehmen, Monogamie sei die Standardform der Ehe und es sei Sünde, dagegen zu verstoßen.

Der Islam hat eine andere Familieneinheit; in ihr darf ein Mann bis zu vier Frauen gleichzeitig haben, obwohl wenige das tatsächlich tun. Der Koran sagt, ein Mann sollte nur so viele Frauen nehmen, wie er verkraften kann. »Wenn du glaubst, daß du sie nicht gleich behandeln wirst, dann heirate nur eine, oder halte dir Sklavinnen.«

Der Islam behauptet, er trage der sexuell gefräßigen Natur des Mannes besser Rechnung. Der Beweis sei, daß christliche Männer, die durch Monogamie gebunden sind, zu Prostituierten gingen. Oder sie hätten Affären mit Frauen anderer Männer oder hielten sich Freundinnen. Oder sie ließen sich scheiden und heirateten wieder; der größte Nachteil dabei sei, daß ein Mann seine frühere Frau von sich stoße, als hätte er sie nie geliebt, und seine Kinder verlassen müsse.

Weiter beansprucht der Islam, er harmoniere besser mit der Natur der Frau, die nicht nur Sex, Kinder und finanzielle Sicherheit brauche, sondern auch eine fruchtbare Gemeinschaft mit anderen Frauen. Um so besser, wenn Frauen einen gemeinsamen Ehemann und Haushalt hätten. Sie würden einander bei der Erziehung der Kinder helfen, die davon profitierten, Geschwister zu haben, mit denen sie spielen und streiten können. Ist dies System nicht besser als das abendländische, bei dem viele Frauen einsam sind, tagaus, tagein, an wenige Kinder und ein kleines Haus gebunden?

Da Polygamie im Islam als moralischer gilt als Monogamie, würde die Einführung der Monogamie in islamischen Gesellschaften ebensoviel Chaos, Verzweiflung und Verwirrung verursachen wie die Einführung der Polygamie im Westen. Ein Moslem kann sich ebenso schuldig fühlen, wenn er nur eine Frau hat, wie ein Christ, wenn er sich mehr als eine wünscht. Was bei einem Moslem Liebe und Tugend ist, ist bei einem Christen Lüsternheit und Laster. Dies legt nahe, daß Ehe und Ehegesetze weit weniger »natürlich« sind, als die meisten Menschen glauben.

Zu Problemen kommt es nur, wenn radikale Veränderungen innerhalb einer traditionellen Gesellschaft eintreten. Dann ziehen sich die Autoritäten in alte Positionen zurück und reagieren fundamentalistisch. Im heutigen Abendland finden Christen sich in einer nachchristlichen Gesellschaft; sie ist pluralistisch und weltlich mit schwachen Anklängen an eine christliche Vergangenheit. Alte Gewißheiten sind umgestoßen, heilige Gesetze sind in Frage gestellt, Normen geändert worden. Obwohl unsere Zeit wahrscheinlich nicht besser oder schlechter ist als jede frühere, hat man den Eindruck, daß das Heidentum wieder auflebt – daher die Gardinenpredigten der Kirchenführer gegen die moderne Welt.

Im Licht der Anthropologie sehen wir, daß das, was die Kirche »Naturrecht« nennt, eigentlich eher ein »ökonomisches Recht« ist. In der Menschheitsgeschichte beruhte die Ehe primär auf Geld, erst sekundär, wenn überhaupt, auf Liebe und gegenseitiger Zuneigung. Wie wir in Kapitel 2 sahen, war die Folge im Abendland weitverbreitete Prostitution und für Ehefrauen häufig ein Dasein als Haussklavin. Männliche Vorherrschaft plus unauflösliche Ehe machten Mißhandlungen in der Ehe unausweichlich.

Freilich gelang es der Kirche nie, Scheidung ungesetzlich zu machen. Sogar nachdem das Christentum Staatsreligion des Römischen Reiches geworden war, blieben Scheidungen erlaubt. Kaiser Karl der Große, der das erste Scheidungsrecht einführte, heiratete neunmal. Bald nach Karl dem Großen gewann die Kirche jenen Einfluß, den der Islam heute im Iran und in Pakistan hat. Ihr Scheidungsverbot hatte jedoch oft schlimme Nebenwirkungen wie elende Ehen und männliche Promiskuität.

Die Kirche gewährte weiterhin Scheidungen. Vielmehr, sie verkaufte sie wie Ablässe, wenn auch subtiler, in der Form von Annullierungen. Kirchenrechtler wurden reich durch Beweise, daß unglücklich verheiratete Paare, ohne es zu wissen, in unzulässiger Weise verwandt waren. Verwandtschaft bis zum siebten Grad konnte eine Ehe null und nichtig machen. In Dörfern und kleinen Städten war es praktisch unmöglich, nicht miteinander verwandt zu sein. Wenn nicht blutsverwandt, dann religiös verwandt, zum Beispiel, weil man vom selben Priester getauft oder gefirmt worden war. So konnte eine zehnjährige Ehe mit zahlreichen Kindern annulliert werden, weil die Ururahnen des Paares Brüder gewesen oder weil sie vom selben Bischof gefirmt worden waren. Die Ehe eines Paares mit zehn Kindern konnte wegen Impotenz des Mannes nichtig sein. Wie das möglich war? Weil die Rechtsgelehrten befanden, die Frau habe durch den Zauber einer Hexe vom Teufel empfangen. Manchmal wurde die fehlende Zustimmung eines Partners Jahre nach der Hochzeit »entdeckt«. Als Napoleon Josephine verstieß, plädierte er auf fehlende innere Zustimmung – wie 13 französische Könige vor ihm.

Bis zur Reformation gab es kein weltliches Eherecht. Überraschenderweise bestand nicht einmal Rom auf einen religiösen Ritus. Papst Innozenz III. (1198 bis 1216) sagte, es reiche aus, wenn ein Paar zueinander spricht: »Du bist mein«, um es zu einem Ehepaar zu machen. Erst beim Tridentinum 1563 führte Rom die Vorschrift ein, daß Paare vor einem Priester und zwei Zeugen ihr Einverständnis erklären. Selbst dies galt erst ab 1917 weltweit.

Zu Zeiten der Reformation leugneten die Protestanten, daß Ehe ein Sakrament sei. Luther und andere hielten Polygamie für theoretisch zulässig, weil viele Patriarchen mehrere Frauen gehabt hatten und das Evangelium es nicht verbot. Wie die griechische Kirche und viele Kirchenväter ließen die Reformatoren aufgrund von Matth. 5,32 und 19,9 Scheidung wegen Ehebruch und Verlassen zu. Eine seltsame Folge war allerdings, daß die Unauflöslichkeit der Ehe in protestantischen Ländern viel strenger gehandhabt wurde als in katholischen, weil die kirchenrechtlichen Schlupflöcher für Annullierungen verstopft waren.

Nach der Reformation kehrten viele Paare zu der alten westlichen Praxis der wilden Ehe zurück. In England blieben heimliche Ehen bis 1754 legal; danach mußten Paare in anglikanischen Kirchen heiraten. Erst 1836 wurden standesamtliche Ehen erlaubt.

Die Ehe und das Neue Testament

Auch vom Neuen Testament her ist Roms Position zur Ehe unhaltbar. In *Der Jesus-Mythos* habe ich erläutert, daß Jesus Scheidung und Wiederheirat verbot, weil er glaubte, daß die damalige Weltordnung kurz vor dem Ende stand. Am Ende der Welt sollte die Ehe ihrem Beginn entsprechen, wie er in der Genesis ausgedrückt war. Ein Mann muß Vater und Mutter verlassen und seinem Weib anhangen, und sie werden ein Fleisch sein.

Jesus irrte sich in bezug auf das Reich Gottes. Gegen Scheidung und Wiederheirat zu sein, wenn das Ende nahe ist, ist etwas anderes, als sie in einer Welt zu verbieten, die wahrscheinlich noch Jahrtausende besteht. Zur Kinderfrage schwieg Jesus; bald würden keine Kinder mehr geboren werden. Eine göttliche Katastrophe würde das perfekte Verhütungsmittel sein. Nur, daß die Katastrophe nie kam. So mußten seine Anhänger seine Worte neu deuten, so gut sie konnten.

Jesus hatte Scheidung grundsätzlich verboten, doch die Gemeinde, für die das Matthäusevangelium geschrieben wurde, ließ sie bei Untreue zu. Auch Paulus fühlte sich frei, Regeln für die Auflösung der Ehen von Bekehrten anzugeben, die mit Heiden verheiratet waren. Der Punkt ist: Die Kirche war nie in der Lage, die Worte Jesu als Buch der Antworten zur Moral von Ehe, Scheidung, Fortpflanzung und dergleichen zu benutzen. Noch weniger lohnt es heute, die Evangelien nach Antworten für Probleme zu fragen, die aus neuartigen und bisher unvorstellbaren Fortschritten der Medizin entstehen.

Ein bedrückender Fall

Vor einigen Jahren beschäftigte mich der Fall der 17jährigen Sarah, die ihren Kindheitsfreund Ben geheiratet hatte. Ich unterwies das Paar in der kirchlichen Lehre zur Ehe. An ihrem

Hochzeitstag sah Sarah strahlend aus. Dies war die Erfüllung ihres Traumes. Ihre Flitterwochen beschränkten sich auf eine einzige Nacht, denn Ben war bei der Handelsmarine und mußte an Bord. Er kam nie zurück. In Hawaii brach er sich beim Entladen das Bein. In einem Krankenhaus in Honolulu verliebte er sich in die Krankenschwester. Als er wieder gesund war, fand er dort eine Arbeit, zog mit seiner Krankenschwester zusammen und hatte ein Kind mit ihr.

Als klar wurde, daß Ben nie zurückkommen würde, brachte ich Sarahs Fall vor das Ehegericht der Diözese. Man sagte mir, ich solle fragen, ob das Paar in der Hochzeitsnacht ein Kondom verwendet oder Coitus interruptus praktiziert hatte. In diesem Fall hätte kein Samenaustausch stattgefunden, und die Ehe hätte wegen Nichtvollzugs annulliert werden können. Ich hatte das Paar zu gut unterwiesen. Sie hatten nicht verhütet. Der Monsignore im Ehegericht sagte, die Ehe sei zwischen zwei Katholiken geschlossen, die die »Spielregeln« kannten, wie er sich ausdrückte. Sie sei vollzogen, sie sei unauflöslich. Ich solle Sarah anhalten, für die Rückkehr ihres Mannes zu beten, denn sie sei seine Frau, bis der Tod sie scheide.

Sarahs Mutter, eine fromme Katholikin, war sehr verbittert. »Was soll meine Tochter denn tun, Hochwürden?« fragte sie. »Sie ist 18 Jahre alt, und ihr Mann ist weg für immer. Er hat eine Frau, ein Kind und Arbeit in Hawaii. Soll unsere Sarah den Rest ihres Lebens allein leben?« Ich wußte wirklich keine Antwort. Ich nehme an, Sarah und ich hätten uns verabreden können, den Kirchenrechtlern zu sagen, sie hätten in ihrer Hochzeitsnacht Coitus interruptus praktiziert oder einer von beiden hätte geprahlt, es sei nur eine Probeehe. Ich fürchte, die Institution wäre mit dieser glatten Lüge zufrieden gewesen. Dann wären alle frei gewesen.

Nach einer Weile ließ Sarah sich mit der Unterstützung ihrer Familie und meinem unausgesprochenen Segen scheiden. Ich wußte, sie würde Ben nie wiedersehen oder auch nur wissen, ob er lebte oder tot war. Sie hatte das Glück, einen anderen

Mann zu finden, den sie liebte. Ich freute mich für sie und bedauerte nur, ihre zweite Hochzeit nicht zelebrieren zu können. Am Vorabend erzählte sie mir, wie traurig sie sei, daß sie auf dem Standesamt heiraten muß. Sie fühlte sich wie eine Aussätzige, eine Ausgestoßene, denn nun konnte sie nicht mehr die Sakramente empfangen, bis sie bereute. »Was bereuen?« wollte sie wissen. Daß Ben sie verlassen hatte? Daß sie versuchte, aus ihrem ruinierten Leben noch etwas zu machen?

Die Kirche erwartete, daß Sarah ehelos lebte, obwohl ihr einziges »Verbrechen« war, das Opfer einer zerbrochenen Ehe zu sein. Ich fragte mich: »Ist das wirklich der Geist Jesu Christi? Würde er das wollen, wenn er heute lebte?«

Roms totale Opposition gegen die Scheidung

Der Vatikan sagt, daß die Kirche nie eine Scheidung erlaubt. Wahr ist, daß Päpste regelmäßig Scheidungen für jede Art Menschen erlaubt, außer für Christen, die ihre Ehe vollzogen haben. Deshalb ist es um so überraschender, daß ein Papst nach dem anderen sagte, jede Ehe sei durch Naturrecht in sich unauflöslich. Der Papst glaubt, daß er allein als Stellvertreter Christi das Unauflösliche lösen kann, und das tut er regelmäßig. Er verweigert nur bestimmten Katholiken die Scheidung.

Als mein Buch *Gottes erste Diener* erschien, gab es den Anstoß zu wochenlanger Korrespondenz in der *Irish Times*. Ich hatte geschrieben: »Päpste können durchaus Scheidungen zulassen und tun dies auch bei Heiden, Juden, Moslems und Katholiken, die mit Nichtkatholiken verheiratet sind, nachdem sie einen Dispens wegen ›Unvereinbarkeit des Glaubens‹ erhalten haben.« Ich fragte, warum die Kirche dieses christusähnliche Erbarmen nicht auf Katholiken ausdehnt.

Zwei Priester antworteten, die Kirche erlaube nie eine Scheidung. Manchmal dispensiere der Papst durch seine gottgegebene Vollmacht »von einer nichtsakramentalen Ehe«, das heißt einer Ehe zwischen einem Getauften und einem Nichtchristen. Die Kirche spreche hier von Auflösung, nicht von Scheidung. Keine Macht auf Erden, nicht einmal die des Papstes, könne eine sakramental vollzogene Ehe auflösen.

Der Papst löst nichtsakramentale Ehen auf, aber er gewährt den Partnern keine Scheidung? Das erinnerte mich an einen Mann, der zum Leiter eines Oxforder Colleges berufen wurde. Er zögerte, den Ruf anzunehmen, denn er hatte einen Labrador, und die Hausordnung des Colleges verbot Hunde. Die Direktoren kamen ihm mit der großartigen Erklärung entgegen: »Für den Zweck dieser Ernennung gilt ein Labrador als Katze.«

Als ich behauptete, der Papst gewähre Scheidungen, sagten zwei Priester, das sei falsch. Waren die Paare dann gar nicht verheiratet? Doch, das waren sie. Erlaubt der Papst nicht, daß ein Mann seine Frau verläßt und eine andere heiratet? Das tut er. Warum ist es dann keine Scheidung? Weil Scheidung gegen das Gesetz Gottes ist und der Papst Scheidung nicht billigt. Klar – die Hunde des Papstes sind Katzen.

Wenn ein Papst eine Ehe auflöst, sagt er dem Paar: »Diese Ehe ist zu Ende, und ihr habt das Recht, wieder zu heiraten – sogar in der Kirche.« Eine »päpstliche Auflösung der Ehe« ist eine Beschönigung, die die schlichte Tatsache kaschieren soll, daß der Papst Ehen scheidet, die angeblich unauflöslich sind. Und sie sind in sich unauflöslich, das heißt, sie können nur von ihm aufgelöst werden. Ein Paar kann seine eigene Ehe nicht selbst auflösen, der deutsche, britische und amerikanische Staat kann sie nicht auflösen, aber der Papst kann es.

Rom besteht darauf, daß eine junge Frau wie Sarah, nach einer Nacht der Ehe verlassen, Zeugin ehelicher Treue ist, indem sie den Rest ihres Lebens allein bleibt. Hätte Ben sie geschwängert, hätte ihr Baby vielleicht Zeuge für das Wunder der Vaterschaft sein können, obwohl es nie einen Vater gehabt hätte, der für es sorgte. Roms »Mitgefühl« mit verlassenen Ehepartnern ist etwas, das sie entbehren können. Es ist das

Mitgefühl Eheloser mit einer olympischen Sicht der Menschlichkeit. Zu sagen, Christus billige dies, verschlimmert das Unrecht nur. Als Napoleons Außenminister Talleyrand Bischof von Autun war, bat er Rom um die Erlaubnis, bretonische Frauen, deren Männer auf See verschollen waren, als Witwen zu klassifizieren, damit sie wieder heiraten konnten. Rom lehnte ab. Wie Talleyrand in seinen Memoiren schreibt, mußte es eine Revolution geben, bevor diese Frauen wieder heiraten durften. Dann aber waren viele von ihnen zu alt.

Kirchenrechtler legen die Bergpredigt noch immer im Licht ihrer eigenen, verworrenen Kasuistik aus. Hat Jesus wirklich so spezifische Aussagen über Vollzug, Zustimmung, lebenslange Bindung gemacht? Das einzig Unleugbare ist, daß er die Scheidung Juden verbot, deren Ehen der Papst heute häufig scheidet.

Der Skandal der Annulierungen

Roms Annullierung von Ehen ist heute ein ebenso großer Skandal wie im Mittelalter. Bevor es in Italien die Zivilscheidung gab, war Annullierung der einzige Ausweg aus einer unglücklichen Ehe, weil nur sie vom Staat anerkannt wurde. Der angesehene Autor Brian de Breffny lebte von 1964 bis 1979 in Rom. Er kannte etliche kirchlich getraute Paare mit Kindern. Sie alle konnten sich Anwälte leisten, die einen »Defekt« an ihrer Ehe fanden. Er schrieb in der *Irish Times:*

»Eine Freundin antwortete auf meine Frage, wie sie ihre Annullierung erreicht hatte: ›Es hat mich eine Kapelle gekostet.‹ In einem anderen Fall bekam ein Vater von zwei Kindern die Annullierung seiner Ehe, ich glaube, weil er nicht an ihre sakramentale Natur glaubte. Nach der Annullierung ging er unverzüglich eine zweite Ehe mit einem Mitglied der italienischen Königsfamilie ein.«

Zynische römische Anwälte rieten Paaren oft, vorübergehend

in die Diözese Brooklyn zu ziehen, weil dort Annullierungverfahren einfacher waren.

Ich habe einen katholischen Freund namens Tom. Er verliebte sich in die Anglikanerin Maureen, eine geschiedene Mutter von zwei Kindern. Ein entgegenkommender Kirchenrechtler überzeugte Rom, daß Maureens erste Ehe null und nichtig und ihre Kinder illegitim seien. Als ich sie fragte, ob sie dem zustimmte, sagte sie nein. Ihre erste Ehe hatte gut begonnen, war dann aber vor allem an der Spielsucht des Mannes gescheitert. Sie fühlte sich wie eine Heuchlerin, als sie den kanonischen Prozeß mitmachte, aber es gab keinen anderen Weg, um Tom zu heiraten.

Ein kanadischer Priester, mit dem ich befreundet bin, wurde von den Pflichten seines Priesteramtes dispensiert und heiratete eine geschiedene Frau mit zwei erwachsenen Kindern, nachdem Rom ihre Ehe unter dem fadenscheinigsten Vorwand annulliert hatte. Trotz der vatikanischen Dementis kann jeder sehen, daß diese Fälle Scheidungen durch die Hintertür sind. Sie sind durch und durch unehrlich. Sie erinnern an die Zeit, als eine Zivilscheidung den Beweis der Untreue erforderte und Detektive bezahlt wurden, um den Mann beim Techtelmechtel mit einer anderen Frau zu »erwischen«.

Immer mehr Scheidungen

Trotz dieser Entwicklung sehen viele heute, da die Institution Ehe selbst gefährdet ist, Rom als ihren einzigen Verteidiger. Viele Länder scheiden Ehen ohne Schuldzuweisung nach nur zwei Jahren. Ehen, einst fürs Leben geschlossen, sind heute so zerbrechlich, daß ein Drittel in Großbritannien und Dänemark mit Scheidung enden. Deutschland, Luxemburg, die Niederlande und Frankreich stehen ihnen darin kaum nach. Zweite Ehen werden sogar noch öfter geschieden als erste. Dies führt dazu, daß viele Kinder als Halbwaisen aufwachsen. In der gesamten EG werden 17,8 Prozent aller Kinder unehelich geboren; in Dänemark sind es 46 Prozent. Die Zahl alleinerziehender Elternteile wächst jährlich; 90 Prozent davon sind Frauen. Immer weniger Väter haben irgendeinen Kontakt zu ihren Kindern. Das Family Policy Studies Centre in England veröffentlichte einen Bericht mit dem Titel »Life in Britain 2010«. Bis dahin, so die Schätzung, würden über 50 Prozent der ersten Ehen mit Scheidung enden.

Rom sagt, die Ehe sei so bedroht, daß es der Gesellschaft guttäte, wenn alle Ehen wieder unauflöslich wären. Nach Roms eigener Lehre des Naturrechts steht es sogar noch schlechter. Wenn die Ehe eine lebenslange, ausschließliche Verbindung ist und primär der Erzeugung von Kindern dient, kann es kaum irgendwo noch Ehen geben. Ein Moslem, der zum erstenmal heiratet, schließt die Aussicht auf eine zweite, dritte und vierte Ehe nicht aus; meist schließt er sie sogar ausdrücklich ein. Nach Roms Prinzipien macht das Ethos der Polygamie alle solchen Verbindungen nichtig, sogar die erste. Viele Katholiken, wenn nicht die meisten, halten Scheidung für eine Möglichkeit, wenn die Ehe scheitert. Ist ihr Ehevertrag unter diesem Aspekt einer echten, unauflöslichen Ehe gleichzusetzen? Selbst Rom scheint das zu bezweifeln, denn es annulliert Ehen oft unter dem Vorwand, einer der Ehepartner habe nicht vorgehabt, sich für das ganze Leben zu binden, beziehungsweise Kinder ausdrücklich ausgeschlossen.

Allgemeine Billigung der Scheidung

Scheidung sollte nie eine bloße Option sein, besonders wenn kleine Kinder da sind. Kinder brauchen über lange Zeit Fürsorge. Die Erfahrung einer Scheidung kann selbst älteren Kindern auf Dauer schaden. Paare mit Kindern sollten sich deshalb eine Scheidung sehr genau überlegen.

Die Kirche muß weiter Treue und Opfer nach dem Vorbild

des gekreuzigten Jesus predigen und fördern und sollte deshalb versuchen, die Bedingungen zu schaffen, in denen Monogamie lebbar ist. Heute ist der Druck auf die Kernfamilie fast unerträglich. Es sollte das Hauptanliegen jeder Pfarrei sein, eine Gemeinschaft liebevollen Dienens für bedrängte Familien zu sein.

Viele Ehen scheitern an der Unvereinbarkeit der Charaktere, an Gewalt, Haß und Untreue. Im Abendland ist Monogamie noch die Rechtsnorm, allerdings bei freiem Zugang zur Scheidung. Ohne Scheidung gäbe es wahrscheinlich gar keine Ehen. Die meisten von uns sehen hierin den bestmöglichen Kompromiß in einer Welt unvollkommener Menschen. Auch westliche Frauen, die jetzt frei sind, ihr Leben selbst zu bestimmen und ihren Partner zu wählen, scheinen in der Scheidung die beste unvollkommene Lösung zu sehen. Weit besser, als in einer lieblosen Verbindung zu bleiben, in der es vielleicht Gewalt gibt. Sie ist auch weit besser als das östliche System, wo Frauen mit einem Mann verheiratet werden, der mehrere Frauen hat oder haben wird, die ihm gegenüber alle unfrei sind. Bei all ihren Mängeln – und das sind viele – gilt die Scheidung jetzt selbst bei Katholiken als so human, daß jeder Versuch, sie zu verbieten, undenkbar ist.

Nur Rom denkt nicht daran nachzugeben. Zahlen über das Scheitern von Ehen bestärken es nur in seiner Entschlossenheit, die Unauflöslichkeit der christlichen Ehe zu betonen. Es verweigert Katholiken die Scheidung, selbst wenn sie von ihren Partnern verlassen worden sind. Es ist eine weitere Anomalie, daß Rom den Wert des Familienlebens hochhält und gleichzeitig viele Menschen daran hindert, ebensolches zu genießen. Eine wachsende Zahl gläubiger geschiedener Katholiken ist überzeugt, daß die Haltung ihrer Kirche zu streng ist, und sie heiraten wieder um ihrer selbst willen und um ihren Kindern Geborgenheit zu geben. Wenige verstehen, warum eine junge Frau, die kurz nach der Hochzeit verlassen wurde, nicht wieder heiraten darf. Der Jesus des Matthäus sagt, sie darf; das gleiche sagen viele Kirchenväter. Warum ist Rom so hart – und gegen die Tradition? Ohne jede Rechtfertigung sagt es, eine Ehe aufzulösen, die eindeutig nicht mehr existiert, sei prinzipiell böse.

Professor Anthony Clare schrieb in der Londoner *Sunday Times* vom 11. März 1990: »Im Lauf der letzten 20 Jahre habe ich in Dublin, wo Scheidung verboten ist, und in London, das sich der höchsten Scheidungsrate Europas rühmt, Psychiatrie praktiziert. Mir bleibt nichts anderes übrig, als die Scheidung, wenn auch ungern, als notwendiges Übel zu akzeptieren. Es hat etwas ziemlich Abstoßendes, wenn der Staat darauf besteht, daß Menschen bis in Ewigkeit aneinandergekettet bleiben, wenn zwischen ihnen keine Spur von Achtung, Wärme oder Integrität mehr ist.«

Die Gesellschaft kann nicht die Ehe erleichtern und die Scheidung erschweren. Daß es keine Scheidung gibt, heißt nicht, daß die Familie überlebt; einer der Partner kann durchgebrannt sein. Die Kirche besteht zu Recht darauf, daß Scheidung einen hohen Preis hat, aber nicht einmal die Kirche läßt die geringste Bereitschaft erkennen, ihn zu zahlen. Es gibt wenig neue Strukturen, um das Familienleben zu festigen. Steuerzahler unterstützen die Opfer gescheiterter Ehen jährlich mit Milliarden, die Ehe selbst aber wird kaum unterstützt. Die meisten Länder haben einen Umweltminister; sie täten gut daran, einen Eheminister oder eine Eheministerin zu haben.

Schlußbetrachtung

Scheidung ist wie Krieg eine Tragödie. Und wie Krieg ist sie manchmal nicht nur richtig, sondern notwendig. Wir müssen das Ideal der Ehe achten, aber wir zerstören es, wenn wir sagen, es verbiete die Scheidung unter allen Umständen. Ein Scheidungsverbot würde die Ehe untergraben und das Ideal zu einem Gegenstand der Verachtung machen. Einstein hat gesagt: »Macht alles so einfach wie möglich, aber nicht einfacher.« Es gibt einen Punkt, an dem eine Lehre so einfach wird, daß sie unglaubhaft ist. Die meisten Menschen vertreten heute die Meinung, daß ein Scheidungsverbot sogar für verlassene junge Frauen Schwachsinn ist.

Immer weniger Menschen hören heutzutage auf Rom, immer weniger fühlen sich schuldig wegen Scheidung und Empfängnisverhütung. Sie haben gelernt, daß niemand ihnen die Verantwortung dafür abnehmen kann, ihr eigenes Leben nach ihrem eigenen Gewissen zu führen.

Trotz der Scheidungsflut gibt es heute wahrscheinlich mehr stabile und glückliche Ehen als je zuvor. In der Viktorianischen Zeit gab es keine Scheidung; das bedeutet nicht, daß Ehen nicht zerbrachen. Meist war der Tod der große Scheidungsrichter. Viele Menschen starben früh, und wenige Ehen überlebten lange, nachdem die Kinder groß geworden waren. Vielleicht starb der Mann an den Pocken und die Frau an einer weiteren Schwangerschaft. Dies nahmen die Menschen stoisch hin. Sie blieben ihr Leben lang in demselben Beruf, demselben Haus, derselben, meist kurzen Ehe. Die Kirche sagte ihnen, die Ehe sei zur Fortpflanzung da, eine Pflicht und kein Vergnügen. Scheidung und Wiederheirat aus Liebe kamen erst recht nicht in Frage.

Heute weigern sich Männer und Frauen, auf den Tod zu warten, um einer unerträglichen Verbindung zu entkommen. Von der Ehe erwarten sie nicht nur Sicherheit und Kinder, sondern auch Liebe. Kurz, sie erwarten Erfüllung.

13.

IST DIE EHE EINE STERBENDE INSTITUTION?

Die christliche Ehe hat in letzter Zeit radikale Veränderungen erlebt. Unter den vielen Gründen hierfür sind die folgenden:

1. 1850 hatte ein Mädchen seine erste Menstruation mit 17, heute etwa mit 13. Jungen sind ähnlich frühreif geworden. Die Sexualität ist mit 18, 19 Jahren am stärksten.
2. Vor nicht allzulanger Zeit heiratete man, bevor man 20 war, und viele starben, bevor sie 40 waren. Heute heiratet man mit Mitte 20 und wird 75 bis 85 Jahre alt.
3. Heute zögern viele junge Leute das Heiraten hinaus, weil sie mehrere Jahre zur Berufsausbildung oder zum Studium brauchen. Dann müssen sie sparen, um ein Haus zu kaufen, und ihre Karriere auf den Weg bringen.
4. Bessere Empfängnisverhütung hat zur Folge, daß Paare nicht mehr unter Druck stehen, zu heiraten, sobald sie miteinander geschlafen haben.
5. Bessere Empfängnisverhütung hat die Sexualmoral verändert. Sie hat die Schuldgefühle über außerehelichen Sex beseitigt oder vermindert.
6. Wenige Menschen wollen oder können sich mehr als zwei Kinder leisten. Dadurch haben Paare mehr Zeit füreinander und für ihre Karrieren.
7. Über Sex wird jetzt offen und frei gesprochen. Tabus sind gefallen, religiöse Zwänge gelockert.
8. Frauen können Sex ebenso genießen wie Männer, ohne eine Schwangerschaft zu fürchten – einst ein mächtiges Motiv zum Heiraten.

9. Im größten Teil der Geschichte war der Körper das wichtigste Kapital einer Frau. Sie übereignete ihn einem Mann im Austausch für lebenslange Sicherheit (Ehe), oder sie vermietete ihn für vorübergehenden Gewinn an viele Männer (Prostitution). Heute haben Frauen Bildung und Freiheit, so daß sie auf dem Arbeitsmarkt ebenbürtige Konkurrentinnen sind. Um sich ernähren zu können, müssen sie nicht zum Altar, ins Bordell oder ins Armenhaus gehen.
10. Frauen sind nicht länger bereit, Unterwerfung in der Ehe hinzunehmen, und fordern völlige Gleichberechtigung.

Veränderte Verhaltensmuster

Faktoren wie diese haben erwartungsgemäß zu radikalen Änderungen im Verhalten geführt. 1992 schrieb Duncan Dormer *The Relationship Revolution*. Dieser Bericht über 30 europäische Länder seit dem Zweiten Weltkrieg zeigt, daß 50 Prozent der Paare in der EG ohne religiöse oder staatliche Riten zusammenleben. Im Jahr 2000 werden es wahrscheinlich 80 Prozent sein. Der größte Teil Europas tendiert zum schwedischen und dänischen Modell, wo die meisten Paare ohne Trauschein zusammenleben. Fast die Hälfte der unter Dreißigjährigen wird wahrscheinlich nie heiraten. Die Verbindung der Zusammenlebenden kann zeitweilig oder dauerhaft sein. Da die Hälfte der heutigen Ehen mit Scheidung enden, kann eine zeitweilige Verbindung länger halten als manche Ehen. Viele Paare heiraten, wenn ein Kind kommt, geplant oder nicht. Selbst das bremst die Scheidungsquote nicht; die Folge ist, daß 90 Prozent der Nach-Scheidungskinder ihre Väter nie sehen. Kinder, die von einem Elternteil erzogen werden, leiden durchaus, aber das tun auch Kinder in unglücklichen Ehen, wie die Forschung zeigt.

Die Gesellschaft hat sich so schnell vom Patriarchat zur Gleichberechtigung entwickelt, daß selbst recht junge Eltern den Lebensstil ihrer Kinder nicht nachvollziehen können. Sie erinnern sich an die Tabus ihrer eigenen Jugend, das Fehlen zuverlässiger Verhütungsmittel, die Angst vor außerehelicher Schwangerschaft, das Stigma der unehelichen Geburt, die wirtschaftliche Abhängigkeit der Frauen, das Trauma der Scheidung. Dann sprechen die Medien innerhalb einer Generation weniger von Ehemännern und Ehefrauen als von Partnern und Lebensgefährten. Nur wenige junge Leute haben Skrupel, zusammenzuleben. Sie genießen Sex ohne Furcht vor Schwangerschaft. Sie denken selten von vornherein an eine dauerhafte Beziehung, wenn sie auch dazu werden kann. Ohne breite sexuelle Erfahrung eine Ehe zu beginnen kommt den meisten jungen Leuten unverantwortlich vor. Warum sollen sie riskieren, festzustellen, daß man nicht zusammenpaßt, wenn es zu spät ist? Sie lachen, wenn man sagt, das Zusammenleben mit einem Partner werde sich auf ihre Beziehung zu einem künftigen anderen Ehepartner auswirken. Sie wären überrascht, wenn ihr Ehepartner, für den sie sich schließlich entscheiden, nicht ebenfalls eine oder mehrere sexuelle Beziehungen gehabt hätte.

Ehe ohne Trauschein

Heute neigen junge Leute dazu, sich – abgesehen vom Namen – in jeder Hinsicht verheiratet zu fühlen, auch wenn sie keinen Trauschein haben. Das empfinden sie grundsätzlich als besser, als einen Trauschein zu haben und keine wirkliche Ehe zu führen. Sie kennen viele Menschen, die zwar vor dem Gesetz verheiratet sind, aber keine Achtung voreinander haben. Sie fürchten, die Ehe würde ihre jetzigen hohen Maßstäbe untergraben, nach denen sie einander Freiheit lassen und zur Erfüllung ihres Potentials Mut machen. Junge Leute sagen mit Recht, daß die Liebe das Wesen jeder Verbindung ist, und räumen durchaus ein, daß ein Trauschein ihrer Ehe ein legales

Element hinzufügen würde. In England gibt es zum Beispiel keine Ehe nach Gewohnheitsrecht. Mit einem Mann zusammenzuleben gibt einer Frau oder ihren Kindern nicht das Recht, ihn zu beerben, und ein Mann, der seine Partnerin verläßt, hat nicht automatisch Rechte an den gemeinsamen Kindern. Doch auch rechtliche Aspekte können folgenschwere Auswirkungen auf Beziehungen haben.

Die Faktoren, die dazu geführt haben, daß Paare unverheiratet zusammenleben, haben auch zu anderen Entwicklungen geführt, beispielsweise, daß viele als Singles leben. Manche sind geschieden, andere wollen nie heiraten. Manche haben eine sexuelle Beziehung, flüchtig oder dauerhaft, andere haben keine.

In Frankreich gibt es seit 1975 die einvernehmliche Scheidung; danach verdoppelte sich die Scheidungsquote, und man hatte es nicht eilig mit einer Wiederheirat. Jetzt gibt es 18,4 Millionen erwachsene Franzosen, die allein sind, von denen zehn Millionen alleinstehende Frauen sind, die beruflich im Durchschnitt weit erfolgreicher sind als verheiratete Frauen. Allein in der Pariser Region leben 1,2 Millionen Singles. Viele leben lieber mit ihrer Katze oder ihrem Hund als mit einem Ehepartner. Odile Lamourère, eine Großmutter, argumentiert in ihrem Bestseller *Nous les célibataires,* daß nach einer Ehe wieder ein erfolgreiches Leben als Single beginnen kann. Sie organisiert einen »Salon des Célibataires« in Paris, eine jährliche Tauschbörse für die Bedürfnisse Alleinstehender.

Reaktion der Kirchen

Einige Kirchen haben ihre Ansichten über Empfängnisverhütung und Scheidung modernisiert und beginnen jetzt, die Sexualmoral unverheirateter Menschen neu zu überdenken. Es gibt wichtige soziale Gründe, warum Paare ohne Trauschein oder lebenslange Verpflichtung zusammenleben, und die Kirchen versuchen, auf der Grundlage traditionell christlicher Prinzipien neue Regeln zu formulieren.

Die sexuelle Freizügigkeit mußte zunehmen, als wirksame Empfängnisverhütung nicht nur das Risiko einer Schwangerschaft beseitigte, sondern auch das Schuldgefühl über den Geschlechtsakt selbst. Ein Hauptgrund für die Auffassung, außerehelicher Sex sei böse, war die hohe Wahrscheinlichkeit, ein unerwünschtes Kind in die Welt zu setzen.

Ein Zusammenleben auf Zeit kann wertvoll sein. Zumindest ist es besser als eine »Affäre« oder ein Bordellbesuch. Für Promiskuität, für schnelle Abenteuer, für gierige Triebbefriedigung spricht nichts, aber für eine Verbindung, in der ein Paar einander liebt und achtet, spricht viel. Ein Grund, warum viele Frauen eine Partnerschaft ohne Trauschein vorziehen, ist die Furcht, die Ehe würde ihren Status verschlechtern und sie von einer freien, gleichberechtigten Partnerin zu einer Haussklavin machen.

Es wäre töricht, die Probleme kurzer Beziehungen kleinzureden. Viele junge Leute sind nachlässig und unerfahren in der Empfängnisverhütung, und wenn eine Schwangerschaft eintritt, müssen sie entscheiden, ob sie abtreiben oder nicht. Durch Unerfahrenheit können sie einander mit einer sexuell übertragbaren Krankheit infizieren. Ein Partner kann sich viel stärker für die Bindung engagieren als der andere und gebrochen zurückbleiben, wenn sie endet.

Junge Menschen scheinen mit diesen Problemen fertig zu werden. Die Forschung zeigt, daß sie später zu dauerhafteren Beziehungen fähig sind, wenn sie nicht denken, durch religiöse Überzeugungen programmiert, sie hätten ihr Leben für immer beschmutzt.

Ich bin in einer älteren Tradition aufgewachsen. Ich glaube, daß es in unserer Gesellschaft das Beste ist, vor der Heirat keusch und danach treu zu sein. Ich glaube außerdem, daß eine westliche Frau in der Monogamie oder als Single bessere Chancen der Selbstverwirklichung hat als in serieller Polygamie, wo männlicher Chauvinismus herrscht. Die Kirche predigt mit Recht das Ideal zweier Menschen, die einander ausschließlich und lebenslang lieben. Wenn sie mit Kindern gesegnet sind, sind diese ein geistiges und biologisches Amalgam ihrer beider Person, die Frucht eines einzigartigen, liebevollen und kreativen Aktes.

Doch alle Entwicklungen als unnatürlich oder Sünde abzutun ist nicht hilfreich. Ein Ehepaar kann voller Haß, untreu und egoistisch sein, kurz in Sünde leben, während ein unverheiratetes Paar in einer Liebe leben kann, die so vollkommen ist, wie sie in einer Welt unvollkommener Menschen sein kann. Es ist Zeit aufzuhören, alle sozialen Veränderungen als Sünden zu verdammen, ohne die realen Menschen und ihre realen Geschichten anzuschauen. Ein Paar kann das Zusammenleben vor der Ehe als geringeres von zwei Übeln wählen. Es kann auch das geringere von zwei guten Dingen sein. Es kann das Beste sein, zu dem das Paar fähig ist. Wir sollten alles und alle nach dem Maßstab der Liebe beurteilen. Wer von uns sähe seine Kinder nicht lieber in unverheirateter Liebe leben als in verheiratetem Haß? Wir sollten fragen: Ist diese Beziehung von christlicher Liebe und Fürsorge gekennzeichnet? Wenn sie es ist, sollte die Kirche sie nicht als Sünde abtun, sondern das Gute in ihr fördern.

Gedanken zur Jungfrauengeburt

Radikale Veränderungen in Beziehungen sind auch aus anderen Gründen eingetreten. Wie Verhütungsmittel Sex ohne Kinder ermöglicht haben, machen neue medizinische Techniken es möglich, ohne Sex Kinder zu haben. Es geht um die künstliche Befruchtung, die von manchen Journalisten salopp als »Jungfrauengeburt« bezeichnet wird.

Manche Menschen haben solide Argumente gegen diese Jungfrauengeburten und sagen: »Wir sollten zuerst an das

Kind denken. Es ist kein Haustier und keine Dose Bohnen. Wir sollten nicht das Recht einer Frau auf ein Kind in den Mittelpunkt stellen, denn sie kann egoistische Motive haben. Das Kind hat ein Recht auf zwei Eltern. Um sich voll zu entwickeln, braucht es eine Mutter und einen Vater. Waisen haben eine überwältigende Sehnsucht, zu erfahren, wer ihre Eltern waren. Ein Kind, das durch künstliche Befruchtung mit Spendersamen geboren wurde, wird den Nachteil haben, nichts über seinen Vater zu wissen.«

Aber was ist härter für ein Kind: zu wissen, daß ein Mann für seine Geburt Samen gespendet hat, oder daß seine Eltern einander haßten oder sein Vater es verlassen hat?

Ich habe einen Freund, einen 40jährigen Rechtsanwalt namens Paul. Vor 17 Jahren starb sein Vater Frederick. In ihrem Kummer sagte seine Mutter Harriet etwas, das ihn argwöhnen ließ, Frederick sei nicht sein richtiger Vater. Auf Pauls Drängen gab sie zu, daß Frederick impotent gewesen war und daß sie durch künstliche Befruchtung mit Spendersamen empfangen hatte. Die Klinik hatte ihnen gesagt, der Spender sei 29, Künstler, verheiratet und Vater von drei Kindern. Dieses Wissen vertiefte nur Pauls Liebe zu seinem Adoptivvater, der in Temperament und Aussehen ganz verschieden gewesen war. Besonders bedauerlich für Paul: Sein »Vater« hatte dichtes Silberhaar, während er schon mit 23 begann, kahl zu werden.

Paul ist überzeugt, daß die künstliche Befruchtung mit Spendersamen das Richtige für seine Eltern und ihn war. Als ich ihn fragte, ob er mehr über seinen richtigen Vater und mögliche Halbgeschwister wissen wolle, sagte er ja, doch in seinem Alter und in einer glücklichen Ehe sei es kein großes Problem für ihn. Er wußte, er war erwünscht gewesen und von einem Paar erzogen worden, das ihn und einander liebte. Er bedauerte nur, daß er Frederick nicht für seine Großmut danken konnte.

Opposition der Kirchen gegen Jungfrauengeburten

Englische Bischöfe jeder Couleur attackierten die Entscheidung einer 32jährigen ledigen Akademikerin, die in den britischen Medien Catherine genannt wurde, ein Baby zu haben, trotz ihrer Lehre, daß Jesus von einer Jungfrau empfangen und geboren wurde. Viele puritanische Kirchenväter wie Augustinus hätten künstliche Befruchtung mit Spendersamen sogar recht attraktiv gefunden. Sie hätten gesagt, daß Babys, die ohne Fleischeslust ihrer Eltern empfangen werden, ebenso frei von Erbsünde sind wie Jesus und keine Taufe brauchen – kein geringer Vorteil.

Die Opposition des anglikanischen Erzbischofs von York, Dr. Hapgood, war insofern kurios, als er eine frühere Jungfrauengeburt in seiner eigenen Gemeinde nicht kritisiert hatte. Drei Jahre bevor Catherines Fall ans Licht kam, hatte die ledige anglikanische Geistliche Lesley Northup in Amerika beschlossen, ein Baby zu haben. Als sie dies ihrem Bischof Paul J. Moore sagte, gab er ihr seine »uneingeschränkte Unterstützung«. Statt Sperma beim Beratungsdienst anzufordern, wählte Frau Pastor Northup ein Komitee aus drei Männern, die, wie sie sagte, »gesund und relativ stabil« waren. Warum hätte sie es auch nicht so machen sollen, da alle drei Priester waren? Es gibt keine Anzeichen, daß der Bischof mehr beisteuerte als seinen Segen. Die Dreifaltigkeit aus klerikalen Kollegen belieferte Frau Pastor Northup mit dem erwünschten Sperma, und sie behandelte sich selbst mit einer Spritze. Dieses christliche Gemeinschaftswerk resultierte in einem kleinen Mädchen, von dem die Mutter sagte: »Sie hat keinen Vater, nur einen Spender.«

In Catherines Fall ernannte der Vatikan unverzüglich einen Ausschuß, um ihr zu sagen, daß sie gegen jede Regel verstoßen habe. »Es ist unnatürlich und deshalb in sich böse«, sagte der Ausschuß. »Niemand hat ein Recht auf ein Kind. Es ist Gottes

Geschenk, und niemand darf es seiner Hand entreißen. Die Ehe ist der einzige Kontext, in dem man ein Kind haben soll.«

In ethischen Fragen fühlen sich die Kirchen wohler mit pauschaler Zustimmung oder Ablehnung. Ihre Regeln haben ihnen gute Dienste geleistet, manchmal jahrhundertelang. Regeln machen das Leben für alle einfach, insbesondere für Kleriker. Deshalb fällt es ihnen schwer, mit ethischen Problemen zurechtzukommen, die sich mit jedem Jahr ändern.

Viele Frauen wollen wie Catherine ein Kind, ohne zu heiraten und ohne Dauerbeziehung zu einem Mann. Statt zu fragen, warum diese Situation entstanden ist und ob sie etwas Gutes hat, ist es viel leichter, zu sagen, Gott, Jesus, die Bibel oder die Kirche verdamme sie. Aber Verdammen ist kein Argument. Auch Traditionen nicht, wenn sie nur Antworten auf völlig andere Fragen gaben. Völker, Gesellschaften, Umstände ändern sich, und manchmal, wie in unserer Zeit, ganz grundlegend. Heute sagen viele Frauen, daß sie einen Mann in ihrem Leben nicht brauchen oder nicht wollen. Dies muß man im Zusammenhang mit den radikalen Veränderungen in der Beziehung zwischen Mann und Frau sehen, die wir schon untersucht haben. Es mag ein zeitweiliges Phänomen sein, eine Reaktion auf unerträglichen männlichen Chauvinismus; es mag von längerer Dauer sein. Was auch immer der Grund sein mag – man sollte es mit Sympathie, Verständnis und Achtung anschauen, nicht mit schroffer Ablehnung. Das gleiche läßt sich über alle anderen medizinischen Fortschritte sagen, die es Frauen erlauben, Kinder zu empfangen. Diese Methoden werden wir jetzt untersuchen.

14.

SEX UND GENETIK

Am Dienstag, dem 25. Juli 1978, wurde in einem Krankenhaus in der nicht sehr schicken nordenglischen Stadt Oldham ein Mädchen geboren. Die Polizei mußte Horden von Journalisten und Fotografen in Schach halten. Tausende Pfund wurden dem Krankenhauspersonal für Insiderinformationen geboten. Die Ärzte, die bei der Geburt anwesend waren, versuchte man mit riesigen Bestechungssummen für eine Exklusivstory zu gewinnen.

Die Mutter war nicht von königlichem Geblüt, sondern eine kräftige Hausfrau mit einem der gewöhnlichsten englischen Namen: Brown. Während Krankenhausfunktionäre diskutierten, wer berechtigt sei, die Geburt zu filmen, prüfte Dr. Steptoe Herzschlag, Blutdruck und Urin seiner Patientin Lesley Brown.

Um 23.42 Uhr filmte ein dreiköpfiges Kamerateam, wie Dr. Steptoe mit einem Einschnitt vom Nabel bis zum Schambein begann. Minuten später drang der Kopf des Babys durch die Schnittstelle nach oben. Eine Schwester saugte ihm den Mund aus. Steptoe kontrollierte, ob der Hals frei von der Nabelschnur war. Er zog die Schultern heraus, stützte mit der rechten Hand den Rücken, und der Leib folgte, mit der pulsierenden Nabelschnur um den linken Oberschenkel. Es war 23.47 Uhr.

Über den OP-Masken sahen lächelnde Augen ein dralles, gesundes Baby, das laut schrie. Louise Brown brachte gute fünf Pfund auf die Waage. Sie wurde eingewickelt und in ein Bettchen gelegt; dort wurden ihr Mund und Hals noch einmal ausgesaugt.

Steptoe fuhr fort, die Wunde der Mutter zu vernähen, Fruchtwasser und Blut abzusaugen. Er achtete darauf, die genähte Gebärmutter herauszuheben, damit die Kamera für die Nachwelt festhalten konnte, daß sie keine Eileiter hatte. Das Baby war etwas Besonderes. Es war das erste, das außerhalb des Mutterleibes empfangen worden war, plakativ ausgedrückt: Louise Brown war das erste Retortenbaby.

Retortenbabys

Lesley Brown gehört zu den 2 Prozent Frauen, deren Eileiter durch Infektionen blockiert wurden. Davon sind weltweit Abertausende von Frauen mit Kinderwunsch betroffen. Um ihnen Hoffnung auf eine Mutterschaft zu machen, arbeiteten der Wissenschaftler Robert Edwards und der Frauenarzt Patrick Steptoe über zehn Jahre zusammen daran, die In-vitro-Befruchtung und Einpflanzung des Embryos in die Gebärmutter zu vervollkommnen.

Als Nachrichten über ihre Experimente durchsickerten, wurde Aldous Huxleys *Schöne Neue Welt* beschworen. Was, wenn ein Zyklop oder ein Frankenstein-Monster geboren würde? Paul Ramsey, ein protestantischer Theologe in Princeton, sagte, er hoffe fast, das erste Retortenbaby würde behindert sein; das würde der widerlichen Prozedur Einhalt gebieten. James Watson, berühmt für seine DNS-Forschung, die der Gentechnik den Weg bereitete, warnte Steptoe und Edwards öffentlich: »Sie können nur fortfahren, wenn Sie Kindermord als Notwendigkeit akzeptieren. Was machen wir mit den Fehlschlägen?« Der katholische Erzbischof von Liverpool bezeichnete die Experimente als »unmoralisch«. Empfängnis sei das Werk Gottes. Man solle an Sarah und die Jungfrau Maria denken. Ein Paar könne um ein Wunder beten oder nach Lourdes pilgern. Doch es sei böse, der Natur ins Handwerk zu pfuschen. Eine Retorte sei nicht heilig genug, um das Leben dort beginnen zu lassen.

Edwards und Steptoe kannten die Not, sogar Schuldgefühle von Frauen, die keine Kinder bekommen können, und fanden, daß Gott manchmal Hilfe braucht. Seit der Schöpfung war er gut im Delegieren.

In jenem Winter präsentierten sie ihre Forschung vor dem Royal College of Obstetricians and Gynaecologists (Verband der Fachärzte für Geburtshilfe und Frauenheilkunde). Zum erstenmal in der Geschichte dieses Colleges bekamen die Referenten Standing ovations. In den USA empfahl der Ethikausschuß, der das Ministerium für Gesundheit, Bildung und Soziales beriet, In-vitro-Befruchtung mit Bundesmitteln zu fördern.

Obwohl Louise Brown weder als Monstrum noch behindert geboren wurde, reagierte der Klerus nicht mit überschäumender Begeisterung. Viele fanden, die Wissenschaft habe die Büchse der Pandora geöffnet. Rom meinte, wenn Paare unfruchtbar seien, sollten sie das als Gottes willen und in christlicher, das heißt völlig passiver Haltung annehmen. Die Ärzte hätten in mehrfacher Hinsicht gesündigt. Steptoe hatte gesunde Eizellen aus den Eierstöcken entnommen. Edwards hatte Spendersamen durch Onanie bekommen. Spermien und Eizellen waren in einer Petrischale zusammengeführt worden statt im Mutterleib nach natürlichem Geschlechtsverkehr. Am Anfang hatte Edwards sogar seinen eigenen Samen verwendet, um Eizellen zu befruchten und zu sehen, wie sie sich entwickelten – eine neue Art des Ehebruchs. Außerdem ließ er Embryonen absterben oder drückte sie zur mikroskopischen Untersuchung flach. Dies lief auf Massenmord hinaus, und erschwerend kam hinzu, daß er Menschen tötete, bevor sie sich durch Taufe für den Himmel qualifizieren konnten. Rom ist sehr streng. Da jede befruchtete Eizelle ein Mensch mit Menschenrechten ist, sollten selbst zehn bekanntermaßen geschädigte Embryonen in den Mutterleib eingepflanzt werden, um Serienmord zu vermeiden.

Edwards sagte, die Kritiker wollten nicht nur die Geburt

schöner Babys wie Louise verhindern, sondern auch den Fortschritt in einem spannenden neuen Gebiet aufhalten. Das Beharren auf alten Vorschriften verstelle den Weg in die Zukunft. Neue Richtlinien müßten formuliert werden, die in offenen Gesprächen zwischen Ethikausschüssen, Ärzten, Wissenschaftlern, Juristen, Kirchenmännern und gewöhnlichen Bürgern, deren Leben von medizinischen Fortschritten tiefgreifend verändert werde, gefunden werden müßten.

Edwards sieht in stecknadelgroßen Embryonen nichts weiter als undifferenzierte Zellgruppen. Die meisten Katholiken sind seiner Meinung. Nur wenige würden wie Rom sagen, befruchtete Eizellen in einer Petrischale seien Menschen mit demselben Recht auf Leben wie Babys in ihren Bettchen. Oder daß es Mord sei, befruchtete Eizellen auf Glasplättchen flachzudrükken, um ihre Zellkerne und Chromosomen zu mikroskopieren. Er sah nichts Böses daran, den in Kulturen gezüchteten Embryonen im frühesten Stadium die Stammzellen verschiedener Organe zu entnehmen und sie zu verwenden, um Schäden an anderen zu beheben. Er lehnte es dagegen ab, entwickelten Föten mit erkennbar menschlichen Formen Organe zu entnehmen, um damit Schäden an anderen zu beheben.

Sein Hauptargument war: Nur im Labor ist es möglich, den Beginn des menschlichen Lebens zu beobachten, das Entstehen und Wachsen von Körpergewebe – Herz, Blutgefäße und Gehirn. Untersuchungen in dieser Phase könnten zur Entdekkung der Ursachen von Mongolismus und geistiger Behinderung führen. Sie könnten zeigen, wie Röteln und Pharmaka wie Contergan Embryonen schädigen und warum manche Embryonen das Leben der Mutter gefährden.

Ein anderer Bereich, in dem Gott Hilfe braucht, ist männliche Unfruchtbarkeit. Bis vor kurzem war der einzige Rat für einen zeugungsunfähigen Mann, weite Hosen zu tragen und seine Hoden gegen Überhitzung in kaltes Wasser zu tauchen. Jetzt wird die Oligozoospermie erforscht – die zu geringe Zahl von Samenzellen aufgrund langsamer Bewegung und abnormer Formen. Sperma kann von Sauerstoffmolekülen geschädigt werden. Sie machen die äußeren Membranen starr, so daß das Verschmelzen mit der Eizelle erschwert wird. Die Vitamine C und E vermindern die Starre. Computer werden eingesetzt, um die Qualität des Spermas zu ermitteln und zu entscheiden, ob In-vitro-Befruchtung angezeigt ist. Mit einer Nadel, die einen Bruchteil so dick ist wie ein menschliches Haar, kann die gesündeste Samenzelle in die Eizelle injiziert werden. So sind viele bislang unfruchtbare Männer Väter geworden, darunter Katholiken, die die Opposition ihrer Kirche unvernünftig finden.

Innovationen und Projektionen

Zusätzlich zu Blutbanken gibt es heute Samen- und Eizellenbanken zur Befruchtung mit Spendersamen und In-vitro-Befruchtung. Manche Eheleute bewahren ihre Embryonen auf, damit sie, falls eines ihrer Kinder stirbt, sie ein neues haben können. Manchmal stellen sie ihre gelagerten Embryonen unfruchtbaren Paaren zur Verfügung.

Bald kann es eine Art Markt für Tiefkühlbabys geben, nicht viel anders als der Markt für Tiefkühlkost. Eigentümer werden Kataloge für Samen- und Eizellen wie die von Pferdezüchtern veröffentlichen, in denen nicht nur der Preis angegeben wird, sondern auch die Religion des Spenders oder seine geistigen und körperlichen Eigenschaften. Eine religiöse Dame wird sich vielleicht für das Sperma eines Bischofs entscheiden; die Eizelle einer Nobelpreisträgerin könnte attraktiv für einen Intellektuellen sein. Ehelose Kleriker spenden vielleicht recht gern Samen für diese Banken, um sich irgendwie für die lange Bemühung der Evolution zu revanchieren, der sie ihr Leben verdanken.

Einige Science-fiction-Autoren haben den einzigen Weg aufgezeigt, auf dem die Menschheit den Weltraum erobern könnte. Ein paar Menschen besteigen eine Rakete. Sie sind die

Hüter von Embryonen, die ausgebrütet und ausgebildet werden, um ihren Platz einzunehmen, wenn sie sterben. Wenn die Tage der zweiten Generation gezählt sind, wird die dritte aufgetaut und so fort.

Ein juristisches Minenfeld

Wenn eine Frau kein Kind bekommen kann, weil sie keine Gebärmutter hat, kann der Embryo von einer anderen Frau ausgetragen werden. Wenn eine berufstätige Frau sich nach einem Baby sehnt, aber weder heiraten noch ihre Karriere durch eine Schwangerschaft unterbrechen will, kann sie sich entscheiden, ihre Eizelle von einem Spender befruchten und einer anderen Frau einsetzen zu lassen, die das Kind für sie austrägt.

Die Leihmutterschaft hat zu vielen seltsamen Konstellationen geführt. Eine Großmutter hat ihre eigenen Enkel geboren, eine Frau hat ihre Schwester, eine Tante ihre Nichte geboren. Die Leihmutter kann ihren Dienst gratis oder gegen Bezahlung zur Verfügung stellen. Daraus mußten rechtliche und emotionale Komplikationen entstehen.

In New Jersey erklärte sich Mary Beth Whitehead 1987 bereit, sich künstlich von einem Mann befruchten zu lassen, dessen Frau unfruchtbar war. Nachdem sie geboren hatte, behielt Mary Beth das Baby M, das genetisch zur Hälfte ihres war. Das Gericht zwang sie zur Herausgabe, aber sie bekam Besuchsrechte.

1990 ließen Mark und Crispina Calvert aus Kalifornien ihren eigenen Embryo in Anna Johnson einpflanzen, die sich bereit erklärte, das Baby für 10 000 Dollar auszutragen. Nach der Geburt wollte Frau Johnson von dem Vertrag zurücktreten und sagte, sie sei in tiefer Trauer um ihren Sohn. Ein kalifornisches Gericht entschied, Anna Johnson sei gleichsam nur der Brutkasten, und bezeichnete die Calverts als leibliche Eltern. In

Großbritannien hingegen gehört das von einer Leihmutter ausgetragene Kind rechtlich ihr, und die genetischen Eltern müssen ihr eigenes Baby adoptieren.

Jede Woche kommen neue Probleme ans Licht. Eltern, die ihr Kind von einer Leihmutter austragen lassen, können es zum Beispiel nach der Geburt zurückweisen. Es kann behindert sein oder ihnen häßlich vorkommen. Veränderte Umstände – Armut, ein Unfall, Krankheit – können verhindern, daß die eigentlichen Eltern ihr Kind zu sich nehmen. Wenn eine Untersuchung ergibt, daß ein Fötus geschädigt ist, kann die Leihmutter gegen die Wünsche der genetischen Eltern auf Abtreibung bestehen – oder umgekehrt. Vor, während und nach der Leihmutterschaft ist eindeutig eine Menge Beratung nötig.

Ein geschiedenes Paar kämpfte um den Besitz seiner tiefgefrorenen Embryonen. Die Frau wollte sie verwenden, um Mutter zu werden; der Vater wollte nicht von einer Frau, mit der er nicht mehr verheiratet war, zum Vater gemacht werden. Auch seine neue Frau war dagegen. Wem gehören in diesem salomonischen Fall die Embryonen? Mann und Frau gemeinsam? Ist die Frau nach einer Scheidung noch berechtigt, Embryonen zu verwenden, die von ihrem ehemaligen Mann befruchtet sind? Wenn er stirbt, ist der Embryo dann erbberechtigt?

Ein anderes Minenfeld: Samenspender waren immer anonym. Jetzt fordern deutsche und britische Behörden ein Register. Dadurch wird ein Kind seine Abstammung und Familiengeschichte feststellen können. Es kann sogar Inzucht verhindern, etwa wenn ein Junge die Tochter seines Spenders heiraten will. Wenn solche Register allgemein eingeführt werden, werden Retortenbabys ebenso berechtigt sein, ihre Väter zu kennen, wie adoptierte Kinder.

Nehmen wir den Fall einer 23jährigen Hamburgerin von Ende 1991. Im Gericht wurde sie »Silke« genannt. Ihre Mutter hatte ihr gesagt, daß sie durch künstliche Befruchtung empfangen worden war. Jahrelang hatte sie eine Identitätskrise. Das

Karlsruher Verfassungsgericht entschied, daß die deutsche Verfassung jedem Bürger das Recht garantiert, seine »Urheber« zu kennen. Silke ging zu der Samenbank, die ihre Mutter aufgesucht hatte, um herauszufinden, wer ihr Vater ist. Er war damals Student und ist jetzt Zahnarzt in Kanada. Sie flog über den Atlantik, um ihn kennenzulernen. Es war kein großartiges Erlebnis, aber sie fühlte sich dadurch zum erstenmal im Leben als ganzer Mensch.

Der Fall hat weitreichende Implikationen. Im November entschied ein Gericht, daß ein unfruchtbarer Mann aus Celle nicht unterhaltspflichtig für das Kind seiner Frau ist, das von Spendersamen abstammt. In Deutschland haben fünf Millionen Männer Samen gespendet, und 1,3 Millionen Frauen sind durch künstliche Befruchtung schwanger geworden. Es sind also weitere Rechtsfälle zu erwarten. Die Spender fürchten Belastungen für ihre Familien, wenn aus heiterem Himmel Sprößlinge von ihnen erscheinen. Sie werden auch nicht begeistert sein, wenn ihre genetischen Kinder mit Forderungen nach Unterhalt oder Entschädigung für Behinderungen kommen.

Die Gesellschaft muß neue Normen für diese neuartigen Probleme entwickeln. Juristen müssen bindende Verträge aufsetzen, die festschreiben, wem ein Retortenbaby gehört, ob Leihmütter Honorare und Besuchsrechte bekommen sollten. Für Beratung muß gesorgt werden. Wie eine ledige Frau, die ihr Kind zur Adoption freigeben will, täte eine Leihmutter gut daran, keine Bindung zu dem Kind zu entwickeln. Eine Möglichkeit, dies zu erleichtern, wäre, daß die Leihmutter einer anderen Rasse angehört als das Baby.

Wir können nicht erwarten, daß ein so erfindungsreiches Tier wie der Mensch immer und stets alles schon geregelt hat, aber das Gesetz sollte wenigstens versuchen, für die Folgen dessen, was es erlaubt, Sorge zu tragen. Im komplexen Vertragsrecht ist dies schon geschehen. Allein zwischen medizinischen Fortschritten und entsprechenden Gesetzen wird es unweigerlich zeitliche Verzögerungen geben.

Ein moralisches Minenfeld

Wenn Forscher Embryonen außerhalb des Mutterleibes züchten können, stellt sich die Frage: Ist es ethisch richtig, sie zu Forschungszwecken zu verwenden?

1990 verbot der Deutsche Bundestag nach fünf Jahren hitziger Debatten die Forschung mit Embryonen. Verständlicherweise, erinnert doch die »Gentechnik« an die schlimme Forschung an Menschen in der Nazizeit. Nichtsdestoweniger werden deutsche Genetiker sehr von ihrem Zugriff auf eine EG-Datenbank profitieren.

Andere, weniger traumatisierte Länder unterscheiden zwischen Ungeheuern wie Mengele und humanen Wissenschaftlern wie Steptoe und Edwards. So erlauben selbst das katholische Spanien und Italien bestimmte, eingeschränkte Formen der Embryonenforschung.

Am 8. Februar 1990 debattierte das britische Oberhaus über die Rechtmäßigkeit von Forschungen nach den Ursachen der Unfruchtbarkeit und nach Möglichkeiten der Heilung von schweren Krankheiten. Der Bischof von London war dagegen, der Erzbischof von York war beim gegenwärtigen Wissensstand dafür. Er wandte sich gegen das, wie er sagte, »Schreckensbild teuflischer Ärzte, die mit armen, schreienden Embryos experimentieren«. Der führende katholische Peer, der Herzog von Norfolk, vertrat Roms Position. Er sagte: »Der Embryo ist der Beginn des Lebens und muß denselben Status im Leben bekommen wie ein Kind, ein Erwachsener oder ein Mitglied dieses Hauses. Ich sehe keinen Unterschied zwischen diesen und dem Leben eines Embryos.« Die Unfähigkeit Seiner Gnaden, zwischen einem eine Stunde alten Embryo und einem hermelinbemäntelten Peer zu unterscheiden, bestürzte so manchen der Lords. Mit einer Mehrheit von 238 zu 80 erlaubten sie Forschung an Embryonen, zunächst in den ersten 14 Lebenstagen.

Kardinal Hume von Westminster nahm dies als Beweis, daß

England nicht mehr christlich oder auch nur zivilisiert sei. Auch hier sieht die römische Kirche kein Potential zum Guten. In Humes Augen hatte das Oberhaus beschlossen, einen Menschen (womit er den frühen Embryo meint) zu benutzen, um einem anderen möglicherweise zu helfen. Das heißt Böses tun, damit Gutes daraus folgt. Er setzt voraus, daß ein eintägiger Embryo bereits ein Mensch ist. Im nächsten Kapitel werden wir sehen, daß diese Meinung, die viele für katholisches Dogma halten, irrig ist. Viele Menschen heute glauben, daß Embryonen bis zu 14 Tagen keine Personen sind, und es gibt gute Gründe, sie für medizinische Forschung zu verwenden.

Manche Verfahren, die jetzt in Betracht gezogen werden, sehen auf den ersten Blick aus wie etwas aus einem Horrorfilm. Gewebe von Fehlgeburten kann Parkinson-, Alzheimer- oder Huntington-Patienten eingepflanzt werden. Daran scheint nichts Unmoralisches zu liegen. Was aber, wenn für diesen Zweck ein Fötus benutzt wird, der abgetrieben wurde? Wenn die Abtreibung moralisch in Ordnung war, scheint es keinen Grund zu geben, ihn nicht zum Nutzen der Menschheit zu verwenden. Ist es schließlich moralisch, ein Baby, das nur mit einem Ansatz von Gehirn und einem Gehirnstamm geboren wurde, durch Beatmung am Leben zu halten, damit sein Gewebe einem Erwachsenen eingepflanzt werden kann, der lange krank ist? Wie wir sehen werden, finden viele Eltern solcher ohnehin todgeweihten Babys den Gedanken tröstlich, daß ihre Kleinen etwas für die Menschheit beigetragen haben.

Die Wissenschaft hofft jetzt durch Embryonenforschung die Ursachen von Erbkrankheiten zu finden, die die Menschheit schon immer geplagt haben. 5 Prozent von uns haben zum Beispiel eine einzelne Kopie eines mutierten Gens, das zystische Fibrose verursacht. Wenn ein Mann und eine Frau mit diesem Gen heiraten, besteht die Wahrscheinlichkeit von 1:4, daß ihre Kinder die beiden mutierten Gene erben, die zystische Fibrose verursachen, und früh sterben.

Rom gibt dem Paar nicht viele Alternativen. Es kann auf Sex

verzichten, ihn auf die sicheren Tage beschränken und hoffen, daß es kein Kind bekommt, oder auf Gott vertrauen und sich weiter vermehren. Wenn sie ein weiteres Kind mit zystischer Fibrose bekommen, wird Gott ihnen die Gnade schenken, damit fertig zu werden.

Ärzte haben mehr Alternativen zu bieten. Das Paar kann durch die Pille sicheren Sex haben. Es kann versuchen, ein weiteres Kind zu haben; in diesem Fall wird der Fötus im Alter von zehn Wochen untersucht. Wenn er zystische Fibrose hat, kann eine Unterbrechung der Schwangerschaft angeboten werden. Jetzt ist eine weitere Alternative in Reichweite: Der Embryo kann künstlich im Labor befruchtet und seine Gene können dort untersucht werden. Wenn er gesund ist, kann er der Mutter eingesetzt werden. Der Vorteil dieser Methode ist die Gewißheit der Eltern, daß ihr nächstes Kind keine zystische Fibrose haben wird.

Rom verdammt diese Lösung von vornherein. Abgesehen von seinen bekannten Einwänden gegen die Gewinnung männlicher Spermien durch Onanie und so weiter, vertritt es die Meinung, es sei Mord an einem Menschen, Embryonen mit geschädigten Genen absterben zu lassen. Wenn ein Arzt feststellt, daß ein gezüchteter Embryo die mutierten Gene hat, muß er ihn trotzdem der Frau einsetzen. Es ist weit besser, daß sie ein zweites behindertes Kind bekommt, als daß der Embryo getötet wird. Dieser erstaunliche wissenschaftliche Durchbruch ist in Roms Augen nichts als eine moralische Gefahr. Der einzige Weg, auf dem Babys in die Welt kommen dürfen, ist der »natürliche«, der Weg Gottes. Angesichts der Häufigkeit beispielsweise von zystischer Fibrose werden viele fragen: Muß der Weg Gottes so unvernünftig sein, so zufällig, so befrachtet mit der Möglichkeit der Katastrophe?

Es gibt jetzt weltweit mehrere Projekte mit menschlichen Genomen, die versuchen, die rund 100 000 Gene an den 46 Chromosomen zu identifizieren. Mit der Isolierung schadhafter Gene in der menschlichen DNS, etwa derjenigen, die multiple Sklerose oder Huntingtonsche Chorea verursachen, werden sich in den kommenden Jahren viele neue ethische Fragen stellen. Die meisten Katholiken werden es vorziehen, schlechte Katholiken zu sein und Roms Bannstrahl zu ignorieren, aber für denkende Katholiken ist er weiterhin ein Ärgernis.

Eine neue Welt tut sich auf

Die meisten Menschen finden In-vitro-Befruchtung und Gentechnik faszinierend. Es gibt natürlich Gefahren, und der menschliche Erfindungsreichtum wirft in jedem Jahr mehr ethische Fragen auf als früher in jedem Jahrhundert. Doch wir können den Fortschritt nicht aufhalten, und wir sollten es auch nicht wollen.

Es deprimiert mich, daß meine eigene Kirche, von ihrer Lehre des Naturrechts behindert, nichts beizusteuern hat als eine lange Reihe von Anathemas, obwohl die Gentechnik beispielsweise zu weniger Abtreibungen führt. In meinen Augen manövriert sich Rom selbst ins Abseits, indem es die In-vitro-Befruchtung verbietet, auch wenn die Spender verheiratet sind und das Ergebnis ein schönes Baby ist wie Louise Brown. Hier wie überall sonst führt sein Extremismus in die Absurdität.

Es hat zum Beispiel noch keine Eierstocktransplantation von einer toten Spenderin gegeben. Doch im Prinzip ist sie nicht schwieriger als die Transplantation von Herzen, Lebern oder Nieren. Nehmen wir nun an, eine Frau (Ruth) hat bereits mit einer Eizelle von einer anderen Frau (Melanie) ein Kind bekommen. Nehmen wir weiter an, Melanie stirbt, und ihre Eierstöcke werden Ruth eingepflanzt. Dann könnte Ruth mit einer Eizelle aus denselben Eierstöcken wie zuvor ein zweites Kind empfangen. Rom zufolge ist die Empfängnis von Ruths erstem Kind Todsünde, die Empfängnis ihres zweiten geht in Ordnung. Außer natürlich, wenn Rom beschließt, Eierstocktransplantationen zu verbieten, weil sie genetisches Material enthalten, das irgendwie heiliger ist als Herzen oder Lebern. Dann würden uns die Moraltheologen gewiß mit einem brandneuen Gebiet der Kasuistik unterhalten.

Wissenschaft gegen Religion

Seit Galilei die wissenschaftliche Revolution einleitete, ist der Mensch mündig geworden. Gebet bleibt ein nützlicher Weg, die Welt zu akzeptieren, wie sie ist, aber als Weg, sie zu ändern, ist Selbsthilfe an die Stelle des Gebets getreten. Eine Folge dieser Revolution ist, daß wir unsere eigenen Werte entwickeln und über diese Entwicklung wachen müssen. Dies begreifen die meisten Kirchen nicht, und deshalb ist der Konflikt zwischen Wissenschaft und Religion heute größer als zu Galileis Zeiten. Er war in einer theoretischen Frage anderer Meinung als die Kirche; heute geht es um praktische Dinge – von einem Programm der Empfängnisverhütung, um eine stark übervölkerte Welt zu retten, bis zur In-vitro-Befruchtung, um unfruchtbaren Frauen zur Empfängnis zu verhelfen. Für die Kirche sind Menschen wie Edwards und Steptoe die neuen Ketzer. Für die meisten von uns weisen sie der Menschheit die einzig sinnvolle Richtung für eine positive Gestaltung der Zukunft.

Es ist an der Zeit, offen zu sagen, daß die Bibel ein Weltbild ausdrückt, von dem das unsere weit entfernt ist. Die biblischen Autoren waren Menschen und machten kolossale Fehler. Sie meinten, der Tod sei durch die erste Sünde in die Welt gekommen, obwohl es ihn lange vor den Menschen gab. Sie dachten, die Sprache – Hebräisch? – sei dem ersten Menschen, Adam, eingegeben worden, obwohl die Sprache sich über Jahrtausende entwickelte. Die theologischen und moralischen Einstellungen, die der Bibel zugrunde liegen, sind nicht weniger antiquiert. Gott ist nicht physisch oder metaphysisch »da draußen« und mischt sich auf Gebete hin gelegentlich ein, indem er seinen auserwählten Führern kostbare dogmatische und ethische Informationen einbläst. Es gibt keine Offenbarung von oben, keine unfehlbare innere Stimme sagt irgend jemandem, was gut und böse ist. Wir müssen auf die Fachleute hören, alles selbst genau prüfen und dann tun, was wir für richtig halten. Wir müssen unsere eigenen Schöpfer, wir müssen Götter werden.

Unsere Generation hat das Privileg, die erste zu sein, die an der schöpferischen Evolution teilhat. Sie ist als erste in der Lage, das Leben von Anfang an zu untersuchen, voll Staunen zuzusehen, wie es sich entwickelt. Indem wir manchmal in die Entwicklung des Lebens eingreifen und sie steuern, gestalten und programmieren wir unsere eigene Zukunft. Es gibt zum Beispiel nicht mehr nur einen, oft wirkungslosen Weg, wenn eine Frau schwanger werden will. Wir müssen nicht länger auf »Gott« warten und uns an »Gottes einzigen Weg« halten, um Kinder zu bekommen. Wir haben neue Wege gefunden und werden zweifellos noch viele andere finden. Hilf dir selbst, so hilft dir Gott. Der Mutterleib ist nicht länger ein Allerheiligstes, das der Mensch nie erkunden darf, ein mysteriöser Ort göttlicher Chemie, wo nur geschieht oder nicht geschieht, was Gott gebietet. Die Zeiten, in denen man wie Sarah nur um Kinder betete, sind vorüber. Die Wissenschaft kann den Satz »Was Gott geschrieben, das ist geschrieben« nicht akzeptieren. Im Gegenteil, was Gott (oder die Natur) geschrieben hat, kann und muß der Mensch als Herr der Schöpfung manchmal umschreiben. Es ist schwer für ehelose Kleriker, zu begreifen, wie verzweifelt sich manche Frauen ein Kind wünschen, wie Unfruchtbarkeit Not, Neid, sogar psychische Störungen bringen kann.

Paare müssen nicht einmal das Geschlecht ihres Kindes mehr der »Natur« überlassen. Wenn sie einen Jungen wollen, müssen die Männer nicht, wie Aristoteles riet, mit großem Gusto kopulieren oder in Richtung eines günstigen Windes. Oder irgendein ekelhaftes Gebräu trinken, wie mittelalterliche

Quacksalber sie verschrieben. Der Mensch ist immer mehr in der Lage, das Geschlecht seiner Kinder selbst zu bestimmen. Das tut er, wenn er bei der In-vitro-Befruchtung nur Föten mit männlichen Chromosomen in den Uterus einsetzt. Bald kann es zwei Arten von Pillen auf dem Markt geben, um das Geschlecht eines Kindes zu bestimmen, oder ein Diaphragma, das nur die männlich oder nur die weiblich programmierten Spermien durchläßt. Dies wird eine neue Freiheit des Menschen bewirken. Es gibt reichlich Indizien für den psychologischen Schaden, den Kinder erleiden, wenn sie das Geschlecht haben, das ein Elternteil nicht wollte.

Viele weitere Vorteile kommen auf uns zu. Eines Tages wird die Wissenschaft genetisch bedingte Krankheiten wie die Bluterkrankheit ausmerzen, wie sie die Pocken ausgemerzt hat. Manche Leute werden gewiß sagen, das sei gegen Gottes Willen. Der angesehene britische Medizinprofessor Ian Donald hat über die Biotechnik geschrieben: »Es muß ganz klar sein, daß Christen überall sich von dem leiten lassen müssen, was Christus getan hätte, wenn er Technologieforscher des 20. Jahrhunderts und nicht Zimmermann gewesen wäre.« Mit einem Wort: nichts. Andere, die nicht zu bedeutungslosen Hypothesen neigen, glauben, daß neue Wege, um das Leben zu formen, ein Zeugnis für das Genie des Menschen sind und daß Reden über den Willen Gottes keine fromme Entschuldigung dafür sein sollten, rückwärts in die Zukunft zu gehen.

15.

DIE ETHIK DER ABTREIBUNG

Die katholische Kirche ist gegen Abtreibung, gleichgültig, aus welchem Grund sie erwogen wird. In Dokumenten wie der »Erklärung zur Abtreibung« (1974) und der »Belehrung über die Achtung vor dem menschlichen Leben an seinem Anfang und über die Würde der Fortpflanzung« (1987) argumentiert der Vatikan, daß mit Sicherheit vom Augenblick der Empfängnis an ein Mensch existiert mit aller Wahrscheinlichkeit nach einer Seele. In der »Erklärung« (Note 19) steht: »Es genügt, daß die Gegenwart der Seele wahrscheinlich ist (und das Gegenteil läßt sich nie beweisen), um zu sagen, daß die Tötung eines menschlichen Lebens beinhaltet, das Risiko zu akzeptieren, daß ein Mensch mit einer Seele getötet wird.« Wenigen Katholiken ist klar, daß Rom nie definiert hat, die Seele werde bei der Empfängnis geschaffen. Im Gegenteil, die gesamte Tradition der Kirche spricht von einer verzögerten Beseelung. Ich werde nur ihre vier größten Autoritäten nennen.

Augustinus sagt, der noch ungeformte Embryo habe keine menschliche Seele. Der Kirchenrechtler Gratian faßt im 12. Jahrhundert uraltes Kirchenrecht so zusammen: »Einen Fötus vor der Beseelung zu töten ist kein Mord.« Im 13. Jahrhundert lehrt Thomas von Aquin, die Seele sei nicht bei der Empfängnis anwesend, sondern ab dem 40. Tag (bei männlichen Föten) und ab dem 80. Tag (bei weiblichen Föten). Ohne organische Entwicklung kann die Leibesfrucht keine Person sein – es gibt also einen nichtmenschlichen Embryo im Leib der Mutter. Der hl. Alfonso di Liguori gründet im 18. Jahrhundert seine Morallehre auf die gleiche Annahme. Wie die Theologen dreihundert

Jahre vor ihm argumentiert er, es sei moralisch richtig, einen Fötus, der das Leben einer Frau gefährdet, zu entfernen. Kurz, das Leben der Mutter hat größeren Wert. Noch 1713 verbot die Inquisition die Taufe von Föten, solange sie keine menschliche Gestalt hatten, das heißt beseelt waren.

Dann änderte Pius IX. 1869 die gesamte Tradition. Er schaffte die Unterscheidung zwischen geformtem und ungeformtem Fötus ab, so daß jede Abtreibung als Mord und mit Exkommunikation bestraft wurde. Es ist eine Ironie, daß Rom sich gegen Darwins Evolutionstheorie stemmte, nachdem es jahrhundertelang die Evolution jedes menschlichen Individuums über vegetatives und sensitives zu voll menschlichem Leben gelehrt hatte.

Daraufhin schrieb Pius IX. in *Casti Connubii* (1930): »Das Leben beider [von Mutter und Kind] ist gleich heilig.« Dies widersprach nicht nur der Tradition, es war eine biologische Unmöglichkeit, wie der irische Vergewaltigungsfall bewies. Ein 14jähriges Mädchen zu zwingen, den Fötus trotz ihrer Selbstmordgefährdung auszutragen, beweist, daß sie keine Rechte hat.

Außerdem erlaubte die Kirche aufgrund der Entscheidung Pius' IX. von 1869, daß Babys, die im Mutterleib in Gefahr gerieten, per Injektionsspritze getauft wurden, ja daß bei Fehlgeburten sogar Blutklumpen getauft wurden. Nur wenige Menschen erkennen hierin etwas Religiöses. Freilich ist Rom nicht konsequent. Es sollte bei jedem abgegangenen Fötus auf ein kirchliches Begräbnis in Anwesenheit der ganzen Familie bestehen – mit Eltern, Großeltern, Geschwistern, Onkeln und Tanten. Wenn jeder Embryo dieselben Rechte hat wie die Mutter, sollte jeder Embryo anständig begraben werden.

Der Mangel an Logik geht weiter. In der Erklärung zur Abtreibung hat Rom gesagt, eine befruchtete Eizelle sei mit Sicherheit ein neuer Mensch, aber nur wahrscheinlich beseelt. Wie ist das möglich? Menschliche Zellen müssen nicht beseelt sein, aber wie kann ein Mensch nicht beseelt sein? Wer entsprechend Roms Definition ein Mensch ist, muß mit Sicherheit eine Seele haben.

Da, so Roms Argumentation, niemand beweisen oder widerlegen könne, daß der gerade Gezeugte eine menschliche Seele hat, müsse er in einem so wichtigen Fall behandelt werden, als hätte er eine Seele. Dies ist der einzige mir bekannte Fall, in dem Roms Dogmatismus in völliger Skepsis begründet ist. Die Skepsis wird dann bald abgetan. Rom gibt Normen, als wäre es sicher, daß eine befruchtete Eizelle nicht nur eine Person ist, sondern auch alle Bürgerrechte und Gleichberechtigung vor dem Gesetz hat. Deshalb ist Abtreibung immer Sünde. Wenn man aufmerksam zuhört, stellt man fest, daß katholische Sprecher schnell und unbewußt von Conceptus, Embryo, Fötus zu Baby, Kind, Person wechseln; von menschlichem Leben zu einem Menschenleben; von einer Frau und ihrem Fötus zu zwei Menschenleben.

Der Papst spricht von dem absoluten, unabdingbaren Recht des Fötus auf Leben. Das ist schwer zu begründen, wenn das befruchtete Ei nur wahrscheinlich eine Person ist. Von der Empfängnis an gilt die Frau als Mutter, und sie hat nur eine heilige Pflicht: ihr Leben für ihr »Kind« zu geben. Diesem *wahrscheinlich* menschlichen Conceptus wird bemerkenswerterweise dasselbe Lebensrecht zugesprochen wie der *mit Sicherheit* menschlichen Mutter. Es kann nicht bezweifelt werden, daß Johannes Paul II. sein Leben geben würde, um die Abtreibung einer wahrscheinlich menschlichen befruchteten Eizelle zu verhindern. Während Pius XII. kein Wort über den Holocaust an mit Sicherheit menschlichen Personen verlor, spricht Johannes Paul ohne Pause vom Holocaust an wahrscheinlich menschlichen Personen.

Es ist eine schwere Sünde, sagt der Papst, eine Schwangerschaft zu unterbrechen, selbst wenn andernfalls sowohl die Mutter als auch der Fötus sterben müssen. Abtreibung ist ebenfalls böse bei einem jungen Mädchen, das infolge vielfacher Vergewaltigung empfangen hat, selbst im frühesten Stadium der Schwangerschaft. Der Akt war schändlich, aber die Frucht ist heilig. Dies sieht weniger nach Achtung vor dem Leben aus als nach Mißachtung von Frauen. Die meisten Menschen würden sagen, solange das Ungeborene im Leib einer vergewaltigten Frau bleibt, bleiben die Vergewaltigung und das moralisch Böse gegenwärtig.

Es ist alarmierend, daß Rom nicht nur mittelmäßige Argumente liefert, sondern erwartet, daß daraufhin die Regierungen jede Abtreibung verbieten, als gäbe es die einige Christenheit noch. Seine Alles-oder-nichts-Einstellung endet voraussichtlich mit nichts.

Eine Gegenansicht

1967 führte Ceausescu ein Gesetz ein, um die Geburtenrate in seinem Land zu steigern. Die einheimischen Rumänen sollten den ungarischen Bevölkerungsanteil und die ansässigen Roma durch Vermehrung überflügeln. Er verbot Empfängnisverhütung und Sterilisation selbst für Frauen, die zum Beispiel schwer herzkrank waren. Abtreibung war für alle Frauen unter 40 mit weniger als vier Kindern verboten. 1983 wurde dies auf Frauen unter 45 mit weniger als fünf Kindern ausgedehnt.

Es ist schwer, das Abtreibungsverbot des Papstes von dem Ceausescus zu unterscheiden. Tatsächlich ist das des Papstes weit härter. Er verbietet nicht nur die Empfängnisverhütung, sondern fordert, daß jede Frau, nicht nur die unter 45 mit weniger als fünf Kindern, jede Schwangerschaft austrägt, also ohne Rücksicht auf Alter, Gesundheit und Kinderzahl.

Zwar ist Abtreibung in ganz Lateinamerika illegal, doch die Zahl der Frauen, die illegal abtreiben, geht jedes Jahr in die Millionen. Hier sind Pessare nicht mitgerechnet, die Rom als Abtreibungsmittel einstuft.

In Peru sind mehr als die Hälfte der 12- bis 14jährigen Schwangeren Opfer von Inzest oder Vergewaltigung. Ihnen ist keine »Abtreibung aus Gefühlsgründen« erlaubt, wie man in Peru sagt; sie können dafür bis zu einem Jahr Gefängnis bekommen. Erzbischof Almazora von Lima hat gedroht, jeden, der Abtreibung bei Opfern von Vergewaltigung befürworte, werde »der Fluch treffen, der Kain traf«. Trotzdem werden 20 Prozent aller Schwangerschaften illegal unterbrochen; die Überreste der Embryonen werden in den Abfall geworfen oder in die Toilette gespült. Nach Auskunft des lateinamerikanischen Verbandes für Geburtshilfe und Frauenheilkunde sind verpfuschte Abtreibungen die Ursache für 43 Prozent der Krankenhausaufenthalte und die Hauptursache der Müttersterblichkeit.

Im Mai 1977 stand in der *New York Times*, daß jede zweite Schwangerschaft in Brasilien abgebrochen werde, im ganzen über zwei Millionen pro Jahr. Seither hat es mindestens 20 Millionen Abtreibungen gegeben. Eine Studie nennt die Zahl von vier Millionen jährlich, bei denen 400 000 Frauen ernsthafte Komplikationen erlitten. 1991 gab das New Yorker Alan Guttman Institute an, Brasiliens Abtreibungsquote sei weit höher als die der USA. Nur 2 Prozent der Männer verwenden Kondome, und Frauen haben im Durchschnitt drei Kinder und 13 Abtreibungen. Obwohl die Abtreibung bei Vergewaltigung und Lebensgefahr für die Mutter theoretisch erlaubt ist, verzögern die Behörden aus Angst vor bischöflichem Mißfallen die Entscheidung, bis es zu spät ist. In Rio de Janeiro, einer Stadt mit sechs Millionen Einwohnern, wurden in drei Jahren nur zwei legale Abtreibungen durchgeführt. Die *New York Times* berichtete im Juli 1991 über die 12jährige Renata, die von ihrem Stiefvater vergewaltigt worden war. Wegen der Verzögerung der Gerichtsentscheidung mußte sie das Kind austragen. Rom trägt die meiste Schuld am Fehlen von Verhütungsmitteln, kriminellen Verzögerungen der Gerichtsverfahren und einem Elend, neben dem Ceausescus Regime fast milde wirkt. Wieder einmal sehen wir, daß Kriminalisierung Abtreibung nicht verhindert. Sie führt nur dazu, daß Zehntausende von

Frauen sterben und viele weitere irreparable Schäden davontragen. Ob wir nach Bolivien, El Salvador, Chile, Uruguay blicken – das Bild ist das gleiche.

In Ungarn mit seinen acht Millionen Katholiken gibt es jährlich 80 000 registrierte Abtreibungen. Nur 13 Prozent der Polen sagten nach dem vierten Besuch des Papstes im Juni 1991, bei dem er wiederholt gegen Abtreibung gesprochen hatte, sie würden für ein völliges Verbot stimmen.

Nur wenige Katholiken finden, der Embryo habe dieselben Rechte wie ein vergewaltigtes Mädchen. Einem Mann zu sagen, ein Embryo von einer Woche habe dieselben Rechte wie seine vergewaltigte Frau oder Tochter, ist eine Beleidigung seiner Intelligenz und aller Frauen. Ob der Fötus bei der Empfängnis beseelt wird oder später – in jedem Interessenkonflikt zwischen Mutter und Kind haben die Rechte der Mutter Vorrang. Sie ist berechtigt, ihre Gesundheit und ihr Leben zu retten, besonders wenn ihr Mann und andere Kinder sie brauchen. Rom glaubt nicht, daß man nie zwischen einem Leben und einem anderen entscheiden darf; sein Veto gilt nur im Fall der Abtreibung. Die meisten Frauen sind überzeugt – und die meisten Gesetzgeber ebenfalls –, daß eine Frau, in deren Körper der Embryo ist, mehr Rechte habe, besonders am Anfang der Schwangerschaft.

Wissenschaftliche Argumente gegen Roms Position

Rom sagt, es sei ein Glaubensartikel, daß Gott die Seele aus nichts erschafft, gleichgültig, wann. Sie wird nicht von den Eltern weitergegeben, denn da sie unstofflich ist, kann sie nicht von körperlichen Wesen oder anderen Seelen kommen. Da die Seele einziges Lebensprinzip des Menschen ist, führt dies zu einem außerordentlichen Schluß: Hunde geben Welpen das Leben, Menschen geben ihren Kindern nicht das Leben.

Der gesunde Menschenverstand sagt uns jedoch, daß Männer und Frauen ihren Kindern gemeinsam das Leben geben; sie sind ebenso ihre Eltern, wie Hunde die Eltern ihrer Welpen sind. Wenn Eltern nicht alles beisteuern, was zu einem Kind gehört, was ist dann das »Extra«? Und was wird dem Beitrag der Eltern entzogen und durch diesen göttlichen Beitrag, die Seele, ersetzt? Selbst wenn nichts von den Eltern entzogen, sondern etwas verwandelt und erhöht würde, müßten wir noch immer sagen, Empfängnis sei die Verwandlung von etwas Nichtmenschlichem (Spermium und Eizelle, der Beitrag der Eltern) in einen Menschen.

Die Angelegenheit ist wohl viel einfacher. Die Aussage, daß ein Mensch eine Seele hat, bedeutet schlicht, daß er das Kind von Menschen ist und dadurch auch ein Kind Gottes und fähig zu einer Beziehung zu Gott. Daß Gott die Seele aus nichts erschaffe – ob bei der Empfängnis oder später –, ist ein herrlicher Mythos. Er drückt aus, daß jedes Individuum unserer Spezies wichtig ist. Man braucht nicht wie die Theologen zu spekulieren, was die Seele eigentlich ist. Die Aussage, das Kind habe eine unstoffliche, unteilbare Seele, bringt nichts als ein zusätzliches Rätsel in die offensichtliche Tatsache, daß es von Menschen geboren und daher Mensch ist und daß es, weil Menschen eine besondere Art Tier sind, ebenfalls ein Tier ist.

Trifft es zu, nichtmythisch gesprochen, daß das Leben bei der Empfängnis beginnt? Natürlich nicht. Eizelle und Spermium haben bereits ein Leben, das Jahrmillionen zurückreicht, bis zur Entstehung des DNS-Moleküls. Die Natur ist verschwenderisch, um Katastrophen zu überstehen. Von den Millionen Oozyten einer Frau reifen höchstens 400 zu Eiern, und nur einige von diesen entwickeln sich zu Zygoten. Wenn der Geschlechtsverkehr unfruchtbar ist, sterben alle Spermien ab; ist er fruchtbar, wird nur eines von 200 Millionen verwendet. Niemand betrauert diese massive Versagerquote. Warum ist der Verlust von Embryonen eine Tragödie und Abtreibung Mord? Embryonen sind potentielle Menschen, wie Hühnereier potentielle Hühner und Eicheln potentielle Eichen sind. Wir sagen nicht: »Ich habe ein ungeborenes Huhn zum Frühstück gegessen« oder »ein Bauer fütterte seine Schweine mit ungeborenen Eichen«.

Durch die Verschmelzung entsteht menschliches Gewebe mit eigenen, spezifischen Genen und Chromosomen. Die meisten Wissenschaftler nennen es nicht einen Menschen, sondern den Bauplan zu einem Menschen.

Etwa sechs Tage nach der Befruchtung (»blastozystische Phase«) bildet ein Teil des Zellhaufens (Embryoblast) eine innere Zellmasse, aus der der eigentliche Embryo wird. Die übrigen Zellen (Trophoblast) bilden die Plazenta, Nabelschnur und fötale Membranen. Diese werden bei der Geburt ausgeschieden und gehören nicht zu einer Person, bestehen aber aus demselben distinktiven, lebendigen genetischen Material wie der Fötus. Etwa vier Tage nach der blastozystischen Phase nistet sich die Blastozyste im Uterus ein. Erst um den 14. Tag geschieht eine wirkliche Organisation (»primitiver Strang«). Es können zwei, drei oder auch sechs Stränge entstehen, aus denen dann Zwillinge, Drillinge oder Sechslinge werden. Erst jetzt kann die Wissenschaft von Individualität sprechen, nicht aber von einem Menschen. Hierin gleicht sie der alten katholischen Tradition, die von der allmählichen Menschwerdung des Embryos sprach. Diese wissenschaftlichen Fakten bewegten das britische Parlament, Experimente an Embryonen nur bis zu deren 14. Tag zu erlauben.

Die Teilung von Embryonen, die zu Zwillingen oder Drillingen führt, ist theologisch schwer zu erklären, wenn bei der Empfängnis eine geistige und unteilbare Seele vorhanden ist. Nicht nur, daß die befruchtete Eizelle sich manchmal in Zwillinge teilt – prinzipiell verhindert nichts die Produktion von Zwillingen im Labor durch Teilung eines zweizelligen menschlichen Embryos in zwei Hälften, wie es bei Tieren schon geschieht. So können lauter genetisch identische Individuen (»Klone«) erzeugt werden. In der Sprache des Vatikans wird jedes seine eigene Seele haben, die nicht bei der Befruchtung, sondern bei der Zellteilung entstanden ist.

Außerdem gibt es in der Natur das sogenannte umgekehrte Klonen. Doppelte Befruchtung kann zu einem einzigen Embryo führen, das heißt, zwei befruchtete Eier verschmelzen zu einem Individuum. Wenn die Menschwerdung oder Beseelung bei der Befruchtung stattfindet, werden hier nicht aus einer Seele zwei, sondern aus zwei Zellen wird eine. Woher kam die zweite Seele im ersten Fall, und wohin ist sie im zweiten Fall gegangen? Die Natur hat anscheinend nur wenige absolut starre Regeln. Mit meiner Definition von Seele bedeuten Zwillinge oder Drillinge kein Problem. Es gibt keine Vervielfachung von Seelen. Nur lebende Zellen, die sich teilen, und die zwei (oder drei) Leben, die daraus entstehen, werden schließlich Menschen sein wie ihre Eltern.

Es gibt ein noch stärkeres Argument gegen Roms Lehre von der wahrscheinlichen Beseelung bei der Empfängnis. Viele befruchtete Eizellen gehen auf natürliche Weise ab, besonders in den Frühstadien. Wenn die Seele bei der Empfängnis eingegeben wird, hat Gott den gefährlichsten von allen Momenten gewählt, um Menschen zu schaffen. Professor James Scott erzählt, ein Kinderarzt habe einmal ein Referat in Glasgow mit dem Satz beendet: »Die erste Stunde des Lebens ist die gefährlichste.« Da krächzte ein alter Mann mit gekrümmtem Rücken im Publikum: »Schon richtig, Jungchen, aber die letzte Stunde ist auch ganz schön riskant.«

Manche Forscher meinen, daß jeden Tag die Hälfte der empfangenen Föten abgehen. Der Mutterleib war schon immer der gefährlichste Ort der Welt. 1989 berichtete das *New Journal of Medicine*, daß 31 Prozent der bereits eingenisteten Embryonen innerhalb der ersten drei Monate spontan abgehen. Insbesondere viele abnorme Föten werden von der Natur abgetrieben, zweifellos wegen ihrer Defekte. Gynäkologen nennen es »Abgang«. Wie nennen Theologen es? Wer den Beginn des Menschenlebens bei der Empfängnis ansetzt, hat hier ein erhebliches Problem: Nur Primaten haben diese hohe Fehlerquote bei den Chromosomen. Andere Tiere – Ratten, Mäuse, Kaninchen – paaren sich nahe am Eisprung. Menschen haben zu jedem Zeitpunkt im Zyklus der Frau Geschlechtsverkehr. Zwischen Eisprung und Geschlechtsverkehr kann recht viel Zeit vergehen. Manchmal dringen zwei Chromosomen in das Ei ein, so daß das Embryo triploid ist und 69 statt der normalen 46 Chromosomen hat. Die meisten abnormen Föten gehen auf natürliche Weise ab.

Gott hat anscheinend mehr Fehlgeburten als Geburten für die Menschheit geplant. Um es brutal zu sagen: Wenn ein Conceptus eine Seele hat, werden die meisten Menschen durch die Toilette gespült. Der Himmel ist von weit mehr Menschen mit ein, zwei oder vier Zellen als entwickelten Menschen bevölkert. Dies führt zu peinlichen theologischen Rätseln: Warum erschafft Gott so viele Menschen, die er sofort wieder vernichtet? Wenn für Gott wie für den Papst alles Leben von der Empfängnis an heilig ist, warum treibt Gott dann massenhaft ab?

Kein Wunder, daß Experten das, was bei frühen Fehlgeburten abgeht, nicht als Menschen oder Personen bezeichnen. Ebenso verschwenderisch wie mit Eizellen und Spermien, die nie gebraucht werden, ist die Natur mit Embryonen, die nie reifen werden. Ist dies die Methode der Natur, sicherzustellen, daß die stärksten Individuen überleben und damit die Art? Viele Abtreibungsgegner demonstrieren vor Abtreibungskliniken, um Frauen von etwas abzuhalten, was Gott ständig tut, nämlich einen Fötus mit defekten Chromosomen abzutreiben.

Mit der Geburt des ersten Klons – eines Menschen, der nicht durch Befruchtung entstanden ist – wird Roms Position noch stärker unter Druck geraten. Klonen geht viel weiter als In-vitro-Befruchtung. Es beinhaltet asexuelle Empfängnis; das Kind hat nur einen Elternteil. Ein Mann kann Kinder haben, die nur von ihm sind, so viele er wünscht, alle genau wie er. Ein Arzt nimmt etwa drei Zellen vom Arm eines Mannes. Der Kern von Körperzellen enthält 46 Chromosomen, anders als Samen- und Eizellen, die 23 haben. Einer Frau entnimmt er drei Eizellen und zerstört ihre Kerne mit Laser. Die männlichen injiziert er mikrochirurgisch in die ausgehöhlten Eizellen und setzt diese in die Gebärmutter ein. Die Frau trägt die Embryonen aus. Alle drei Kinder werden Jungen sein und genau dem Mann gleichen, von dessen Arm die Zellen genommen wurden. Der Effekt wird derselbe sein, als hätte sich der Embryo, aus dem der Vater entstand, in der Phase des primitiven Stranges zu Vierlingen geteilt. Wenn der Vater Einstein (oder Hitler) wäre, würde es vier Einsteins (oder Hitlers) geben. Wenn die männliche Zelle mit Laser ausgehöhlt wird, könnte es vier Mme. Curies (oder Marilyn Monroes) geben.

Exakte Repliken von Karotten und Spargel wurden vor einigen Jahren aus unbefruchteten Karotten- und Spargelzellen produziert. Als nächstes wurde eine Zelle vom Darm eines ausgewachsenen Frosches in ein Froschei injiziert, aus dem der Kern mit UV-Strahlen entfernt worden war. Das Ei hatte die übliche Chromosomenzahl eines befruchteten Froschembryos, aber alle kamen von dem Männchen. Daraus entstand ein Frosch, der in jeder Einzelheit dem ausgewachsenen Frosch glich. Er könnte der Vater von Milliarden werden, die ihm alle genau gleichen.

Physiknobelpreisträger Dr. Joshua Lederberg sagt: »Nichts deutet auf irgendeine besondere Schwierigkeit hin, dies bei Säugetieren oder Menschen durchzuführen.« Lord Rothschild schreibt: »Innerhalb einer Lebensspanne scheint gewiß, daß wir in der Lage sein werden, so viele völlig identische Menschen zu produzieren, wie wir wollen.« James D. Watson, Autor von *Die Doppel-Helix*, sagte 1971 vor Vertretern des Repräsentantenhauses: »Theoretisch können eigentlich alle Formen höheren tierischen Lebens geklont werden – von Ringo Starr bis Raquel Welch.«

Abgesehen von der Ethik findet beim Klonen keine Befruchtung statt und deshalb keine Empfängnis. Rom wird es schwer haben, weiter zu sagen, die Seele werde bei der Empfängnis eingegeben, wenn es keine Empfängnis gibt.

Ethische Argumente gegen Roms Position

Schon bei viel weniger exotischen Fällen geraten katholische Prinzipien in Schwierigkeiten. Rom beharrt zum Beispiel sogar darauf, daß ein Fötus mit fehlerhaften Chromosomen oder ohne Gehirn ausgetragen werden müsse. Viele halten das für grausam gegenüber der Mutter, weil das Kind ohnehin sehr bald sterben werde. Bevor es die modernen Untersuchungsmethoden gab und als Abtreibung selbst noch die Mutter in Gefahr brachte, war es sinnvoll, jedes Kind auszutragen und zu hoffen, daß es normal würde. Das hat sich geändert.

Den nächsten Fall habe ich schon in Kapitel 1 erwähnt: Ein Embryo nistet sich nicht in der Gebärmutter ein, sondern im Eileiter. Bis vor kurzem entfernte man den Eileiter. Rom war damit zufrieden, weil der Embryo nur »indirekt« abgetrieben wurde. Jetzt sind die medizinischen Verfahren verbessert, und die Ärzte können den Embryo ausspülen, den Eileiter aber für künftige Fortpflanzung intakt lassen. Rom verdammt dies als »direkten Angriff« auf den Embryo. Daraus folgt ein bizarrer Schluß: Da es nicht länger medizinisch notwendig ist, den Eileiter zu entfernen, ist es auch nicht mehr moralisch zulässig, den Fötus zu entfernen. Der Embryo muß weiter am falschen Platz wachsen, die Mutter und sich selbst töten. Roms »Achtung« vor dem Leben führt zum doppelten Tod. Eine Ethik des angeblichen Naturrechts setzt sich gegen Vernunft und christliche Nächstenliebe durch.

Ebenso rücksichtslos wendet Rom das Prinzip »Tu nie Böses, damit Gutes daraus entsteht« an, wenn ohne Abtreibung Mutter und Kind sterben müssen. Es ist besser, daß zwei Menschen sterben, als daß einer ermordet wird, um den anderen zu retten. Ein Mann soll glauben, es sei Gottes Wille, daß seine Frau und sein Kind sterben, weil nicht beide leben können.

Die jüdische Ärztin Alina Brewda aus Warschau arbeitete im Konzentrationslager Majdanek als Chirurgin. Sie führte heimlich Abtreibungen an schwangeren jüdischen Mädchen durch, weil sie in die Gaskammer mußten, sobald ihr Zustand sichtbar wurde. Moralisch gesprochen, rettete Frau Dr. Brewda einfach unschuldigen Frauen das Leben. Nach Roms Vorstellung von Naturrecht beging sie direkten Mord an Babys.

Am 13. Mai 1991 entschied ein Richter des englischen Hohen Gerichtshofes über ein 12jähriges Londoner Mädchen namens L., das 19 Wochen schwanger war. L., ihr 16jähriger Freund und ihre Großeltern mütterlicherseits, bei denen sie von Geburt an lebte, waren für eine Abtreibung. Ihre Mutter, die mit L. Kontakt hielt, war dagegen und sagte, sie sei bereit, das Kind aufzuziehen.

Richter Hollis entschied, L. dürfe abtreiben. Seine erste Sorge galt L. selbst. Ein so junges Mädchen, das noch jahrelang in die Schule gehen mußte und in keiner Weise zur Mutterschaft bereit war, sollte nicht gezwungen werden, eine solche Prüfung auf sich zu nehmen. Er folgte dem Gutachten eines Kinderarztes, das verdeutlichte, daß eine ausgetragene Schwangerschaft L. körperlich schaden könnte. Ein weiterer Faktor war die Selbstmordquote bei ganz jungen Müttern, die die Schande nicht ertrugen.

Abtreibungsgegner argumentierten, das Baby habe ein Recht auf Leben und L. selbst könne körperlich und seelisch mehr Schaden durch die Abtreibung erleiden. Die meisten Menschen werden, so glaube ich, dem Richter recht geben.

Jetzt und in Zukunft

Heute kann das Geschlecht des Ungeborenen ermittelt werden, indem man einen Tropfen Blut von einer acht Wochen schwangeren Frau analysiert. Bald werden einige der 4000 genetischen Defekte bei Föten, selbst vom Vater vererbte, erkennbar sein, indem man einige fötale Blutzellen untersucht, die in das Blut einer schwangeren Frau einsickern. Das genetische Material in den eingesickerten Zellen kann vergrößert werden, um zu sehen, ob der Fötus einen Defekt geerbt hat. Hierfür gibt es immer genauere Untersuchungsmethoden.

Mit der Weiterentwicklung der Medizin müssen immer mehr schwere Entscheidungen getroffen werden. Seit Jahren operieren Chirurgen Föten im Mutterleib, machen die Harnwege durchlässig, entfernen überschüssige Flüssigkeit aus dem Gehirn, tauschen Blut aus. Jetzt werden noch kompliziertere Operationen am Uterus durchgeführt. Neben der genetischen Anpassung zwischen Mutter und Kind ist die Gebärmutter ein vollkommen keimfreier Operationsraum, in dem die Mutter als Herz-Lungen-Maschine und Nachsorgezimmer fungiert. Kinder können für 45 Minuten aus der Gebärmutter entfernt und an einem Wolfsrachen operiert werden. Zur Zeit werden viele Föten mit diesem Defekt abgetrieben.

Bei vielen derartigen Operationen bleibt das Restrisiko, daß die Mutter ein behindertes Kind aufziehen muß, das sie vielleicht lieber abgetrieben hätte. Diese Entscheidungen sollten der Frau und ihrem Arzt überlassen bleiben. Niemand kann besser als sie beurteilen, was in solchen Fällen die Liebe gebietet.

Andere schwere Entscheidungen stehen an, wenn durch Hormongaben, die Rom erlaubt, Mehrlingsschwangerschaften auftreten. Sie können auch bei der In-vitro-Befruchtung auftreten, die Rom verbietet. In beiden Fällen reduzieren die Ärzte die Zahl der Embryonen im Uterus, damit die übrigen bessere Überlebenschancen haben. Wenn bei Zwillingen einer gesund und der andere erbkrank ist, injizieren manche Ärzte dem zweiten eine Chemikalie. Damit soll verhindert werden, daß der gesunde Fötus zusammen mit dem anderen spontan abgeht. Nur die Mutter und ihr Arzt können solche Fragen entscheiden. Frauen zu zwingen, jeden Fötus in jedem Fall auszutragen, erscheint vielen Menschen zutiefst unmoralisch, auch wenn Rom sagt, es sei Gottes Wille.

Der goldene Mittelweg

In schwierigen Situationen müssen wir die Ansprüche von Mutter und Fötus gegeneinander abwägen. Zwei Extreme sollte man vermeiden.

Erstens ist Indifferenz gegenüber Abtreibung unchristlich und pervertiert langfristig die besten menschlichen Instinkte. Zweitens macht die Aussage, der Fötus habe genau dieselben Rechte wie die Mutter, sie zur Sklavin des Fötus, der als Übermensch behandelt wird. Der Vatikan behauptet zum Beispiel, die Selbstmordgefährdung der Opfer von Vergewaltigungen dürfe nie berücksichtigt werden. Eine Schwangere ist so versklavt, daß sie einen Fötus ohne Gehirn austragen muß.

Laut Rom ist die Frau verpflichtet, sich von jedem, auch mißgebildeten Fötus ihre Lebensfreude und Freiheit, ihr gutes Gewissen gegenüber ihrem Mann und schon geborenen Kindern nehmen zu lassen. Frauen stoßen sich an diesem Aspekt des Patriarchats, der sie auf Gebärmaschinen reduziert. Ihrer Meinung nach geben sie, wenn sie schwanger werden, nicht alle ihre Rechte nicht auf, im Gegenteil, sie geben keines ihrer Rechte auf.

Zurück zum Anfang: Wann ist der menschliche Embryo denn ein Mensch? Das ist so schwer zu beantworten wie: Wann hat die Menschheit ihren Anfang genommen? Erstens: Je entwickelter der Fötus ist, um so mehr sollten wir ihn achten. Zweitens: Da Tod in vielen Ländern mit Hirntod identifiziert wird, scheint es vernünftig, den Beginn des menschlichen Lebens anzusetzen, wenn der Fötus die integrierte Hirnfunktion hat, die die Grundlage des Bewußtseins ist. Dies geschieht mit etwa 70 Tagen. Danach bräuchte eine Frau weit triftigere

Gründe für eine Abtreibung. Ist der Fötus einmal lebensfähig, hat er dieselben Rechte wie die Mutter. Dann ist das Kind ein Staatsbürger mit dem Lebensrecht eines Staatsbürgers.

Die Ethik der Abtreibung ist sehr eng damit verknüpft, was die Gesellschaft in einer notwendigerweise wirren und kontroversen Situation dulden will. Neben ihren ethischen Implikationen ist Abtreibung heute auch politisch ein brisantes Thema.

16.

DIE POLITIK DER ABTREIBUNG

Anfang 1991 fielen mir in einer Zeitung zwei Artikel auf. Zollbeamte hatten angeordnet, deutsche Frauen, die von Holland kamen, zu untersuchen, um festzustellen, ob sie abgetrieben hatten. Das Max-Planck-Institut für Internationales Recht sagte, in den letzten zehn Jahren seien 80 Frauen aus diesem Grund an der deutsch-holländischen Grenze festgehalten und zehn von ihnen zwangsweise untersucht worden. In der südwestchinesischen Provinz Sichuan hingegen waren zehn Männer ausgepeitscht worden, weil sie ihre Frauen nicht zur Abtreibung gezwungen hatten. Sie hatten gegen Chinas strenge Politik der Ein-Kind-Familie verstoßen.

Ein weiterer Kontrast betrifft zwei seinerzeit kommunistische Länder: Das orthodoxe Rumänien verbot Abtreibung, das katholische Polen erlaubte sie auf Verlangen in den frühen Phasen der Schwangerschaft. Als der Kommunismus zusammenbrach, kehrten sich die Verhältnisse um. Rumänien liberalisierte die Abtreibung. Polen versuchte unter dem Druck des Papstes und der Bischöfe, sie einzuschränken. Auch in Ungarn und der Tschechoslowakei versuchten Kleriker und katholische Politiker, die Abtreibungsgesetze zu ändern. Sogar das wiedervereinigte Deutschland ist hin- und hergerissen. Die Frauen im Osten sind entschlossen, ihr Recht auf Abtreibung in den ersten drei Schwangerschaftsmonaten zu behalten.

Länder, die nie kommunistisch beherrscht waren, sind nicht weniger uneinig. Das Oberste Gericht der USA entschied 1973, eine Frau könne selbst über eine Abtreibung entscheiden, doch in letzter Zeit sind in Teilen der Vereinigten Staaten bestimmte Rechte eingeschränkt worden, was zu neuen politischen Schlachten geführt hat. Im April 1990 dankte König Baudouin von Belgien für zwei Tage ab, um seine Opposition gegen ein neues Gesetz zu bekunden, das Abtreibung mit ärztlicher Billigung bis zur 12. Woche erlaubt, wenn die Frau in einer Notlage ist, und ohne Grenze, wenn der Fötus mißgebildet ist.

Das katholische Malta hat Abtreibung verboten, außer wenn die Mutter in Lebensgefahr ist. Irlands Verfassung verbietet Abtreibung, aber es ist bekannt, daß jährlich zwischen 5000 und 10 000 Frauen zum Abbruch nach England reisen, obwohl sie sich damit strafbar machen und ihre Kirche ihnen sagt, sie brächten ihre Babys nicht nur ums Leben, sondern um das ewige Leben. Die Ironie ist, daß die Abtreibungsquote in Irland weit höher ist als in Holland, wo Abtreibung praktisch auf Verlangen möglich ist.

Selbst liberale Länder sind uneins. Was sollte die Obergrenze für Abtreibungen sein – zehn Wochen, 28 Wochen oder keine Grenze, zumindest in bestimmten Fällen? Sollte sie auf Verlangen möglich sein, bei Lebensgefahr für die Mutter oder bei Mißbildung des Fötus? Sollte eine soziale oder emotionale Notlage eine Indikation sein? Wenn Abtreibung erlaubt wird, sollte dann Beratungspflicht bestehen?

Die Hauptfrage scheint zu sein: Wer soll über den Abbruch einer Schwangerschaft entscheiden – die Frau selbst oder eine Behörde? Manche glauben, daß Abtreibung immer Sünde ist, und wollen, daß sie kriminalisiert wird. Andere, die dieses nicht glauben, sind oft empört, daß Führer aus Kirche und Politik versuchen, das Recht der Frau auf ihren eigenen Körper zu schmälern. Doch die Fronten verlaufen nicht geradlinig. Viele nämlich, die überzeugt sind, daß Abtreibung Sünde ist, sind ebenso überzeugt, daß es ein Fehler ist, sie zu kriminalisieren.

Bis vor kurzem wurde Abtreibung in den meisten Ländern streng bestraft. Überraschend ist, daß Abtreibungen vor der Legalisierung in den 60er Jahren häufiger waren als heute. Abtreibungsgegner wollen glauben machen, es gäbe keine Abtreibungen, wenn diese wieder strafbar wären, oder zumindest weniger. Die Geschichte aber lehrt, daß es in der Illegalität mehr Abtreibungen gibt und deshalb mehr Todesfälle und bleibende Schäden. Hier einige Beispiele.

In Frankreich stand ab 1810 auf Abtreibung Gefängnis zwischen fünf und zehn Jahren. Dennoch gab es Mitte des 19. Jahrhunderts neben 850 000 Lebendgeburten möglicherweise eine halbe Million Abtreibungen.

In Deutschland rechnete ein SS-Stabsoffizier 1936 trotz Verhütungsmittelverbotes und schwerer Strafen für Abtreibung mit einer halben Million Abtreibungen. »Wenn man sie verhindern könnte«, sagte er, »hätten wir in zwanzig Jahren zweihundert Regimenter mehr.« Die Verhaftungen wegen Beihilfe zur Abtreibung verdoppelten sich, und dennoch lag die Abtreibungsquote Ende der 30er Jahre nahe einer Million.

In Amerika gab es 1910 eine Million Abtreibungen und in der Depression der 30er Jahre zwei Millionen. Ein Grund war, daß der amerikanische Ärzteverband Verhütungsmittel erst 1937 billigte.

In England gab es in den 30er Jahren 110 000 bis 150 000 Abtreibungen jährlich. Die Engelmacherin war keine Söldnerin des Bösen. Sie war eine vielgeliebte Freundin der Armen, die Familien vor dem Armenhaus bewahrte und Frauen vor der Schande, sogar dem Selbstmord. Gewissermaßen für ein Trinkgeld riskierte sie fünf Jahre Zuchthaus.

Nach dem Zweiten Weltkrieg änderte sich die Lage dramatisch. Frauen beanspruchten das Selbstbestimmungsrecht über ihren Körper. Prominente von Bühne, Film und Sport machten ihre eigenen Abtreibungen publik. Die deutsche Organisatorin

Ingrid Hübner erklärte: »Wenn alle Frauen, die abgetrieben haben, den Mut zur Selbstanzeige hätten, würde die Justiz mit einer Flut von fünf Millionen Verfahren überschwemmt.« 1974 sagte der französische Innenminister Poniatowski, wenn alle Frauen, die mit Abtreibung zu tun gehabt hätten, belangt worden wären, hätte Frankreich in den letzten 50 Jahren wohl 15 Millionen Frauen ins Gefängnis stecken müssen.

Nichts scheint Frauen von einer Abtreibung abzuhalten, wenn sie sie für nötig halten. 1972 ließen 17 500 westdeutsche Frauen in England abtreiben und 1975 61 000 in Holland. Der Grund für die Aufrechterhaltung der strengen Abtreibungsgesetze war Abscheu vor der Nazigesetzgebung bezüglich Rassenhygiene und Euthanasie. Es ist seltsam, daß das Abtreibungsverbot sich mit dem Hitlers deckte.

Selbst unter Christen hat sich überall die Meinung verbreitet, daß der Staat Frauen nicht zum Gebären zwingen sollte. Nur noch wenige bezweifeln, besonders nach der Contergan-Tragödie und den Übeln von Ceausescus Regime, daß es nutzlos ist, Abtreibung zu kriminalisieren. Frauen werden weiterhin eigenhändig abtreiben, obwohl sie sich der möglichen Konsequenzen wohl bewußt sind: Staphylokokken-Sepsis, aufgebrochener postabortiver Abszeß und Tod. Auf jeden Todesfall kommen drei Frauen, die unfruchtbar werden oder lebenslang Invaliden bleiben.

Die Geschichte der Abtreibung widerlegt drei gängige Mythen.

Mythos Nummer 1: Durch Legalisierung steigt unausweichlich die Zahl der Abtreibungen.

Das soll mit Statistiken nach Jahren belegt werden. Doch hier wird vergessen, daß die meisten Abtreibungen schon immer geheim waren. Es gibt handfeste Beweise, daß die Legalisierung von Abtreibungen, besonders wenn sie mit guter Sexualerziehung einhergeht, zu einem Sinken der Gesamtzahl führt. Die Ausnahmen sind Länder, wo es keine adäquaten Verhütungsmittel gab, etwa die ehemalige UdSSR und ihre Satelliten wie Ungarn, die Tschechoslowakei und Bulgarien. Zumeist offenbart die Legalisierung nur die Ausmaße des Problems und bietet eine weniger gefährliche Lösung. Ein Verbot von Geburtenkontrolle und Abtreibung wie in Rumänien und den meisten katholischen Ländern Lateinamerikas führt zu den schlimmsten Folgen von allen.

Mythos Nummer 2: Legale Abtreibung steht im Widerspruch zur christlichen Rechtstradition des Abendlandes.

Nimmt man aber das englische Gewohnheitsrecht als Beispiel, so war Abtreibung zwar Sünde, aber nie ein Verbrechen. Der Versuch, jede Abtreibung zu kriminalisieren, stellt die Rechtspraxis auf den Kopf.

Mythos Nummer 3: Die Antiabtreibungsgesetze des 19. Jahrhunderts wurden eigens zum Schutz des Ungeborenen verabschiedet.

Tatsächlich sollten sie in einer Zeit, als Abtreibung wegen Blutvergiftung zehnmal gefährlicher war, als ein Kind zu bekommen, das Leben der Frauen retten. Die Frau war Gegenstand des gesetzlichen Schutzes, weil sie Bürgerin war, der Fötus hingegen nicht.

In diesem Licht gesehen, war die verbreitete Legalisierung der Abtreibung keine Veränderung der Prinzipien, sondern nur der Vorschriften. Denn für das Grundprinzip, der Mutter Vorrang zu geben und ihre Sicherheit zu garantieren, ist jetzt durch moderne medizinische Techniken gesorgt. Heute ist eine professionelle Abtreibung für Frauen statistisch weniger gefährlich als eine Niederkunft. Der ursprüngliche gesetzliche Grund für ein Abtreibungsverbot existiert also nicht mehr.

So verschieden ihre Geschichte der Abtreibung sein mag – die meisten Länder finden es heute unerträglich, Frauen zu bestrafen, wenn sie allein buchstäblich die Last der Menschheit tragen. Es gibt ein fast elementares Gefühl, daß Frauen in der Vergangenheit genug gelitten haben. Es ist an der Zeit, sie von wohlmeinenden Gesetzen aus dem 19. Jahrhundert zu befreien, die jetzt gegen sie arbeiten – Zeit, ihnen gleiche Rechte zu geben, insbesondere das Recht, keine Kinder zu haben, wenn das ihr Wunsch ist. Daß so viele Frauen abtreiben wollen, obwohl das den seit alters her sogenannten Mutterinstinkten zuwiderzulaufen scheint, legt nahe, daß sie von Kräften dazu getrieben werden, die Bestrafung zu einem ungeeigneten Mittel machen. Wenn eine Frau bereit ist, ihre Gesundheit, sogar ihr Leben bei einer illegalen, womöglich sogar selbst durchgeführten Abtreibung zu riskieren, wird sie sich schwerlich durch die Angst vor Bußgeld oder Haft davon abhalten lassen.

Versuche, die Abtreibung zu kriminalisieren

Viele religiöse und politische Gruppierungen engagieren sich weiterhin dafür, Abtreibung zu einem Verbrechen zu machen, und Rom gibt seinen ausdrücklichen Segen dazu. Dies ist eine eindeutige Einmischung in den politischen Prozeß. Der Papst glaubt, daß Unzucht, Ehebruch und die Verwendung von Kondomen schwere Sünden sind, aber er besteht nicht darauf, sie zu kriminalisieren. Warum will er sich dann aber der überwältigenden Tradition des Abendlandes entgegenstemmen und Abtreibung kriminalisieren?

Seine Antwort ist, es gehe um Menschenrechte, denn es werde immer ein Mensch getötet. Aber genau dies ist der strittige Punkt. Die meisten Menschen teilen seine Annahme nicht. Es täte auch ihm vielleicht gut, den *Römischen Katechismus* noch einmal zu lesen, wo Empfängnisverhütung mit Abtreibung verbunden wird und beide »Mord« genannt werden (2.8.13). Sollte nach römischen Prinzipien nicht auch Empfängnisverhütung ebenso wie Abtreibung als Menschenrechtsfrage behandelt werden? Sollte der Verkauf von Kondomen nicht strafbar sein?

Rom scheint zu meinen, jede von Katholiken dominierte Gesellschaft sei berechtigt, sogar verpflichtet, sich katholische

Gesetze zu geben. Ist es aber selbstevident, daß das unbedingt gute Gesetze sind? Wäre dem so, dann müßten Scheidung, Ehebruch und Unzucht ebenfalls Verbrechen sein. Wir leben jedoch in einer pluralistischen Gesellschaft, wo die Ansichten von Minderheiten, gerade von Minderheiten, respektiert werden sollten. Doch sogar in den meisten katholischen Ländern zeigen Umfragen zur Abtreibung, daß die überwältigende Mehrheit gegen Abtreibungsverbot ist.

Die Versuche der Kirche, ihre Ansichten über Abtreibung durchzusetzen, haben selbst in katholischen Ländern zu einer antirömischen Haltung geführt. Der Kirchenbesuch in Polen ist zurückgegangen, denn selbst fromme Polen haben etwas dagegen, daß Kleriker sich in die Politik einmengen. Es paßt ihnen nicht, wenn Bischöfe versuchen, einen katholischen Staat für das Volk zu schaffen. Statt sich um die Wirtschaft des Landes zu kümmern, beschäftigte sich das Parlament, der Sejm, monatelang mit der Frage, ob für Abtreibung eine zweijährige Haftstrafe einzuführen sei. Vor dem Sejm hielt eine Frau ein Schild hoch, auf dem stand: »Ceausescus Rumänien – willkommen in Polen.«

Der polnische Klerus ist überzeugt, daß dieser »Babymord« ein Erbe des Marxismus ist, und sieht nicht, daß ihre Opposition gegen Empfängnisverhütung entscheidend zur Entstehung einer Abtreibungsmentalität beigetragen hat. P. Richard McBrien, der Chef des theologischen Seminars an der Universität Notre Dame, sagt über die von Bischöfen geförderte Gesetzgebung: »Das wird Abtreibungen nicht verhindern, aber es könnte zu Mißachtung des Gesetzes und noch größeren Ressentiments gegen die Kirche führen.«

Idealismus steht der Vernunft oft im Wege. In Amerika haben religiöse Aktivisten über hundert Kliniken bombardiert, die sie »abortuaries« (etwa: Vernichtungsanstalten) nennen und mit Nazi-Gaskammern vergleichen. Sie warfen Frauen, die zum Abbruch in die Klinik kamen, blutige, lebensgroße Fötuspuppen ins Gesicht. Sie wissen nichts über diese Frauen, die sie als Henkerinnen brandmarken, nichts von der Not, die sie dorthin geführt hat.

In einer Demokratie muß die Auseinandersetzung mit Argumenten geführt werden. Johannes Paul II. ist der erste Oberhirte, der Zustimmung zum demokratischen System äußert. In seiner 1991 veröffentlichten Enzyklika *Centesimus Annus* steht: »Die Kirche schätzt sie, insofern sie die Beteiligung ihrer Bürger an politischen Entscheidungen sichert, den Regierten die Möglichkeit garantiert, die Regierenden zu wählen und zur Verantwortung zu ziehen und sie, wenn es angebracht ist, mit friedlichen Mitteln abzulösen.«

Der Papst widersprach ausdrücklich der traditionellen Demokratiefeindlichkeit der Kirche, besonders dem *Syllabus errorum* von 1854. Pius IX. befürchtete, wenn das Gift der Demokratie – freie Wahlen, freie Presse, Redefreiheit – in den Staat gelangte, könnte etwas davon in die Kirche eindringen. Johannes Paul II. ist nicht so pessimistisch: In die Kirche wird sich keine Demokratie einschleichen, solange er lebt. Darum lobt er die Demokratie im Staat dafür, daß sie hilft, den Kommunismus zu beseitigen, erwartet aber beispielsweise von den Polen, daß sie die Demokratie ignorieren und katholische Gesetze durchpeitschen, gleichgültig, was die Wähler denken. Abtreibungsgegner folgern natürlich daraus, daß der Papst mit ihren manchmal gewalttätigen Versuchen sympathisiere, andere zu dem zu zwingen, was sie als gut empfinden, ohne Rücksicht auf die politischen Folgen.

In Europa und den USA gibt es jedes Jahr Millionen Abtreibungen. Würden sie kriminalisiert, so müßte die Staatsmacht Ceausescu nacheifern und Hunderte von Gefängnissen für »Delinquentinnen« und ihre Helfershelfer bauen.

Einmischung amerikanischer Bischöfe in die Politik

Nirgends sind Bischöfe heftiger mit katholischen Politikern aneinandergeraten als in den USA. Für »freie Wahl« zu sein, sagen sie, sei unvereinbar damit, »gegen Abtreibung« zu sein. Sie sind so wenig willens, Ethik und Politik zu unterscheiden, als lebten sie in einer mittelalterlichen Theokratie. Sie wollen, daß alle in der Öffentlichkeit stehenden Katholiken nach der römischen Lehre sprechen und handeln.

Dabei zeigen sie eine völlige Unkenntnis des amerikanischen Systems, das Menschen völlig unterschiedlicher Überzeugungen die Möglichkeit bietet, einander zu trauen – sich darauf zu verlassen, daß der private Glaube eines Staatsdieners ihn nicht an seiner Pflichterfüllung hindert. Wäre dies nicht so, müßte fast jeder Katholik seinen Abschied einreichen. Genau das verlangt die gegenwärtige Kirchenführung von Katholiken, die mit dem Gesundheitswesen zu tun haben.

Diese Einstellung hat dazu geführt, daß Bischöfe die Chancen der demokratischen Kandidatin für die Vizepräsidentschaft 1984 zerschlugen. Geraldine Ferraro, die erste Frau, die sich um dieses Amt bewarb, sagte, als Katholikin, aber nur als solche, sei sie gegen Abtreibung, da jedes befruchtete Ei ein Leben sei. Ihre Sünde war nicht, daß sie für Abtreibung eintrat, sondern daß sie als Politikerin nicht bereit war, anderen ihren äußerst konservativen Glauben aufzuzwingen. Sie hatte 14 Monate lang das Special Victims' Bureau der Staatsanwaltschaft geleitet, wo sie sich um die Opfer von Vergewaltigung und Inzest kümmerte. Sollte sie eine Frau zwingen, ein Baby zu bekommen, weil der Papst wollte, daß sie es bekam? Zwang ihr Glaube sie, das Austragen eines Kindes durchzusetzen, wenn eine Zwölfjährige durch Inzest empfangen hatte, wenn eine Schwangere Krebsmetastasen oder eine Herzkrankheit hatte? Sie wußte, wenn man anderen seinen Glauben aufzwingt, werden sie einem eines Tages ihren Glauben aufzwingen.

In *Ferraro: My Story* schreibt sie: »Wir sind eine religiöse Nation, weil wir keine Staatsreligion haben, weil der Staat Religionsfreiheit garantiert, aber selbst keine Rolle in der Religion übernimmt, weil wir unsere religiösen Unterschiede nicht nur dulden, sondern feiern.«

Diese Verteidigung ihrer amerikanischen Werte wurde von New Yorks Erzbischof O'Connor als Verleugnung ihres Katholizismus gedeutet. Eine katholische Amtsträgerin, meint O'Connor, müsse offen dafür eintreten, daß Abtreibung kriminalisiert wird, gleichgültig, was ihre Wähler wollen oder was die Verfassung erlaubt. Seltsamerweise war ihr Gegenkandidat für die Vizepräsidentschaft, George Bush, damals ebenfalls für die freie Entscheidung, aber ihn bewarf kein Bischof mit Steinen. O'Connor führte mit einem einzigen Thema einen gnadenlosen Kreuzzug gegen Mrs. Ferraro. In einer Rede erwähnte er 87mal die Abtreibung und 32mal das Ungeborene. Er sagte: »Ich sehe nicht, wie ein guter Katholik guten Gewissens eine Person wählen kann, die sich für Abtreibung ausspricht.«

Es hätte jedem klar sein müssen, daß Ferraro nicht für Abtreibung war; sie war nur nicht bereit, als Amtsträgerin anderen ihren Willen aufzuzwingen. Sie war nicht gegen das Leben, weil sie für die freie Entscheidung war. Offensichtlich hätte O'Connor es lieber gesehen, wenn sie als Kandidatin »Keine Wahl« auf ihre Fahnen geschrieben und offen gesagt hätte, sie sei bereit, sich die Politik wie die Ethik der Abtreibung von einem nicht gewählten Bischof diktieren zu lassen. Als John F. Kennedy kandidierte, fürchteten viele Amerikaner, seine Religion würde seine Politik beeinflussen. 1984 fürchteten ein paar einflußreiche Katholiken, Geraldine Ferraros Religion würde die Politik von ihr nicht beeinflussen.

Die Bischöfe in den USA wollen weiterhin, daß »katholische Politiker« – ein Begriff, den Kennedy ablehnte – nach der Pfeife der Kirche tanzen. Bischof Myers von Illinois schrieb 1990 in einem Hirtenbrief: »Jeder Politiker, der will, daß das Ungeborene vom Schutz des Gesetzes ausgeschlossen wird ..., begeht eine schwere Ungerechtigkeit. Niemandem, der bereit ist, solche Ungerechtigkeiten zu begehen, sollte öffentliche Macht anvertraut werden.«

Weihbischof Austin Vaughan von New York mußte zehn Tage ins Gefängnis, weil er den Eingang zu einer Abtreibungsklinik blockiert hatte. Er sagte daraufhin, Bürgermeister Cuomo, ein Katholik, sei »in ernsthafter Gefahr, in die Hölle zu kommen«, weil er für das Recht der Frauen auf Abtreibung eintrat. Kardinal O'Connor gab ihm Rückendeckung: »Bischof Vaughan hatte das Recht und die Pflicht, einen Katholiken zu warnen, daß seine Seele in Gefahr ist, wenn er stirbt, während er eine böse Handlungsweise verfolgt, und dazu gehört auch, daß er öffentlich, wie der Bischof es ausdrückt, ›das Recht der Frau, ein Kind zu töten‹ vertritt.«

Es ist lange her, daß Menschen, obendrein führende Politiker, von Bischöfen mit dem Höllenfeuer bedroht wurden, weil sie ihren Anordnungen nicht folgten – in Cuomos Fall, weil er Kindesmord befürwortet habe!

Cuomo antwortete in der *New York Times* mit dem Hinweis, daß er nur die verfassungsmäßigen Rechte aller Amerikaner verteidigte. Er äußerte keine Meinung darüber, was Katholiken dürften oder nicht dürften; das sei die Aufgabe des Bischofs. »Das Recht, das ich verteidige, ist das Recht dieses Bischofs [Vaughan], jeden Politiker nach seinem Belieben zu verfluchen, und das Recht jeder Frau, im Rahmen der Verfassung selbst zu entscheiden, ob sie abtreibt oder nicht.«

Inzwischen ist das Stadium erreicht, wo US-Bischöfe, von Rom angestachelt, sich offen in die Politik einmischen. Im August 1990 sagte Bischof Gracida von Corpus Christi, Polizisten, die Abtreibungsgegner daran hindern, den Eingang zu Abtreibungskliniken zu blockieren, seien »indirekt am Töten ungeborener Kinder beteiligt«. Aussagen wie diese, mit denen Polizisten aufgefordert werden, Befehle zu verweigern und den Menschen ihre verfassungsmäßigen Rechte vorzuenthalten, haben die Kirche von vielen Amerikanern isoliert. Sie haben außerdem manche Katholiken praktisch unwählbar für hohe Ämter gemacht. Was, wenn bei Kennedys Kandidatur Johannes Paul II. in Rom gesessen hätte und O'Connor in New York? Der Historiker Arthur Schlesinger ist überzeugt: »Er wäre nie zum Präsidenten gewählt worden.«

In einer bahnbrechenden Rede bekannte sich Kennedy 1960 in Houston zu seinen amerikanischen Werten. »Ich bin völlig dagegen«, sagte er, »daß der Staat von irgendeiner religiösen Gruppe, katholisch oder protestantisch, benutzt wird, um die freie Ausübung irgendeiner anderen Religion zu erzwingen, zu verbieten oder zu verfolgen ... Welche Entscheidung auf mich als Präsidenten auch zukommen mag – über Geburtenkontrolle, Scheidung, Zensur, Glücksspiel oder irgendein anderes Thema –, ich werde sie in Übereinstimmung mit dem treffen, was mein eigenes Gewissen als das Beste für die Nation erkennt, und ohne Rücksicht auf religiösen Druck oder Diktat von außen. Und keine Macht oder Strafandrohung könnte mich dazu bringen, anders zu entscheiden.« Wäre es nicht so, sagte er, verlören 50 Millionen (katholischer) Amerikaner am Tag ihrer Taufe jede Chance, amerikanischer Präsident zu werden.

Die Bischöfe zu Kennedys Zeit wahrten diskretes Schweigen; die Zukunft der Katholiken im öffentlichen Leben stand auf dem Spiel. Warum sind ihre Nachfolger so schwer von Begriff? Warum verharren sie bei der Auffassung, Amerikas Interesse sei notwendigerweise identisch mit dem der Kirche? Die Antwort ist, daß sie nicht Männer des Vaticanum II sind, sondern Papst Johannes Pauls Männer. Sie wollen die Unterscheidung auslöschen, die Kennedy ein für allemal zwischen der Pflicht eines Menschen seiner Kirche und der seiner Nation gegenüber gemacht hat.

Eine Umfrage im November 1990 ergab, daß 78 Prozent der amerikanischen Katholiken es für unangebracht halten, »daß Bischöfe den Leuten sagen, wie sie wählen sollen«, wenn es um Abtreibung geht. 46 Prozent äußerten die Meinung, die Einmischung der Bischöfe in die Abtreibungspolitik mache die Menschen mißtrauisch gegenüber katholischen Amtsinhabern und Kandidaten.

Als den Oberen der katholischen Kirche in den Vereinigten Staaten klar wurde, wie heikel diese Frage ist, beauftragten sie die PR-Agentur Hill & Knowlton damit, ihre Ansicht zu verdeutlichen. Die Kosten wurden auf fünf Millionen Dollar geschätzt. Dieselbe Firma promotet zwei große Hersteller von Antibabypillen, Kondomen und Pessaren.

Frühere Kampagnen hatten versagt, hauptsächlich wegen ihrer Unehrlichkeit. Sie suggerierten, der Embryo leide – deshalb sein »stummer Schrei«. Der Schrei war eine Geistergeschichte. Plakate zeigten einen ziemlich entwickelten, babyhaften Embryo, gewöhnlich mit dem Daumen im Mund. Da das ganze Argument der Bischöfe darauf beruht, daß das Leben bei der Empfängnis beginnt, warum gab es dann keine vergrößerten Bilder von wenigzelligen Embryonen oder einem frühen Fötus?

Die Hill & Knowlton-Anzeigen präsentierten die Freiheitsstatue, weinend wie eine sizilianische Madonna. Sie nannten die nackten Zahlen – 1,6 Millionen Abtreibungen pro Jahr; nur für 8 Prozent ist der Grund Vergewaltigung, Inzest oder die Gesundheit der Mutter; 43 Prozent sind Wiederholungsabtreibungen – und wiesen darauf hin, daß unterdessen Tausende von adoptierwilligen Paaren auf Kinder warteten.

Die Anzeige offenbart die Schwäche ebenso wie die Stärke der römischen Ansprüche. Ihre Schwäche: Rom will, daß fast 13 000 amerikanische Opfer von Vergewaltigung und Inzest Kinder bekommen. Ihre Stärke: Die Zahl der Abtreibungen zeigt, daß die Amerikaner zu nachlässig in der Sexualerziehung sind und zu wenig Achtung vor dem Leben haben.

Wenn Rom bis jetzt so verfehlt zum Thema Abtreibung reagiert hat, so liegt das hauptsächlich an der klerikalen Frauenverachtung. Viel zu lange begnügten Bischöfe sich damit, Drohungen in gewundener Prosa auszustoßen, mehr auf Exkommunikation als auf Kommunikation bedacht. Die Werbeagentur verdient Glückwünsche dafür, daß sie das Lieblingswort der Kirche nicht verwendet hat: »Sünde«.

Man sollte immer voraussetzen, daß Frauen, die abtreiben, schwerwiegende Gründe haben. Egoistische Frauen werden wahrscheinlich ohnehin weghören. Die Anzeigen sollten an den Mut und die Hochherzigkeit der Frauen appellieren. Der beste Weg, Schwangere vor einer Abtreibung noch einmal zum Nachdenken zu bringen, ist nicht, einen Fötus abzubilden, sondern eine andere Frau, die sich danach sehnt, ein Kind zu adoptieren. Es sollte gezeigt werden, daß das, was für die Schwangere eine Last ist, für eine kinderlose Frau das größte Geschenk sein kann. Nur Frauen können Frauen ganz verstehen, ihre Gewissensbisse, ihre Nöte, ihre Schmerzen. Die Anzeigen könnten zum Beispiel eine Frau zeigen, die gerade geboren hat und das Neugeborene der Adoptivmutter übergibt. »Danke, daß du mein Baby behalten hast.«

Vor einem Jahrzehnt wollten meine Frau und ich unbedingt ein kleines Mädchen adoptieren. Keine irische Agentur konnte uns eines anbieten, obwohl Tausende von Irinnen jährlich abtreiben. Damals wünschte ich, Rom würde aufhören, von der Sünde der Abtreibung zu reden, und sich darauf konzentrieren, welches Glück ein adoptiertes Kind einer Familie bringen kann, die kinderlos ist oder den Horizont ihrer Liebe erweitern will.

Schlußbetrachtung

Ich teile die christliche Empfindung, daß Leben heilig ist. Man braucht immer einen triftigen Grund, um Leben zu vernichten, ob es auf dem Schlachtfeld ist oder im Mutterleib. Doch manchmal liegt ein solcher Grund vor. Jeder Mann wäre empört über die Aussage, seine Frau oder Tochter begehe eine Sünde, wenn sie nach einer Vergewaltigung abtreibt. Nicht nur, daß sie dazu berechtigt ist – jedes Familienmitglied ist berechtigt, dieses zu verlangen.

Nur die unmittelbar Beteiligten können entscheiden, was im Einzelfall zu tun ist. Diesen Menschen die Entscheidungsfreiheit zu nehmen führt gewöhnlich zu einem größeren Übel. Selbst manche Abtreibungsgegner bestätigen das. Deshalb glaube ich, daß Roms Haltung bei aller Klarheit erbarmungslos ist. Es stellt Regeln über Menschen. Vor allem vereinfacht es, wo Sensibilität gefordert ist.

Abtreibungsgegner, deren Aufrichtigkeit ich nicht bezweifle, haben in der pluralistischen Gesellschaft jede Chance, durch Überzeugung die Einstellung der Menschen zu ändern. Das Problem ist, daß die Abtreibungsdebatte als Zusammenstoß zweier extremer Gegensätze präsentiert wird. Die Gemäßigten sollten versuchen, einen Mittelweg zu finden.

Schließlich führt Roms Verhütungsverbot in den Augen vieler Menschen zu Millionen unerwünschter Schwangerschaften. Dies wiederum führt zu Millionen von Abtreibungen, vielen Todesfällen und irreversiblen Schäden bei den Müttern. Dadurch, daß Rom Frauen nicht zuhört, daß es sich jedem Dialog verweigert, verzichtet Rom darauf, zu einer der spannendsten und schmerzhaftesten Debatten unserer Zeit einen positiven Beitrag zu leisten.

17.

STERBEHILFE BEI TODKRANKEN

Nach britischem Gesetz war das, was die Geschwister Andrew und Nicola Thompson zu tun beabsichtigten, Mord. Das Opfer war ihre eigene Mutter, die an Brustkrebs erkrankt war. Anfangs hatte sie gut auf eine Chemotherapiebehandlung reagiert, doch dann ging es ihr immer schlechter. Ihre Kinder wurden von ihrem Wohnort in Spanien nach England in das Leicester Royal Hospital Infirmary gerufen, wo sie erkannten, wie ernst es um ihre Mutter stand. Der Krebs hatte den ganzen Körper befallen.

Die Ärzte versicherten Andrew und seiner Schwester, daß ihre Mutter Pauline nur noch zwei oder drei Tage leben würde. Acht Tage später sagten die Ärzte: »Geduld, nur noch ein paar Tage.« Andrew schien es, als wäre Pauline in einem verwesenden Leichnam gefangen. Um den Schmerz in Grenzen zu halten, bewegten die Schwestern sie nur einmal am Tag, wenn sie die Verbände wechselten. Nicola, eine hübsche, junge Frau mit blondem Haar und Pony, sagte: »Sie war am Zerfallen ... sie blutete, und die Wunden näßten ... Und ich weiß noch, wie sie sich an mich klammerte und sagte: ›Bitte, bitte, ich halte es nicht mehr aus. Ich will sterben.‹«

Eine lange Nacht diskutierten Andrew und Nicola, was zu tun sei. Am nächsten Morgen, dem 3. Juli 1990, sahen sie ihre Mutter, totenbleich, mit eingesunkenen Augen, halb im Koma.

Andrew sagte später aus: »Ich küßte sie auf die Stirn. Ich bat sie um Vergebung für das, was ich tun wollte. Ich sah den Infusionsapparat mit der Motorpumpe und bemerkte, daß die Ärzte ihr eine höhere Dosis als am Vortag gegeben hatten. Ich gab meiner Mutter die ganze Dosis. Es schien so lange zu dauern. Ich wollte, daß sie nicht mehr litt, und das einzige, das mich weitermachen ließ, war, daß ich ihrem Leiden ein Ende setzen wollte. Ich liebte meine Mutter so sehr. Sie zu verlieren war schlimm genug, aber verantwortlich dafür zu sein, daß sie starb, war sehr schwer. Ich tötete einen Teil von mir.«

Es dauerte 20 Minuten, das Morphium zu infundieren. Andrew sagte: »Es war einfach grauenhaft, das Ganze.« Und Nicola: »Ich weiß noch, daß ich nur Liebe für sie empfand, das ist alles, Liebe für sie.«

Als eine Schwester kam, gestanden sie, was sie getan hatten. In Panik rannte die Krankenschwester davon, um einen Arzt zu holen; dieser gab ein Gegenmittel mit qualvollen Nebenwirkungen. Die Polizei brachte Andrew und Nicola auf die Wache. In den drei Tagen der Verhöre sagte man ihnen nur, daß ihre Mutter noch lebte. Nach ihrer Entlassung brauchten sie eine gerichtliche Verfügung, um sie zum letztenmal zu sehen. Sie starb neun Tage später und wurde am 19. Juli begraben. Andrew und Nicola wurden wegen Mordversuchs angeklagt.

Andrew sagte zu ihrer beider Anwalt Oliver D'Sa: »Meine Mutter hat mich sehen, fühlen, denken gelehrt. Jetzt soll ich das, was sie mich gelehrt hat, in Frage stellen und ein ›Verbrechen‹ nennen. Es ist eine moralische Frage. Ich stand zu meinen Gefühlen, meiner Moral ... Als ich sie das erstemal sah, war ich so entsetzt, daß ich sie an Ort und Stelle von ihrem Leiden erlösen wollte. Ich bat eine der Schwestern, etwas zu unternehmen. Sie lehnten ab und meinten, ihnen seien die Hände gebunden. Man mußte sie weiter leiden lassen, bis ihr Körper es nicht mehr ertragen konnte und sie sterben würde. Das war in meinen Augen Unrecht. Das war ein Verbrechen. Deshalb unternahm ich etwas ... Nicht gleich, dazu hatte ich kein Recht. Aber als meine Mutter darum bettelte, da hatte ich das Recht.«

Ihr Anwalt riet ihnen, sich schuldig zu bekennen und auf mildernde Umstände zu plädieren. Den Richter, der sie zu einer lebenslangen Freiheitsstrafe verurteilen könnte, würde ein Schuldbekenntnis wahrscheinlich milde stimmen. So geschah es. Sie bekamen die geringste zulässige Strafe: ein Jahr auf Bewährung.

Nach englischem Gesetz ist jeder, der auf Verlangen Sterbehilfe leistet, so schuldig wie ein Massenmörder. Das Gesetz muß zweifelsohne geändert werden, aber das Parlament fürchtet, Angehörige könnten die Ärzte unter Druck setzen, Patienten zu töten, selbst wenn es nicht in deren Interesse oder gar gegen ihren ausdrücklichen Wunsch ist. Hinzu kommt die Überzeugung, daß Ärzte heilen statt schaden, Leben retten statt Leben vernichten sollen.

Das holländische Experiment

In den Niederlanden wird Tötung auf Verlangen anders bewältigt. Als 1973 der erste Fall vor Gericht kam, gab der Richter, statt Haftstrafen für die Beteiligten zu verhängen, überraschenderweise Richtlinien, wie Ärzte der Strafverfolgung aus dem Weg gehen können. Von hier an begann sich die Rechtsprechung vom Strafrecht fortzuentwickeln.

Passive Sterbehilfe, also die Aussetzung der Behandlung etwa mit der Herz-Lungen-Maschine oder Medikamenten ist erlaubt, wenn ein Sterbender ausdrücklich darum bittet. Aktive Sterbehilfe (direktes Injizieren von Medikamenten, um das Leben zu beenden) ist noch immer ungesetzlich und wird mit bis zu zwölf Jahren Gefängnis bestraft. Es wird jedoch keine Anklage erhoben, wenn Ärzte sich an ungeschriebene Regeln halten, die zwischen ihnen und dem Justizministerium vereinbart wurden. Der Sterbende muß persönlich um Sterbehilfe bitten, und zwei qualifizierte Ärzte müssen dies bezeugen. Polizeiliche Nachforschungen sind heute selten und Strafverfahren noch seltener.

Heute sind 4000 von Hollands 6000 Ärzten bereit, ihre

todkranken Patienten von ihrem Elend zu erlösen. Acht Prozent der 6000 bis 10 000 jährlichen Todesfälle gehen auf Sterbehilfe auf Verlangen zurück. Die große Mehrheit der Bürger, auch Kleriker, billigt diese Praxis. Die Holländer wissen, daß es Sterbehilfe immer geben wird, und ziehen es vor, diese so gut wie möglich zu regeln.

1980 wurde beispielsweise die holländische ›Gesellschaft für Euthanasie auf Verlangen‹ von Bürgern gegründet, die Sterbehilfe für ein Grundrecht des Menschen halten. Jedes Jahr erhalten sie um 700 Anrufe. Ein Drittel ist von Patienten mit fortgeschrittenem Krebs, ein Drittel von alten Menschen und ein Drittel von chronisch Kranken.

Wenn Kritiker argumentieren, keine Krankheit berechtige zum direkten Töten, antwortet Dr. Herbert Cohen, der zur Einsicht gelangt ist, daß »Leiden manchmal beendet werden muß«, sie sollten einmal mit einem Krebskranken reden, der ein faustgroßes Loch im Gesicht hat. Oder mit einem AIDS-Opfer, das keine Kontrolle über seine Ausscheidungen hat, kein Gefühl in den Gliedern und das nicht selbst essen kann. Oder einer Kranken, die nicht atmen kann und jedes Beruhigungsmittel sofort erbricht.

Ärzte wie Dr. Pieter Admiraal aus Delft und Cohen haben einen Weg gezeigt, aber überraschenderweise hat ihre Arbeit noch keine Veränderung im niederländischen Strafrecht bewirkt. Und die Geschichte von Inike Stinissen beweist, daß selbst Holland noch immer mit den Problemen der Todkranken ringt.

Vegetieren statt leben

Im August 1974 entband Inike Stinissen, eine junge Frau, mit einem Kaiserschnitt, der tragisch mißlang. 15 Jahre lag sie in tiefem Koma in einem Pflegeheim in Haaksbergen. Ab 1980 trat ihr Mann Gerald dafür ein, sie sterben zu lassen. Doch es war eine Straftat, einen Menschen im Koma von einem lebenserhaltenden System zu entfernen, wenn er nicht zuvor geäußert hatte, daß er dies wolle. Deshalb tragen viele Holländer ein »Patienten-Testament« bei sich, etwas Ähnliches wie einen Organspenderpaß. Es besagt, daß man sie, wenn sie im Koma oder todkrank sind und unkontrollierbare Schmerzen haben, sterben lassen solle. Gerald gelobte schließlich, wenn man Inike nicht in Frieden sterben lasse, werde er in das Pflegeheim gehen und sie eigenhändig töten.

Am 8. Januar 1990 erging der Gerichtsbeschluß, ihre intravenöse Ernährung abzusetzen. Weniger als zwei Wochen später starb sie. Gerald war in ständiger Verbindung mit dem Pflegeheim. Er sagt: »Es gab keine Anzeichen von Not; meine Frau wirkte friedlich, und ich glaube, die Beendigung ihres Lebens war humanitär.«

Fälle wie diesen gibt es in jedem Land. Die junge Amerikanerin Karen Anne Quinlan lag zum Beispiel nach einem Unfall sieben Monate im Koma. Es gab keine Hoffnung auf Besserung. 1976 erlaubte der Oberste Gerichtshof von New Jersey ihren Eltern, ihre Herz-Lungen-Maschine abzuschalten. Karen konnte allein atmen und lebte noch neun Jahre.

Die Hospiz-Bewegung

In den letzten 25 Jahren sind weltweit, zumeist privat finanziert, Hospize für Todkranke entstanden. Das Personal bemüht sich, die Patienten nicht mit ihrem Schmerz allein zu lassen, sondern hilft ihnen, im jeweils eigenen Tempo auf das Ende zuzugehen – und vor allem mit Würde.

In den meisten Hospizen wird regelmäßig eine Kombination aus Morphium und Beruhigungsmitteln verabreicht, die den Schmerz verbannt. Außerdem bieten sie etwas, das in den meisten Krankenhäusern nicht möglich ist: eine ruhige Atmosphäre der Liebe und Fürsorge, wo die Patienten »Unerledigtes« vollenden können, wie Dr. Elisabeth Kübler-Ross es ausdrückt. Man kann die Unordnung des Lebens ordnen und sich in einer solidarischen Umgebung auf den Tod vorbereiten. Die Helfer kümmern sich um die Sterbenden und erhalten dafür ihren Segen. Die Kranken umsorgen und ermutigen einander. Schließlich ist der Tod kein einsames Geschäft. Wir alle müssen ihn durchmachen. Wir können lernen, ihm zusammen mit Mut und Würde entgegenzugehen. In Hospizen und Selbsthilfegruppen aus Menschen mit denselben Krankheiten leben Patienten länger und sinnvoller.

Hospize sind wunderbar entspannte Orte. Ein Freund von mir, der an Lungenkrebs starb, war entzückt, als bei seiner Ankunft in einem Hospiz eine Nonne mit breitem, fröhlichem Lächeln ein Päckchen Zigaretten hervorholte und fragte: »Mögen Sie eine?« Kinder und Tiere sind ebenso willkommen wie erwachsene Besucher. Im Krankenhaus ist ein Hund Anathema, aber im Hospiz kann er glückliche Erinnerungen an das Familienleben zurückbringen. Hospize bieten auch etwas, für das Krankenhäuser wenig Zeit haben: Beratung für die Hinterbliebenen. Angehörige dürfen Patienten ständig besuchen. So können sie sich auf den Verlust ihrer Lieben einstellen. Sie schmerzfrei und zufrieden zu sehen ist Teil dieser Trauerarbeit.

Aktive Sterbehilfe: eine Tatsache

In allen Ländern der Erde beenden Ärzte das Leben Todkranker. Sie tun dies aus verschiedenen Gründen, zumeist heimlich und manchmal ohne jede Erfahrung.

Am 8. Januar 1989 veröffentlichte das *Journal of the American Medical Association* einen anonymen Artikel, in dem ein Arzt bekannte, daß er das Leben einer Zwanzigjährigen beendet hatte, die an Eierstockkrebs erkrankt war. Sie konnte nicht schlafen, kaum atmen und keine Beruhigungsmittel bei sich behalten. Eines Tages bat sie ihm: »Bringen wir es hinter uns.« Er spritzte ihr Morphium, und innerhalb von Minuten war sie tot.

Der Artikel löste einen Sturm aus. Ed Koch, damals Bürgermeister von New York, bat das Justizministerium, wegen Mordes zu ermitteln. Der amerikanische Ärzteverband erklärte, ein Arzt müsse nicht immer eine lebenserhaltende Behandlung durchführen, um das Sterben zu verlängern. Doch er dürfe nie direkt und absichtlich mit einer Überdosis den Tod herbeiführen. Doch die Grenze zwischen Zulassen und Herbeiführen des Todes kann verschwommen sein. Alle Ärzte geben hinter vorgehaltener Hand zu, daß in amerikanischen Krankenhäusern aktive Sterbehilfe geleistet wird.

Selbstmord oder versuchter Selbstmord ist in Großbritannien nicht strafbar, Beihilfe ist es jedoch. Auch in Deutschland sind Selbstmord und Beihilfe straffrei, während unterlassene Hilfeleistung geahndet wird. Der britische Ärzteverband findet, das Gesetz sollte nicht geändert werden. Als 1936 zum erstenmal im Oberhaus über Euthanasie debattiert wurde, war Lord Dawson of Penn entschieden dagegen. Später gestand er, König George V. eine tödliche Spritze mit Morphium und Kokain gegeben zu haben.

Heute geben britische Ärzte in öffentlichen Krankenhäusern Sterbenden regelmäßig Todesspritzen, wie ein Arzt, der anonym blieb, in der *Mail on Sunday* vom 28. Februar 1988 eingestanden hat.

Ein amerikanischer Doktor Tod

Im Sommer 1990 diskutierte ganz Amerika den Fall eines pensionierten Pathologen aus Detroit. Dr. Kevorkian hatte eine technisch einfache Selbstmordmaschine für Todkranke erfunden, die 45 Dollar kosten sollte, und wollte in einer medizinischen Zeitschrift für sie werben. Als dies abgelehnt wurde, erzählte er der lokalen Presse davon. Bald war er mit der Story im nationalen Fernsehen.

Die 54jährige Janet Adkins aus Portland im Bundesstaat Oregon las über Kevorkian. Sie litt an der Alzheimerschen Krankheit, die allerdings noch nicht weit fortgeschritten war. Als aber drei Therapieblöcke ihr Gedächtnis nur verschlechterten, wollte sie sicher sein zu sterben, während sie noch einigermaßen im Besitz ihrer geistigen Kräfte war. Sie und ihr Mann Ronald flogen nach Detroit, wo Kevorkian prüfte, ob sie wirklich Alzheimer hatte. Außerdem nahm er zur Vorsicht ihr Gespräch auf Video auf. Sie sagte: »Mein Leben war wunderbar. Ich konnte Klavier spielen und lesen. All das kann ich jetzt nicht mehr. Es belastet mich zu sehr. Ich habe genug.«

Kevorkian versuchte, sie in einem Hotel, einem Motel, einem Beerdigungsinstitut unterzubringen – alle lehnten ab. Selbstmorde sind nicht förderlich fürs Geschäft. Deshalb renovierte er seinen rostigen VW von 1968, baute eine Liege ein und fuhr Janet Adkins auf einen Parkstreifen in einem öffentlichen Park, wo es Stromanschlüsse gab. Janet Adkins legte sich auf die Liege; daneben war ein Metallkasten mit einem Elektromotor. An einer Schiene an der Decke hingen drei Flaschen. Kevorkian schloß Janet an einen Herzmonitor an, setzte ihr eine Infusionsnadel und begann, ihr eine Salzlösung zu infundieren. Janet selbst drückte einen großen, roten Knopf, woraufhin diese Lösung durch das Schmerzmittel Thiopental ersetzt wurde. Davon wurde sie bewußtlos. Eine Minute später bekam sie Kaliumchlorat, und fünf Minuten danach war die Herzkurve auf dem Monitor flach.

Kevorkian rief die Polizei an und erklärte ruhig, was geschehen war. Er bat sie, sich zu beeilen, damit ihre Organe für Transplantationen verwendet werden konnten. Ihı Herz war in besonders gutem Zustand: Er hatte sein Schlagen bis zum Ende beobachtet.

Im Dezember 1990 wurde Kevorkian nach den Gesetzen Michigans wegen Mordes vor Gericht gestellt und freigesprochen. Der Richter begründete seine Entscheidung damit, daß Beihilfe zum Selbstmord in Michigan nicht strafbar ist. Kevorkian sagte, sein eigentliches Ziel sei, eine landesweite Diskussion auszulösen. Sterbehilfe erfordere die Zusammenarbeit von Juristen und Medizinern.

In den Jahren zuvor war Derek Humphrys Selbstmordratgeber *Final Exit* zum Bestseller in Amerika avanciert. Er ist für Alte und Kranke eigens in großer Schrift gedruckt und gibt Einzelheiten über die besten und schnellstwirksamen Medikamente zum Selbstmord an. Humphry gestand, daß er seiner ersten, krebskranken Frau geholfen hatte, ihr Leben zu beenden. Bald danach beging seine zweite Frau Ann, die 1980 mit ihm die Hemlock Society gegründet hatte und von ihm getrennt lebte, allein in der Wildnis in Oregon Selbstmord. Auch sie hatte Krebs.

18.

STERBEHILFE BEI NEUGEBORENEN UND ALTEN

Vor nicht allzulanger Zeit starben alle Neugeborenen, die wenig über zwei Pfund wogen. Heute können viele dieser sogenannten »Frühchen« am Leben gehalten werden, wenngleich die Hälfte von ihnen permanent behindert ist. Harte Fragen werden in diesem Zusammenhang gestellt. Ist eine Behandlung immer moralisch? Kann man sie stoppen, wenn sie einmal begonnen ist – und wenn ja, wer entscheidet das?

Ärzte müssen jeden Tag ohne angemessene Richtlinien kritische Entscheidungen treffen. In Deutschland, Großbritannien, vielen US-Staaten, Schweden und den Niederlanden gelten verschiedene Praktiken. Die Gesellschaft ist langsam im Durchdenken der Folgen medizinischer Technologie.

In Frankreich ist Abtreibung bis zur 10. Schwangerschaftswoche erlaubt, aber viele Defekte werden erst später bemerkt. 1987 bildeten französische Eltern einen Verband zur Verhütung behinderter Kinder. In Frankreich gibt es 100 000 solche Kinder. Der Sprecher des Verbandes, der Abgeordnete Henri Cavaillet, erklärte: »Wir wollen die Schuldgefühle beenden, die Eltern wegen eines behinderten Babys haben. Wir wollen nicht, daß sie das Gefühl haben, etwas Böses zu tun, wenn sie sein Leben beenden.«

Diese Erklärung löste, nachdem der Kardinal-Erzbischof von Paris dies »legale Barbarei, unseres Landes und unserer Kultur unwürdig« nannte, eine landesweite Diskussion aus. Der Verband schlug vor, Babys in den ersten drei Tagen ihres Lebens nicht zu behandeln, wenn sie Symptome unheilbarer Krankheit oder einer Mißbildung zeigen, die sie daran hindern würden, ein Leben in Würde zu führen.

Krankenhausmitarbeiter stellen regelmäßig die künstliche Beatmung von Babys wie von Todkranken ab, und sie haben häufig keine andere Wahl. Die Alternative ist, voll ausgetragene Babys sterben zu lassen, die eine gute Chance auf völlige Gesundung hätten. Selbst in entwickelten westlichen Ländern fehlt es an Brutkästen für die Hälfte der Babys, die sie bräuchten. Hirngeschädigte Babys oder solche mit voraussichtlich langanhaltenden Lungenproblemen läßt man sterben.

Der klarste Fall für die Nichtanwendung lebenserhaltender Systeme sind Kinder ohne Gehirn. Ohne Hirnfunktionen und unfähig, selbst zu atmen, gelten sie als tot. Neue Techniken können die Organe funktionsfähig erhalten, so daß ihre Herzen und Lungen zur Verfügung stehen, wenn andere Babys sie zur Transplantation brauchen. Manche Eltern sind schockiert und können dies nicht ertragen. Viele wollen jedoch, daß ihr totes Kind anderen zum Weiterleben hilft. Es ist eine Art modernes Gleichnis: Nicht nur im Herzen der Eltern, sondern in der realen Welt trägt eine scheinbar sinnlose Tragödie zum Fortschritt und Glück der Menschheit bei.

Juristen und Mediziner sind sich einig, daß Entscheidungen über Leben und Tod immer eine Gratwanderung sind. Die Erhaltung des Lebens hat zunächst Priorität. Manchmal haben Menschen erstaunliche Fähigkeiten, gesund zu werden, und es gibt viele Belege, daß Behinderte ein lebenswertes Leben führen können. Dennoch sollte nicht jedes Leben erhalten werden. Die moderne Technologie kann zu endlosen Torturen für Babys führen. Man braucht nur einmal ein Zwei-Pfund-Baby in einem Brutkasten zu betrachten. Seine Augen sind mit Klebeband verschlossen, um das Licht abzuhalten; sein Hals hat Runzeln vom intravenösen Tropf; Hals und Nase sind mit Schläuchen zugestopft. Dies alles, um ein Baby am Leben zu halten, das möglicherweise an Gehirnlähmung oder Spina bifida leidet, blind und taub, schwachsinnig oder nervenkrank ist.

Das ist keine gute Medizin. Es ist gewiß nicht im Interesse der Patienten oder der Gesellschaft. Ärzte, Eltern, Gerichte beginnen, das Kind als Ganzheit zu sehen, denn Medizin ist nicht nur Wartung und Reparatur von Körpern. Es reicht nicht, zu sagen: »Es ist Gottes Sache, Leben zu geben und zu nehmen.« Der Mensch muß die Verantwortung für sein Handeln übernehmen.

Alte und senile Menschen

Betrachten wir das andere Ende der Altersskala, so erleben wir die Geburt der Macht der Alten. Viele, die davon ausgehen, über 80 oder 90 zu werden, sind bemüht, ihre Rechte festzuschreiben. Hier eifern Deutschland, Frankreich und Großbritannien der Entwicklung in den USA nach.

Amerikas erste Kolonisten hatten eine durchschnittliche Lebenserwartung von 35 Jahren. Heute ist sie mehr als doppelt so hoch. 1950 waren nur 7,5 Prozent der Bevölkerung über 65. Heute sind es 12 Prozent. Im Jahr 2020 werden es fast 17,5 Prozent sein. Die am schnellsten wachsende Gruppe ist die der über 85jährigen.

Wollen die Menschen wirklich um jeden Preis weiterleben? Wohl genießen viele guterhaltene Menschen in den Industrienationen ihr Altwerden, und es sei ihnen gegönnt. Sie heiraten noch einmal in einem Alter, in dem ihre Vorfahren schon lange tot waren. Eine Umfrage von *Time/CNN* im März 1990 zeigte, daß 80 Prozent der Amerikaner meinen, Entscheidungen über die Beendung des Lebens Todkranker, die nicht selbst Entscheidungen treffen können, sollten nicht dem Gesetz anheimgestellt sein, sondern den Familien und Ärzten. Wenn der Patient entsprechende Verfügungen hinterlassen hat, sollte der Arzt lebenserhaltende Maßnahmen absetzen dürfen. 57 Prozent waren der Ansicht, es sei richtig, wenn der Arzt tödliche Medikamente verabreichte. Eine Umfrage vom Januar 1992 in

Großbritannien ergab, daß 80 Prozent der alten Menschen den Tod einem Alter in Krankheit vorziehen.

Wer soll, abgesehen von diesen Wünschen, die ständig steigenden Kosten dafür tragen, daß alte Menschen auf dem Niveau luxuriösen Krankseins gehalten werden, an das sie gewöhnt sind – mit ihren Brillen, falschen Zähnen, künstlichen Hüftgelenken, Schrittmachern, Herzoperationen, Leber- und Nierentransplantaten? Die Kostenexplosion ist in allen Ländern gleich geartet. Doch das ist nur ein Teil des Problems.

Eine sinkende Geburtenrate verschlimmert den Alptraum: Weniger junge Menschen finanzieren die immer kostspieligere Behandlung der alten. Es wird jungen Eltern nicht gefallen, daß sie ihre Kinder Mangel leiden lassen müssen, um Großeltern und Urgroßeltern am Leben zu halten, die oft senil sind und den größten Teil des Tages verschlafen. Jeder Versicherungsmathematiker weiß, daß diese Eltern nichts von den Steuern haben werden, die sie zahlen. Der Gesellschaft geht das Geld aus. Bald wird die Hälfte des Staatshaushalts für alte Menschen ausgegeben werden.

Jedes Land muß entscheiden – besser früher als später –, ob es nicht ethischer und ökonomischer Schwachsinn ist, Organtransplantationen, Hüftoperationen und Bypassoperationen für ganz alte und verwirrte Menschen zuzulassen. Sie nämlich werden enden wie Struldbrugs in *Gullivers Reisen:* praktisch ohne Gefühl und unfähig, etwas zu genießen.

Menschen, die für Alte sorgen, müssen manchmal der Versuchung widerstehen, Sterbende wiederzubeleben. Außerdem gibt es in der Medizin nichts Absolutes, nur Grundsätzliches. Diese Prinzipien müssen vernünftig angewendet werden, auf der Basis dessen, was jeweils das Beste für den Betroffenen und die Gesellschaft ist.

Das ist nicht zu hart. Wenn die heutigen medizinischen Trends im Westen anhalten, wie werden dann die Armen ernährt oder die Jungen ordentlich ausgebildet? Schon weisen viele Krankenhäuser Notfälle ab, weil das ganze System darauf eingestellt ist, alte Menschen zu behandeln und unter hohen Kosten am Leben zu halten.

Befreundete Ärzte gestehen allerdings im Vertrauen ein, daß viele alte Patienten ohne Aussicht auf ein lebenswertes Leben tödliche Spritzen bekommen. Aktive Sterbehilfe wird zur Routine. Dr. John Collee schrieb im *Observer* vom 4. August 1991: »Es ist ganz normal, daß Ärzte todkranken Krebspatienten Heroin in Dosen verschreiben, von denen sie wissen, daß sie kumulativ tödlich sind.« Das ist das Beste für die Patienten.

Es ist Zeit, die ethischen Richtlinien dieses modernen Problems zu überprüfen, das sich rasch zu einem der schwierigsten auswachsen dürfte. Ist es moralisch, die auf den Tod Erkrankten sterben zu lassen, indem man lebenserhaltende Systeme abschaltet? Was bedeutet es, sie sterben zu lassen? Ist es Töten oder Sterbenlassen, wenn man eine Patientin im Koma vom Ernährungsschlauch trennt? Ist es jemals erlaubt, das Leben eines Patienten direkt zu beenden? Hat jeder Mensch ein unangreifbares Recht, sein Leben zu beenden, wenn dessen Qualität nicht mehr als menschlich zu bezeichnen ist?

Vor nicht allzulanger Zeit waren diese Fragen tabu. Daß sie nun gestellt werden, ist ein Zeichen für dramatische Veränderungen in der moralischen Auffassung.

19.

DIE ETHIK DER STERBEHILFE

In *Die Linderung von Schmerzen* führte Pius XII. 1957 aus: »Wenn die Verabreichung von Medikamenten zwei verschiedene Wirkungen hat, erstens Schmerzlinderung und zweitens Verkürzung des Lebens, ist sie zulässig. Natürlich muß dafür gesorgt werden, daß beide Wirkungen in einem vernünftigen Verhältnis stehen und daß die Vorteile der einen die Nachteile der anderen kompensieren« (Abschn. 42).

Er dachte dabei an unheilbar Kranke. Die indirekte Verkürzung des Lebens durch Schmerzmittel ist ethisch. Wer aber direkt das Leben eines Menschen verkürzen will, maßt sich Gottes Rechte an und begeht einen Mord. Der richtige Weg ist, Sterbenden mit Liebe und Schmerzmitteln zu helfen, bis sie natürlich sterben.

Menschen sterben lassen

Selbst wenn sie eine Tötung für böse halten, glauben die meisten Menschen, daß es auch böse sein kann, das Sterben zu verlängern, besonders wenn das Leben nicht mehr menschenwürdig und die Mittel zu seiner Verlängerung außergewöhnlich sind. Was aber ist »außergewöhnlich«? Nichts war bizarrer als die Versuche eines Teams aus 80 Ärzten und Schwestern, den alten Diktator Franco am Leben zu halten. 1980 sagte der Vatikan weise, eine Behandlung abzulehnen, die die Familie oder Gemeinschaft belaste, sei nicht Selbstmord; es könne ein demütiges Annehmen des menschlichen Schicksals sein.

Wenden wir dies auf Patienten an, die permanent im Koma liegen. Sie künstlich am Leben zu halten ist teuer und zeitraubend für Krankenhäuser mit begrenzten Ressourcen. Manche empfehlen ein Patiententestament, wie es in den Niederlanden üblich ist. Es besagt, daß der Betreffende frei und bei klarem Verstand wünscht, nicht künstlich am Leben erhalten zu werden. Allerdings muß diese Verfügung nicht Voraussetzung sein, um jemanden von lebenserhaltenden Systemen zu trennen, wenn sie dem Patienten nichts nützen.

Natürlich werden Fehler gemacht. In Amerika lag Jacqueline Cole 1986 nach einer Gehirnblutung im Koma. Die meisten Patienten sterben nach einigen Stunden, aber nicht sie. Die Ärzte sagten, sie könnte noch jahrelang vegetieren. Ihr Mann, der presbyterianische Geistliche Reverend Harry Cole, sah in der Zukunft nichts als Koma für sie und Bankrott für sich und seine drei kleinen Kinder. Er beantragte die gerichtliche Erlaubnis, seine Frau von dem lebenserhaltenden System zu trennen, und sie wurde verweigert. Eine Woche später wachte sie auf.

Das beweist, daß wir nicht vorschnell urteilen sollten. Manche Unfallopfer aber sind jahrelang bewußtlos und verfallen. Sollen wir wegen einiger wunderbarer Heilungen Zehntausende solcher Menschen am Leben halten und anderen die Hilfe vorenthalten? Einen Patienten, der in irreversiblem Koma oder todkrank ist, nicht zu ernähren heißt nicht, ihn zu töten, sondern ihn sterben zu lassen. Das wichtigste Kriterium ist: Der Patient muß profitieren. Auch seine Angehörigen werden natürlich profitieren, ebenso das Pflegepersonal, das von Prozeduren befreit wird, die niemandem helfen. Medizin ist zum Heilen da, nicht, um eine unheilbare Krankheit über Gebühr zu verlängern. Um den Kernpunkt zu betonen: Wenn man einen Patienten sterben läßt, darf es nur geschehen, weil es zu seinem Besten ist.

Manche Christen sagen, lebenserhaltende Systeme sollten aus keinem Grund abgestellt werden. Andere sind nicht dagegen, künstliche Beatmung bei Patienten im Koma zu beenden, lehnen es aber ab, die Ernährung einzustellen, auch wenn die Betroffenen wahrscheinlich nie wieder aufwachen. Dies sei Töten durch Entzug von Nahrung und Wasser, ist das Argument. Bleibt also die Frage, ob man einen Patienten, der weiter atmet, nachdem er von einem lebenserhaltenden System getrennt wurde, künstlich ernähren, sterben lassen oder ihm sterben helfen soll.

Einen Komapatienten intravenös oder mittels Schlauch zu ernähren mag nicht teuer oder technisch fortschrittlich, kann aber mühsam sein. Wie Schwestern 1989 im Fall eines Mädchens, das vor Gericht Baby C genannt wurde, bezeugten, kann es sehr unnatürlich sein. Das Mädchen hatte einen Wasserkopf und Gehirnlähmung, war taub, blind und an Armen und Beinen gelähmt. Wegen seines Hirnschadens mußte es jeden Tag stundenlang über den Tropf ernährt werden. Es nicht weiter zu ernähren, sagte ein Richter, hieße nicht, es zu töten, sondern es sterben zu lassen. Nachdem das Berufungsgericht zugestimmt hatte, wurde Baby C noch zwei Wochen am Tropf belassen. Dann nahmen die Eltern es unter Beratung der Fachärzte mit heim. Sie gaben ihrem Kind flüssige Nahrung durch den Mund, hielten es warm, und nach einigen Wochen wurde es schwächer und starb auf natürliche Weise, ohne Schmerzen und umgeben von elterlicher Liebe und Zuwendung. Das war elterliche Tapferkeit von hohen Graden.

Diese Art selektiver Behandlung wird von John Lorber empfohlen, der es gleich vielen anderen für unmoralisch hält, ein Baby direkt zu töten. Lorber hat drei Einwände gegen aktive Sterbehilfe: Sie brutalisiere das Pflegepersonal, sie verstoße gegen das Grundprinzip, keinen Menschen ohne seine Zustimmung zu töten, und sie könnte zu einer nazihaften Ausmerzung lebensunwerten Lebens führen.

Ich weiß nicht, ob Lorbers Argumente stichhaltig sind. Erstens brutalisiert es Pflegepersonal und Eltern bestimmt mehr, einen Monat oder gar acht Monate lang zuzusehen, wie ein

Baby Stück für Stück stirbt. Wenn das Leben eines Kindes enden muß, weil es keinen Sinn hat, warum soll es dann möglichst spät enden, wenn in der Zwischenzeit nichts gewonnen wird? Zweitens: Lorber ist nicht bereit, ohne Zustimmung des Babys zu töten, aber ist er willens, es ohne seine Zustimmung sterben zu lassen? Das legt nahe, daß Zustimmung nicht so entscheidend ist, wie er meint. Drittens gibt es keine Entsprechung zwischen Nazis, die aus rassenhygienischen Gründen töteten, und Ärzten, deren einziges Ziel das Beste für das Kind ist.

Schmerzlinderung

Gegner der aktiven Sterbehilfe argumentieren oft, die Medizin könne Schmerzen immer lindern. Das kann sie nicht. Selbst wenn der Schmerz gedämpft werden kann – das überwältigende Gefühl von Kranksein und Schwäche bleibt oft ungedämpft. Die Richtlinien Pius' XII. funktionieren gut, außer bei Patienten, deren Schmerz und Gefühl des Krankseins nicht gelindert werden können. Sollen sie einfach Unerträgliches leiden, weil man Leben indirekt beenden darf, aber nicht direkt? Haben solche Unheilbaren nicht das Recht, mit dem einzigen Betäubungsmittel, das es für sie gibt, von ihrem Elend erlöst zu werden – dem Tod? Es gibt Krankheiten wie Bauchspeicheldrüsenkrebs oder Emphysem oder jene, bei denen die Gliedmaßen nacheinander amputiert werden müssen und für die Schmerzmittel keine Linderung bringen. Der britische Onkologe Professor Roger Blamey sagt über den Krebs:

»Manchmal bekommen Patienten Schmerzen von der Ausbreitung in die Knochen. Manchmal haben sie Atemnot von der Ausbreitung auf die Lungen. Manchmal fühlen sie sich nur allgemein sehr schlecht von der Ausbreitung auf die Leber. Es gibt eine Reihe Dinge, die wir tun können, um diese Symptome unter Kontrolle zu halten. Aber bei manchen Patienten ist die Kontrolle erfolglos, und sie haben entsetzliche Schmerzen. Ich gebe Ihnen ein Beispiel. Wir können Ablagerungen in Knochen mit Strahlentherapie oder die Schmerzen der Ablagerungen mit Chemotherapie behandeln. Wenn wir aber eine Ablagerung haben, die den Knochen zerbrochen hat, hat der Patient bei jeder Bewegung Schmerzen, weil sich diese Knochenenden bewegen. Diese Art Schmerz können wir nicht kontrollieren.«

Selbst wenn der Schmerz unter Kontrolle ist, könnte der Preis eine erhebliche Bewußtseinstrübung sein, und dann ist das Leben von fragwürdigem Wert. Am schwersten zu ertragen ist für viele Patienten der Verlust der Würde. Soll man sie zwingen, das lange Totsein bei lebendigem Leib zu ertragen, das manche unheilbaren Krankheiten mit sich bringen?

Krebspatienten dürfen wählen, ob sie versuchen wollen, ihr Leben mit Chemotherapie zu verlängern, obwohl sie Schwäche, Erbrechen und Haarausfall verursacht. Sollten wir nicht wie die Holländer weiter gehen und den Sterbenden ein friedliches, endgültiges Ende für ihre Schmerzen anbieten?

Meiner Erfahrung nach fürchten die meisten Menschen nicht das Sterben; sie fürchten sich davor, nicht sterben zu können. Sie fürchten sich davor, um jeden Preis am Leben erhalten zu werden, selbst um den Preis ihrer Selbstachtung. Sie sind überzeugt, dem Tod mutiger entgegengehen zu können, wenn sie selbst entscheiden können, wann ihr Leben sinnlos ist. Furcht ist der große Feind. Sie wollen selbst die Verantwortung für ihren Tod übernehmen und sie nicht Ärzten überlassen, die vielleicht mehr an ihr Prestige denken, Todkranke so lange wie möglich am Leben zu halten, als an die Wünsche ihrer Patienten.

Dies bringt uns zu der schwierigsten Frage von allen. Haben all die angesehenen Autoritäten einschließlich der katholischen Kirche recht mit ihrer Aussage, direktes Töten unheilbar Kranker sei immer verwerflich?

Vor Jahren kam vor der Kirche, in der ich Geistlicher war, ein militärisch aussehender Mann auf mich zu und schüttelte mir energisch die Hand. Was er mir dann mit australischem Akzent sagte, ist mir genau in Erinnerung geblieben:

»In Deutschland, gegen Ende des Krieges, Hochwürden, geriet meine Abteilung unter feindlichen Beschuß. Eine Bombe explodierte mitten zwischen uns und schleuderte uns auseinander. Ich kam auf die Beine, unter Schock von dem Einschlag, am ganzen Körper zitternd. Einige von meinen Männern waren tot, aber mein Sergeant war in schrecklicher Verfassung. Er hatte einen Arm verloren, und Blut sprudelte heraus wie aus einem Springbrunnen. Ein Auge war weg. Am schlimmsten war sein Bauch; er war aufgerissen, und seine Gedärme quollen heraus wie aus einer Anglerbüchse die Würmer. Er lebte noch und stammelte etwas, das sich anhörte wie ›O Gott, o Gott‹. Wir hatten keine Medikamente, kein Morphium, nicht einmal einen Verband. Ich kniete mich neben das, was von ihm übrig war, und murmelte ihm ein Gebet ins Ohr. Dann zog ich meinen Revolver und schoß ihm in den Kopf.«

Benommen meinte ich, ich hoffe, ich hätte den Mut gehabt, dasselbe zu tun. Er sah mich einen Moment lang an, und Tränen traten ihm in die Augen. Mit derselben kühlen Stimme sagte er: »Danke, Hochwürden. Das habe ich gebraucht.« Ich habe ihn nie wieder gesehen. Ich glaube, dies war ihm seit Jahren im Kopf herumgegangen. Er zweifelte nie, das Richtige getan zu haben, aber er hatte wahrscheinlich gewaltige Schuldgefühle.

Katholische Moralisten würden sagen, er habe, wenn auch unter mildernden Umständen, einen Mord begangen. Es sei Gottes Sache, Leben zu geben und zu nehmen. Ich sehe das anders.

Es ist weise, allgemeine Regeln aufzustellen; es ist töricht,

Regeln zu ehernen Gesetzen zu machen und sich durch ihre Einhaltung sicher zu fühlen. Es gibt viele Fälle, in denen das Töten eines anderen, selbst eines gesunden Babys, moralisch richtig ist.

Ein gesundes Baby töten

Vor 20 Jahren eröffnete ich ein Ethikseminar mit dieser knapp erzählten Geschichte: »Eine junge Frau hielt ihr Baby im Arm, das sie erst ein paar Tage zuvor geboren hatte. Langsam steckte sie ihre Hand unter die Decke und zog eine Spritze heraus, die Morphium enthielt. Sie gab sie ihrem Baby und hielt es an ihre Brust, bis es starb.«

Die Reaktion meiner zumeist katholischen Studenten war Entsetzen. Ohne Fragen zu stellen, murmelten sie »Mord« oder »Kindesmord«. Als ich fragte, ob ein solches Verhalten je gerechtfertigt sein könnte, antworteten die meisten mit einem unreflektierten »natürlich nicht.« Priesteramtskandidaten dachten kaum weiter darüber nach. Es konnte keine Umstände geben, die das direkte Töten eines unschuldigen, neugeborenen Babys rechtfertigten. Manche, vor allem Frauen, fragten: »War das Baby schwer behindert?« Nein. »War die Mutter geisteskrank?« Nein. »Litt sie unter Wochenbettdepression?« Nein. Diese Fragen implizierten, daß es einen Grund geben könnte, das Verbrechen der Mutter zu erklären oder zu mildern. Ich erinnere mich nicht, daß ein Student gemeint hätte, die Tat der Mutter könnte richtig sein. Babys zu töten ist immer Sünde. Das war ein ethisches Absolutum.

An dieser Stelle lieferte ich den Hintergrund nach. Die junge Mutter war eine Jüdin in Auschwitz. Als ihr Baby geboren war, ließ der Lagerarzt Mengele ihre Brüste abbinden, damit sie nicht stillen konnte. Er wollte herausfinden, wie lange das Baby ohne Nahrung überleben konnte. Gequält sah die junge Mutter ihr Kleines Zentimeter um Zentimeter verhungern; sie kam zu dem Schluß, es sei eine Gnade, sein Leben zu beenden. Eine mitfühlende Schwester gab ihr für ihr Kind eine Morphiumspritze. Das schon geschwächte Baby starb innerhalb von Minuten auf ihrem Arm.

Meinen Studenten tat die Mutter natürlich leid. Da sie mit der katholischen Schwarzweißmoral aufgewachsen waren, sagten sie, es sei falsch gewesen, das Baby zu töten. Es verhungern zu lassen wäre natürlich Mord, aber auch die Morphiuminjektion sei Mord gewesen. Die Mutter hätte das nicht tun dürfen. Sie hätte Gott bitten müssen, ihr Kraft zu geben, damit sie den Schmerz ertrug, ihr Kleines sterben zu lassen. Einige Studentinnen sagten: »Es ist falsch. Aber ich glaube, ich hätte dasselbe getan.«

Als sie mich nach meiner Meinung fragten, antwortete ich: »In meinen Augen war diese Frau eine Heldin.« Alle distanzierten sich von meiner Meinung. Ich verdeutlichte meine Aussage. Wenn wir auch nur eine Ausnahme bei dem Prinzip zulassen, daß niemand Böses tun darf, damit Gutes bewirkt wird, wo führt das hin? Wir fühlen mit der Mutter, wir denken nicht daran, ihr Verbrechen mit dem Mengeles gleichzusetzen, wir überlassen das Urteil Gott. Aber es ist immer böse, ein Baby direkt zu töten, auch wenn es ohnehin bald gestorben wäre. Sie hatten Angst, dieses mütterliche Handeln zu billigen, weil das jener abschüssige Weg war, den zu meiden sie erzogen worden waren. Weit sicherer war es, wie Rom darauf zu beharren, daß manche Dinge in sich, das heißt immer böse sind.

Ich widersprach. In ethischen Dingen, wandte ich ein, darf man nicht die Handlung isoliert oder nur ihre materielle Seite sehen. Man muß die Handlung in ihrem Kontext und nach moralischen Gesichtspunkten beurteilen. Die Mutter hatte die oberste Pflicht der Liebe, das Beste für ihr Baby zu tun. In ihrer Situation bedeutete das, dafür zu sorgen, daß es nicht unnötig durch einen Teufel litt. Sie konnte das Baby nicht retten. Was sie tun konnte, war, ihm Schmerzen zu ersparen. Das tat sie, indem sie seinen Tod beschleunigte. Meiner Meinung nach tat sie gut daran.

Ich habe von anderen Fällen gelesen, in denen Eltern ihre Kinder töteten und die Umstände dies rechtfertigten, wie ich glaube. In Auschwitz war zum Beispiel eine andere schwangere Jüdin, die wußte, daß Mengele auf die Geburt ihres Kindes wartete, um mit ihm experimentieren zu können. Zum Glück entband sie in der Nacht. Sie hatte Zeit, ihr Baby zu herzen und liebzuhaben, bevor sie es unter seelischen Qualen erstickte.

In *Nurse at the Russian Front: 1914-1918* beschreibt die Engländerin Florence Farmborough viele solche Fälle. Einmal kam ein verzweifelter Bauer, um für sich und seine beiden Kinder um Nahrung zu betteln. Am Vortag war seine Frau nach der Geburt eines Mädchens gestorben. Er hatte das Baby mit seiner Frau in einem Wald begraben, weil er es nicht ertragen konnte, die Kleine verhungern zu sehen.

Diese Beispiele beleuchten den Fall von Säuglingen wie Baby C. Wenn es richtig ist, ein Baby durch selektive Behandlung sterben zu lassen, wenn es nicht die geringste Chance auf ein sinnvolles Leben hat, ist es mit Sicherheit das Beste, dieses Leben direkt zu beenden. Es ist auch weniger brutalisierend für andere. Mit einem Wort, es ist moralischer, dieses junge Leben so rasch wie möglich zu beenden. Ein Arzt meinte dazu, die Ernährung eines Babys einzustellen sei nicht anders, als ihm Heroin zu geben, nur sei das letztere humaner. Er schreibt: »Unser Versuch, die Fiktion aufrechtzuerhalten, daß Euthanasie nicht praktiziert wird, verursacht für den Patienten tatsächlich mehr Leiden.«

Das Recht auf Freitod

Es gibt Umstände, unter denen die Öffentlichkeit bereits davon ausgeht, daß man sich selbst das Leben nehmen darf. Im

Krieg tragen Soldaten, die hinter den feindlichen Linien abgesetzt werden, Gift bei sich, das sie im Falle der Gefangennahme schlucken können, bevor sie durch Folter zum Reden gebracht werden können. Eine meiner Meinung nach vernünftige Vorsichtsmaßnahme, die natürlich von Rom mißbilligt wird. Viele Juden im Warschauer Ghetto handelten nach dem Aufstand wie ihre Vorväter in Massada und in mittelalterlichen Ghettos, wenn die Kreuzfahrer wüteten. Sie nahmen sich das Leben, statt sich von ihren Feinden abschlachten zu lassen. 1968 verbrannte sich der junge tschechische Student Jan Pallach, um die Tyrannei der Sowjets anzuprangern, die den Prager Frühling niedergewalzt hatten. Rom wird seine Tat anprangern mit dem Hinweis, daß er trotz aller Tapferkeit die Sünde des Selbstmordes beging. Für die meisten war seine Tat heroisch: Sie symbolisierte den Widerstand einer Nation gegen ein Regime, das ihr die Freiheit geraubt hatte. So sehen die Tschechen es heute.

Rom verurteilt grundsätzlich jeden, der in den Hungerstreik tritt. In Irlands Unabhängigkeitskampf gegen die Briten starb Terence McSwiney 1921 nach 72 Tagen im Gefängnis von Brixton an Hunger. Auch Gandhi setzte den Hungerstreik sehr wirkungsvoll ein, zuerst, um die Brutalitäten der britischen Herrschaft in Indien anzuprangern, und später, um den Kämpfen zwischen Hindus und Moslems zur Zeit der Unabhängigkeit Einhalt zu gebieten. Sein Erfolg hing davon ab, daß jeder wußte, wie ernst er es meinte.

Weder das Ziel noch die Androhung eines Suizids sind für viele Christen akzeptabel. Keine noch so gute Absicht könne die böse Tat des Selbstmordes rechtfertigen. Essen und Trinken sind die Grundbedürfnisse eines Lebens, das nur Gott beenden darf. Das ist allerdings beschränkt gedacht. Menschen wie McSwiney und Gandhi repräsentierten ein ganzes Volk, dem sie auf die einzige noch mögliche Weise dienen wollten.

Bei einem todkranken Patienten sehe ich kein Unrecht, wenn er sich frei für den Tod entscheidet. Niemand hat ein bedingungsloses Recht, das Leben eines fühlenden Lebewesens zu beenden, etwa eines Hundes oder einer Katze, schon gar nicht sein eigenes. Aber es gibt Zeiten, in denen ein Mensch das unveräußerliche Recht hat, sein Leben zu beenden, wenn er zu dem Schluß kommt – zu dem nur er berechtigt ist –, daß es nicht mehr lebenswert ist. Ärzte, die ihm auf sein Verlangen helfen, anständig, schnell und schmerzfrei zu sterben, sind zu loben. Die Indizien, so rar sie auch sind, deuten darauf hin, daß Ärzte überall den Holländern hierin folgen, manchmal aus Überzeugung, manchmal aus Not. Sie handeln isoliert und ohne spezielle Ausbildung, und oft machen sie Fehler, besonders wenn Patienten an Schmerzmittel und andere Medikamente gewöhnt sind.

Es ist unwahrscheinlich, daß die vielen komplizierten juristischen und ethischen Probleme der aktiven Sterbehilfe aufgearbeitet sind, bevor sie allgemein üblich wird. Schon jetzt sind tödliche Medikamente recht leicht zu bekommen, und immer mehr Bücher beraten die Öffentlichkeit, wie man sie anwendet.

Die Vorarbeit zur Legalisierung der Sterbehilfe ist weitgehend geleistet. Die Vorstellung vom Selbstmord als Mord verblaßte, als er nicht mehr strafbar war. Menschen, die sich das Leben nehmen, wenn sie den Schmerz und die Erniedrigung nicht mehr ertragen, werden heute eher bedauert als verurteilt.

Weltuntergangsszenarien

Wie die Contergan-Tragödie die Gesellschaft zwang, sich dem Thema Abtreibung zu stellen, so wird AIDS uns vielleicht zur Auseinandersetzung mit Sterbehilfe zwingen. In den USA hat über eine Million Menschen, zumeist unentdeckt, das Virus. Fred Hellinger vom Gesundheitsministerium hat die Kosten hochgerechnet: 75 000 Dollar pro Patient, wobei angenommen wird, daß sie nach dem vollen Ausbruch der Krankheit noch 22 Monate leben, und 4500 Dollar im Jahr für HIV-Positive. 1991 kostete die Behandlung in den USA 5,9 Milliarden Dollar. 1994 wird sie 10,3 Milliarden kosten. Natürlich wird gefragt, ob die Gesellschaft sich solche Ausgaben für eine Seuche leisten kann, die im Prinzip vermeidbar ist.

Manche Wissenschaftler projizieren noch schlimmere Szenarien. Was, wenn die Einwohner einer ganzen Stadt durch Verseuchung der Wasserversorgung Hirnschäden erleiden? Oder Hunderttausende durch Atomunfälle wie in Tschernobyl strahlenkrank werden?

Professor Richard Lacey, Mikrobiologe an der Universität Leeds, hat von den möglichen Auswirkungen des »Rinderwahnsinns« gesprochen. Er wird durch das Füttern von Rindern mit infiziertem Schaffleisch verursacht. Jede fünfte Milchkuhherde in Großbritannien ist betroffen. Rinder in Irland, Frankreich, den Niederlanden und der Schweiz sind in geringerem Maße durchseucht. Die Inkubationszeit kann bis zu vier Jahren dauern. Infizierte Tiere werden geschlachtet, doch das hat die Verbreitung der Krankheit nicht aufgehalten, denn sie überträgt sich von der Kuh aufs Kalb.

Es ist möglich, sagt Professor Lacey, daß diese Krankheit Menschen befällt. Fleisch von erkrankten Kühen ist bereits in unsere Nahrungskette gelangt. Ihre Fleischabfälle wurden zu Würsten, Fleischpasteten und Hamburgern verarbeitet. Es wird eine Weile dauern, bis wir wissen, ob Menschen das Virus »ausbrüten«. Um das Jahr 2010 werden möglicherweise zwei Millionen Briten gleichzeitig wahnsinnig. In diesem Fall werden bis zu sechs Millionen Gesunde für ihre Pflege benötigt. Da es keine Heilung geben wird und die Kranken an Altersschwachsinn und anderen Gebrechen leiden werden, wird die Gesellschaft sich fragen müssen: Soll man diese Menschen leben lassen? Wie sollen sie sterben? Es wird wahrscheinlich wenig Einwände dagegen geben, diese Millionen von ihrem Elend zu erlösen.

Selbst ohne eine Katastrophe wird die Gesellschaft früher oder später gezwungen sein, sich eingehend damit auseinanderzusetzen, ob es ethisch ist, alte Menschen zu horrenden Kosten am Leben zu halten, obwohl sie, wenn sie bei klarem Bewußtsein sind, nur den Wunsch haben zu sterben. Immer mehr Ärzte wird man nötigen, die lebenserhaltende Systeme abzuschalten, Menschen ohne Aussicht auf ein sinnvolles Leben nicht wiederzubeleben und alten Menschen Medikamente vorzuenthalten, selbst gegen so einfache Krankheiten wie Grippe.

Die medizinische Kunst kann zur Übervölkerung führen. Durch die wunderbare Verlängerung des Lebens alter Menschen kann sie außerdem die Zivilisation bedrohen. Man wird sich entscheiden müssen: Entweder läßt man Massen von Menschen ohne medizinische Hilfe, oder man hilft alten Menschen, die sich nach dem Tod sehnen, ruhig einzuschlafen. Dies ist eine fremdartige Idee für Abendländer. Es dauert eine Weile, zu begreifen, daß Tod manchmal das Natürliche ist und das Festklammern am Leben unfromm.

Selbst die Verfechter des Rechts auf aktive Sterbehilfe wissen, daß es kein uneingeschränktes Recht sein kann. Es muß gesetzliche Schutzmechanismen geben. Die Sterbehilfe sollte im Idealfall zuvor vertraglich vereinbart sein. Ist das nicht der Fall, muß sie, wenn der Patient im Koma liegt, einem Menschen überlassen werden, der ihn liebt und seine Wünsche versteht. Dies erfordert ein tiefgreifendes gesellschaftliches, medizinisches, juristisches und moralisches Umdenken.

Ärzte müssen dazu ausgebildet werden, abschätzen zu können, ob gesetzliche Auflagen erfüllt sind, und die Sterbehilfe auf akzeptable Weise durchzuführen. Heute spezialisieren sich Ärzte auf Abtreibung. Bald werden spezialisierte Sozialarbeiter Menschen beraten, die sterben möchten, und auf aktive Sterbehilfe spezialisierte Ärzte werden sie durchführen. Wir müssen den Selbstmorden im Hinterzimmer ein Ende machen.

Bei allen Entscheidungen ist das wichtigste Prinzip: Wir müssen das tun, was liebevoll ist. Das Ziel ist, jedem Menschen zu helfen, sein volles Potential zu leben, beziehungsweise ihm, sofern kein Potential mehr bleibt, zu einem würdigen Tod zu verhelfen.

Jeder Behinderte, der das Leben, die Liebe, die Gemeinschaft auch nur reduziert genießen kann, sollte geliebt werden. Ich sitze jeden Sonntag in der Messe hinter einer Mutter und ihrem kleinen Sohn, der Muskeldystrophie hat. Ihre gegenseitige Liebe ist wie ein Licht in der Nacht.

Wenn ein Sterbenskranker nicht entscheiden kann, sein Leben zu beenden, müssen die Wünsche seiner nächsten Angehörigen so weit wie möglich respektiert werden. Dies trifft auch dann zu, wenn sie darauf bestehen, daß der Patient weiterlebt, denn Liebe schließt nicht nur die Sterbenden ein, sondern auch die Gefühle und moralischen Skrupel der Menschen, die die Sterbenden lieben.

Die Kirche ist dagegen

Wenn die Gesetze zur Sterbehilfe kommen, und das werden sie, wird Rom seine Mißbilligung ausdrücken, nachdem es sich geweigert hat, an der Debatte teilzunehmen. Es wird Sterbehilfe mit den Morden der Nazis an »lebensunwertem Leben« gleichsetzen. Es wird vergessen, daß die Nazis Lebenswillige töteten, während die Ärzte hauptsächlich den Bitten der alten, gedemütigten, leidenden Menschen entsprechen werden, sie in Frieden und Würde sterben zu lassen.

Natürlich hat es seinen Sinn, mit Christus zu leiden. Leiden kann Weisheit bringen, auch ein Gefühl der Verbundenheit mit allem Leid der Sterbenden auf der Welt. Solange ein Mensch im Schmerz einen religiösen Sinn erkennen kann, ist es gut. Doch oft kommt ein Punkt – und nur der Patient weiß, wann er da ist –, an dem Leid destruktiv ist, besonders wenn es künstlich verlängert wird. Ich kann mir nicht vorstellen, daß Jesus am Kreuz Sauerstoff eingeatmet hätte, um sein Sterben zu verlängern. Oder daß er Schmerzmittel genommen hätte, um sechs statt drei Stunden durchzuhalten.

Die Gesellschaft ist in einem radikalem Wandel begriffen. Einst glaubte man, Krankheiten seien eine Strafe Gottes für Sünden und der Kranke würde, sofern er bereute, möglicherweise gesund. Ein Christ fühlte sich verpflichtet, das Böse wie das Gute als Gottes Willen anzunehmen. Es war deshalb Sünde, sich das Leben zu nehmen. Unbeholfen ausgeführte Selbstmordversuche führten auch oft zu einem langen, mühsamen Sterben.

Heute sehen nur wenige Krankheit als Strafe. Wir erwarten nicht, daß Gott unsere Gebete erhört, indem er eingreift, wenn Ärzte uns sagen, daß eine Krankheit unheilbar und immer größere Schmerzen mit sich bringen wird. So, wie Menschen jetzt entscheiden können, wann das Leben ihrer Kinder beginnt, können sie innerhalb bestimmter Grenzen entscheiden, wann ihr eigenes Leben endet. Warum sollte ein Patient, der langsam an Krebs oder AIDS stirbt, nicht das Recht haben, zu sagen, es ist genug? Das heißt nicht, Gott zu spielen – außer in einem altmodischen Sinn. Es heißt, die Verantwortung für seinen eigenen Tod zu übernehmen. Ich bin überzeugt, daß das Recht auf einen Tod in Würde bald selbstverständlich sein wird; es wird als fundamentales Menschenrecht gelten und als das kostbarste nach dem Recht auf Leben.

John Mitchel schreibt in seinem *Jail Journal:* »Wenn es nicht deine eindeutige Pflicht ist zu leben, dann ist es dein eindeutiges Recht zu sterben.« In *Götzen-Dämmerung* (Streifzüge eines Unzeitgemäßen, Abschn. 36) schreibt Nietzsche, das Christentum habe aus dem Tod eine erbärmliche und schauderhafte Komödie gemacht. Was war nun für ihn der ideale Tod? »Auf eine stolze Art sterben, wenn es nicht mehr möglich ist, auf eine stolze Art zu leben. Der Tod, aus freien Stücken gewählt, der Tod zur rechten Zeit, mit Helle und Freudigkeit, inmitten von Kindern und Zeugen vollzogen; so daß ein wirkliches Abschiednehmen noch möglich ist, wo der noch da ist, der sich verabschiedet, insgleichen ein wirkliches Abschätzen des Erreichten und Gewollten, eine Summierung des Lebens.«